古典文獻研究輯刊

三二編

潘美月・杜潔祥 主編

第 4 冊

《四庫提要》精選精注
（第四冊）

司馬朝軍 著

國家圖書館出版品預行編目資料

《四庫提要》精選精注（第四冊）／司馬朝軍 著 -- 初版 -- 新
北市：花木蘭文化事業有限公司，2021〔民110〕
目 6+226 面；19×26 公分
（古典文獻研究輯刊 三二編；第 4 冊）
ISBN 978-986-518-385-1（精裝）
1. 四庫全書 2. 研究考訂
011.08   110000575

ISBN-978-986-518-385-1

9 789865 183851

古典文獻研究輯刊
三二編 第 四 冊   ISBN：978-986-518-385-1

《四庫提要》精選精注（第四冊）

作　　　者　司馬朝軍
主　　　編　潘美月、杜潔祥
總 編 輯　杜潔祥
副總編輯　楊嘉樂
編　　　輯　許郁翎、張雅淋　美術編輯　陳逸婷
出　　　版　花木蘭文化事業有限公司
發 行 人　高小娟
聯絡地址　235 新北市中和區中安街七二號十三樓
　　　　　　電話：02-2923-1455／傳真：02-2923-1452
網　　　址　http://www.huamulan.tw 信箱 service@huamulans.com
印　　　刷　普羅文化出版廣告事業
初　　　版　2021 年 3 月
全書字數　1388152 字
定　　　價　三二編 47 冊（精裝）台幣 120,000 元　　版權所有‧請勿翻印

《四庫提要》精選精注
（第四冊）

司馬朝軍　著

目次

（三）子部

1. 孔子家語二十一卷

魏王肅（195～256）注。肅字子雍，東海（今山東郯城）人。官至中領軍散騎常侍。事蹟具《三國志》本傳。

是書肅《自序》云：「鄭氏學行五十載矣，義理不安，違錯者多，是以奪而易之。孔子二十二世孫有孔猛者，家有其先人之書，昔相從學，頃還家方取以來，與予所論，有若重規疊矩（云云）。」是此本自肅始傳也。

考《漢書・藝文志》，有《孔子家語》二十七卷，顏師古《注》云：「非今所有《家語》。」《禮・樂記》稱：「舜彈五弦之琴以歌南風。」鄭《注》：「其詞未聞。」孔穎達《疏》載：肅作《聖證論》，引《家語》「皋財解慍」之詩以難康成。又載馬昭之說，謂《家語》王肅所增加，非鄭所見。故王柏《家語考》曰：「四十四篇之《家語》，乃王肅自取《左傳》《國語》《荀》《孟》《二戴記》割裂織成之，孔衍之序亦王肅自為也。」

獨史繩祖《學齋占畢》曰：「《大戴》一書，雖列之『十四經』，然其書大抵雜取《家語》之書，分析而為篇目，其《公冠篇》載成王冠祝辭，內有『先帝』及『陛下』字，周初豈曾有此！《家語》止稱『王』字，當以《家語》為正（云云）。」〔一〕今考「陛下離顯先帝之光曜」已下，篇內已明云「孝昭冠辭」。繩祖誤連為祝雍之言，殊未之考。蓋王肅襲取《公冠篇》為冠頌，已誤合孝昭冠辭於成王冠辭，故刪去「先帝」、「陛下」字，竄改「王」字。《家語》襲《大戴》，非《大戴》襲《家語》。就此一條，亦其明證。其割裂他書亦往往類此。**反覆考證，其出於肅手無疑**。特其流傳已久，且遺文軼事，往往多見於其中，故自唐以來，知其偽而不能廢也。〔二〕

其書至明代傳本頗稀，故何孟春〔三〕所注《家語》，自云未見王肅本。王鏊〔四〕《震澤長語》亦稱：「《家語》今本為近世妄庸所刪削，惟有王肅注者，今本所無，多具焉。」則亦僅見之也。明代所傳凡二本，閩徐𤊻家本中缺二十餘頁，海虞毛晉家本稍異，而首尾完全。今徐本不知存佚，此本則毛晉所校刊，較之坊刻猶為近古者矣。〔五〕（《四庫全書總目》卷九十一）

【注釋】

〔一〕【史源】史繩祖《學齋佔畢》卷四。

〔二〕【辨偽】《孔子家語》成書和真偽等問題，歷來眾說紛紜，莫衷一是。《家語》的成書和流傳是個漫長、複雜的過程，自漢至明均有學者對此進行研究。特別是清代學者，因尊鄭玄之故，力排王肅，以此書為偽造，眾口一詞，范家相撰《家語證偽》，孫志祖撰《家語疏證》，歷引古籍，指為剽竊，幾成定案。戴震、崔述等雖未對《家語》進行深入研究，但卻堅持「偽書說」，從而使「偽書說」一直佔據了學術主流。陳士珂撰《家語疏證》，而命意與孫志祖大異。錢馥、譚獻、沈欽韓、劉咸炘、倫明等人皆認為《家語》並非偽書。

〔三〕【何孟春】字子元，郴州（今屬湖南）人。弘治癸丑（1493）進士。事蹟具《明史》本傳。孟春少游李東陽之門，學問該博，而詩文頗拙，卒不能自成一家。惟生平以氣節自許，歷官所至於時事得失，敷奏剴切，章疏乃卓然可傳。（《四庫全書總目》卷五十五《何文簡疏議》提要）

〔四〕【王鏊】字濟之，吳縣（今屬江蘇）人。成化乙未（1475）進士。事蹟具《明史》本傳。

〔五〕【版本】潘景鄭《校明本孔子家語》云：「《家語》王肅注十卷本，以貴池劉氏玉海堂覆宋蜀大字本為最古，然劉刻所據，亦至未可盡信，後附《札記》匯錄各家校語，亦未精確。相傳汲古閣本出自宋槧，分為四卷，與今本尤不合。吾家所藏明刻一本，無刊雕年月序跋，審紙墨筆意，當為嘉、萬時所刻。」（《著硯樓讀書記》第 297 頁）

【整理與研究】王承略教授有專文重新估價《家語》的史料價值。化濤撰《清代〈孔子家語〉研究考述》（曲阜師範大學碩士論文）。劉巍撰《〈孔子家語〉公案探源》（社會科學文獻出版社 2014 年版），鄔可晶撰《〈孔子家語〉成書考》（中西書局 2015 年版），王秀江撰《〈孔子家語〉考述》（中國社會科學出版社 2016 年版），楊朝明、宋立林撰《〈孔子家語〉通解》（新疆人民出版社 2016 年版），宋立林撰《〈孔子家語〉探微》（中國文史出版社 2017 年版），張濤撰《〈孔子家語〉譯注》（人民出版社 2017 年版），楊朝明撰《〈孔子家語〉綜合研究》（齊魯書社 2017 年版），寧鎮疆撰《〈孔子家語〉新證》（中西書局 2017 年版）。

2. 荀子二十卷

周荀況（約前 325 或 313～約前 238）撰。況，趙人。嘗仕楚為蘭陵（今山東蒼山縣蘭陵鎮）令，亦曰荀卿。漢人或稱曰「孫卿」，則以宣帝諱詢，避嫌名也〔一〕。

《漢志》儒家載「荀卿三十三篇」，王應麟《考證》謂當作三十二篇〔二〕。劉向《校書序錄》稱孫卿書凡三百二十三篇，以相校，除重複二百九十篇，定著三十三篇為十二卷，題曰《新書》。唐楊倞分易舊第，編為二十卷，復為之注，更名《荀子》，即今本也。

考劉向《序錄》，卿以齊宣王時來遊稷下。後仕楚，春申君死而卿廢。然《史記·六國年表》載春申君之死，上距宣王之末，凡八十七年。《史記》稱卿年五十始遊齊，則春申君死之年，卿年當一百三十七矣，於理不近。晁公武《讀書志》謂《史記》所云「年五十」為「年十五」之訛〔三〕，意其或然。宋濂《荀子書後》又以為襄王時遊稷下〔四〕，亦未詳所本。總之，戰國時人爾。其生卒年月已不可確考矣。

況之著書，主於明周、孔之教，崇禮而勸學。其中最為口實者，莫過於《非十二子》〔五〕及《性惡》〔六〕兩篇。王應麟《困學紀聞》據《韓詩外傳》所引，卿但非十子，而無子思、孟子，以今本為其徒李斯等所增〔七〕。不知子思、孟子後來論定為聖賢耳，其在當時固亦卿之曹偶，是猶朱、陸之相非，不足訝也。

至其以性為惡，以善為偽，誠未免於理未融。然卿恐人恃性善之說，任自然而廢學，因言性不可恃，當勉力於先王之教。故其言曰：「凡性者，天之所就也，不可學，不可事。禮義者，聖人之所生也，人之所學而能，所事而成者也。不可學、不可事、而在人者，謂之性。可學而能、可事而成之在人者，謂之偽。是性、偽之分也。」其辨白「偽」字甚明。楊倞注亦曰：「偽，為也，凡非天性而人作為之者，皆謂之偽。故『偽』字人旁加為，亦會意字也。」其說亦合卿本意。後人昧於訓詁，誤以為真偽之偽，遂譁然掊擊，謂卿蔑視禮義，如老、莊之所言。是非惟未睹其全書，即《性惡》一篇，自篇首二句以外，亦未竟讀矣。〔八〕

平心而論，卿之學源出孔門，在諸子之中最為近正，是其所長；主持太甚，詞義或至於過當，是其所短。韓愈「大醇小疵」之說〔九〕，要為定論，餘皆好惡之詞也。〔十〕

楊倞所注亦頗詳洽。《唐書・藝文志》以倞為楊汝士子，而《宰相世系表》則載楊汝士三子，一名知溫，一名知遠，一名知至，無名倞者。表、志同出歐陽修手，不知何以互異。意者倞或改名，如溫庭筠之一名岐歟？（《四庫全書總目》卷九十一）

【注釋】

〔一〕【考證】漢宣帝名劉詢，漢人因避諱以「孫」代「荀」（顏師古說）；一說「荀」、「孫」二字音近，語遂移易。（《辭海・哲學分冊》第 171 頁）

〔二〕【史源】《漢書藝文志考證》卷五。

〔三〕【史源】《郡齋讀書志》卷十。

〔四〕【史源】《文憲集》卷二十七。

〔五〕【史源】《非十二子》見《荀子》卷三。

〔六〕【史源】《性惡》見《荀子》卷十七。今按，是篇提出了荀子的人性論。

〔七〕【史源】《困學紀聞》卷十。

〔八〕【偽者為也】錢大昕《潛研堂文集》卷二十七《跋荀子》：「《荀子》三十二篇，世所共訾警之者，惟《性惡》一篇，然多未達其旨趣。夫《孟子》言性善，欲人之盡性而樂於善；《荀子》言性惡，欲人之化性而勉於善。言性雖殊，其教人以善則一也。世人見篇首云：『人之性善，其善者偽也。』遂掩卷而大詬，不及讀之終篇。今試平心而讀之，《荀子》所謂『偽』，只作為善之『為』，非誠偽之『偽』……」（第 453～454 頁）

〔九〕【讀荀】孟氏，醇乎醇者也。荀與揚，大醇而小疵。伊川曰：「荀卿才高。而其言多過；子雲才短，而其言多失。然皆未免夫駁者也。退之以大醇歸之，蓋韓子待人以恕。」（《東雅堂昌黎集注》卷十一）

〔十〕【整理與研究】荀子的思想在戰國秦漢時有很大的影響，但因為李斯用韓非法家學術禍秦，後遂不為歷代統治者所喜，亦很少有人研究其學說。自唐代楊倞為之作注後，一直到清代才有學者整理其文本，至晚清時荀子地位飆升，研究荀子思想幾成學界主潮。清中葉王念孫《讀書雜志》有研究《荀子》的記載。晚清王先謙撰《荀子集解》（中華書局 1988 年版），成為研究《荀子》的主要參考書。今人李滌生亦撰《荀子集釋》（臺北學生書局 1979 年版）。梁啟雄撰《荀子柬釋》（商務印書館 1936 年版），注釋簡要，可作讀本用。江心力撰《20 世紀前期的荀學研究》（中國社會科學出版社 2005 年版），重點介紹了康有為、譚嗣同、梁啟超、劉師培、章太炎、胡適等人研究。沈雲波撰

《學不可以已——荀子思想研究》（上海人民出版社 2016 年版），東方朔撰
《差等秩序與公道世界——荀子思想研究》（上海人民出版社 2016 年版），
東方朔撰《合理性之尋求——荀子思想研究論集》（上海人民出版社 2017 年
版），楊機紅撰《荀子淺繹》（中國文聯出版社 2017 年版），劉軍鵬撰《荀子
社會管理思想研究》（西南交通大學出版社 2017 年版），楊少涵撰《禮與兵
——荀子軍事倫理思想略論》（寧夏人民出版社 2017 年版），曹興江撰《荀
子禮思想研究》（中國社會科學出版社 2017 年版），楊大膺撰《荀子學說研
究》（山東文藝出版社 2018 年版），東方朔撰《荀子與儒家思想——以政治
哲學為中心》（復旦大學出版社 2019 年版）。

3. 孔叢子三卷

舊本題曰孔鮒（前 262～前 207？）撰。所載仲尼而下子上、子高、子順之言
行，凡二十一篇。又以孔臧所著賦與書上下二篇附綴於末，別名曰《連叢》。
鮒字子魚，孔子八世孫，仕陳涉為博士。臧，高祖功臣孔聚之子，嗣爵蓼侯，
武帝時官太常。

其書《文獻通考》作七卷〔一〕，今本三卷，不知何人所併。晁公武《讀書
志》云：「《漢志》無《孔叢子》，儒家有《孔臧》十篇，雜家有孔甲《盤盂書》
二十六篇，其《獨治篇》，鮒或稱孔甲。意者孔叢子即孔甲，《盤盂》《連叢》
即《孔臧書》。」〔二〕案：《漢書·藝文志》顏師古注謂：「孔甲，黃帝之史，
或云夏后孔甲，似皆非。」則《孔叢》非《盤盂》。又《志》於儒家《孔臧》
十篇外，詩賦家別出《孔臧賦》二十篇，今《連叢》有賦，則亦非儒家之《孔
臧》。〔三〕公武未免附會。

《朱子語類》謂《孔叢子》文氣軟弱，不似西漢文字，蓋其後人集先世
遺文而成之者〔四〕。陳振孫《書錄題解》亦謂：「案孔光傳，孔子八世孫鮒，
魏相順之子，為陳涉博士，死陳下，則固不得為漢人，而其書記鮒之沒，則又
安得以為鮒撰？」〔五〕其說當矣。《隋書·經籍志》論語家有《孔叢》七卷，
注曰陳勝博士孔鮒撰〔六〕。其序孫錄稱《孔叢家語》，並孔氏所傳仲尼之旨，
則其書出於唐以前。然《家語》出王肅依託，《隋志》既誤以為真，則所云《孔
叢》出孔氏所傳者，亦未為確證。朱子所疑，蓋非無見。即如：「《舜典》『禋
於六宗』，何謂也？子曰：所宗者六，皆潔祀之也，埋少牢於泰昭，所以祭時
也；祖迎於坎壇，所以祭寒暑也；主於郊宮，所以祭日也；夜明，所以祭月

也；幽禜，所以祭星也；雩禜，所以祭水旱也。禋於六宗，此之謂也。」〔七〕其說與《偽孔傳》《偽家語》並同，是亦晚出之明證也。〔八〕

　　其中第十一篇即世所傳《小爾雅》，注疏家往往引之，然皆在晉、宋以後，惟《公羊傳·疏》所引賈逵之說，謂俗儒以六兩為鋝，正出此書。然謂之俗儒，則非《漢·藝文志》之《小爾雅》矣。又《水經注》引《孔叢子》曰：「夫子墓塋方一里，在魯城北六里泗水上。諸孔邱封五十餘所，人名、昭穆不可復識，有銘碑三所，獸碣具存（云云）。」〔九〕今本無此文，似非完帙，然其文與全書不類，且不似孔氏子孫語。或酈道元誤證，抑或傳寫有訛，以他書誤題《孔叢》歟？〔十〕（《四庫全書總目》卷九十一）

【注釋】

〔一〕【史源】《文獻通考》卷二百九。

〔二〕【史源】《郡齋讀書志》卷十二。

〔三〕【史源】《漢藝文志考證》卷八：「《孔臧賦》二十篇。《孔叢子》云：臧嘗為賦二十四篇，四篇別，不在集，似其幼時之作也。」

〔四〕【考證】今檢《朱子語類》，辨及《孔叢子》者甚多，如卷七十八云：「孔安國《尚書序》，只是唐人文字，前漢文字甚次第，司馬遷亦不曾從安國授《尚書》，不應有一文字軟郎當地。後漢人作《孔叢子》者，好作偽書，然此序亦非後漢時文字，後漢文字亦好。」卷八十四云：「《孔叢子》分明是後來文字弱甚，天下多少是偽書，開眼看得透，自無多書可讀。」卷一百二十五云：「此出在《孔叢子》，其他說話又不如此，此書必是後漢時人撰者。若是古書前漢時，又都不見說，是如何？其中所載孔安國《書》之類，其氣象萎茶，都不似西京時文章。」「《孔叢子》說話多類東漢人文，其氣軟弱，又全不似西漢人文，兼西漢初若有此等話，何故不略見於賈誼、董仲舒所述，恰限到東漢方突出來，皆不可曉。」「看《孔叢子》撰許多說話，極是陋，只看他撰造說陳涉，那得許多說話，正史都無之，他卻說道自好，陳涉不能從之，看他文卑弱，說到後面都無合殺。蔡云：『恐是孔家子孫。』曰：『也不見得。』」卷一百三十七云：「《家語》雖記得不純，卻是當時書。《孔叢子》是後來白撰出。」「《家語》只是王肅編古錄雜記，其書雖多疵，然非肅所作。《孔叢子》乃其所注之人偽作。讀其首幾章，皆法《左傳》句，已疑之。及讀其後序，乃謂渠好《左傳》，便可見。」「《孔叢子》鄙陋之甚，理既無足取，而詞亦不足觀，有一處載其君曰必然云云，是何言語。」

〔五〕【史源】《直齋書錄解題》卷九。

〔六〕【史源】《隋書》卷三十二。今按，孔鮒（前262～前206），字子魚，孔子八世孫。死於陳下，年五十七。事蹟具《史記》卷四十七、《漢書》卷八十一。

〔七〕【史源】《孔叢子》卷上。

〔八〕【辨偽】劉咸炘認為：「《孔叢子》者，東漢時孔氏子孫所造飾，其所記鮒以上言事多不實，中亦有真孔氏書，不及十之三四也。吾此斷與昔人異，昔人止以為偽而已，是未審之斷也。昔人之以為偽者多非其證，陳直齋據孔鮒撰之題，不知古子書皆非其人自作，題某某撰者皆後人加，《莊子》題莊周撰，《荀子》題荀況撰，皆可笑，而二書固非偽也。朱子謂文氣軟異，類東漢人，最為卓識，顧但云文氣，似而無實證，且古書皆轉相傳述，雖著竹帛之時甚晚，固不害其言事之真也……由上諸證，可斷其非先漢之文，朱子又以其引《古文尚書》而疑之，丁晏《尚書餘論》因定為與《古文尚書》《家語》同為王肅所造，此則未免臆斷。此書用《書大傳》七觀之說，改《堯典》為『帝典』，加《大禹謨》《益稷》，痕跡固甚明白，然王肅造《書》之說本無顯證，特近儒以其反鄭而造古書則太費事，非人情，且果造則所造當皆言禮制足以反鄭之說，不應濫造多言語，故吾於《家語》及《孔叢》皆疑為肅所增竄，而非肅所造也……是書與《家語》同為偽而大不同，《家語》所錄大半已見他書，而是書之文除首四篇多用《尚書大傳》，《雜訓》用《荀子》書外，餘記孔子、子思語皆不見他書。夫造書而取他書之文，是自發其竊人之罪也，故吾不信《家語》為王肅造而信其中有真書，若此書則又不以見他書為偽證而以不見他書為偽證，非不見他書即可為偽證也……是書之造亦是增竄而成，非盡偽作，而其造書之時則不至降於魏之後矣。」（《劉咸炘學術論集·子學編》第431～434頁）

〔九〕【史源】語見酈道元《水經注》卷二十五「泗水」條。又引譙周云：「孔子死後，魯人就冢次而居者百有餘家，命曰孔里。」

〔十〕【版本】潘景鄭《明本孔叢子》云：「《孔叢子》以宋咸注七卷本為善，宋槧原本不可見。舊傳阮文達藏有宋刊巾箱一本，據《孝慈堂目》係安正堂所刊。吾家滂喜齋有元刊宋咸注七卷一本……按《四庫》所收為三卷本，明刊自綿眇閣以下，咸不足取，此本當居諸刻之上，以視舊藏元槧，則遜而居乙矣。然兩本互有佳處，實為雙璧也。」（《著硯樓讀書記》第301頁）

【整理與研究】孫少華撰《〈孔叢子〉與秦漢子書學術傳統》（中國社會科學
出版社 2015 年版），傅亞庶撰《〈孔叢子〉校釋》（中華書局 2016 年《新編諸
子集成續編》本）。

4. 新語二卷

舊本題漢陸賈〔一〕（約前 240～前 170）撰。

案：《漢書》賈本傳稱著《新語》十二篇〔二〕。《漢書・藝文志》儒家陸賈
二十七篇，蓋兼他所論述計之。《隋志》則作《新語》二卷。此本卷數與《隋志》
合，篇數與本傳合，似為舊本。然《漢書・司馬遷傳》稱，遷取《戰國策》《楚
漢春秋》《陸賈新語》作《史記》。《楚漢春秋》，張守節《正義》猶引之，今佚
不可考〔三〕。《戰國策》取九十三事，皆與今本合。惟是書之文悉不見於《史記》。
王充《論衡・本性篇》引陸賈曰：「天地生人也，以禮義之性。人能察己所以受
命則順，順謂之道。」〔四〕今本亦無其文。又《穀梁傳》至漢武帝時始出，而
《道基篇》末乃引《穀梁傳》曰，時代尤相牴牾。其殆後人依託，非賈原本歟？

考馬總《意林》所載，皆與今本相符。李善《文選注》於司馬彪《贈山
濤》詩引《新語》曰：「梗梓仆則為世用。」於王粲《從軍》詩引《新語》曰：
「聖人承天威，承天功，與之爭功，豈不難哉！」於陸機《日出東南隅行》引
《新語》曰：「高臺百仞。」於《古詩》第一首引《新語》曰：「邪臣之蔽賢，
猶浮雲之鄣日月。」於張載《雜詩》第七首引《新語》曰：「建大功於天下者，
必垂名於萬世也。」以今本核校，雖文句有詳略異同，而大致亦悉相應，似其
偽猶在唐前。惟《玉海》稱陸賈《新語》今存於世者《道基》《術事》《輔政》
《無為》《資賢》《至德》《懷慮》，才七篇。此本十有二篇，乃反多於宋本，為
不可解。或後人因不完之本，補綴五篇以合本傳舊目也。

今但據其書論之，則大旨皆崇王道，黜霸術，歸本於修身用人。其稱引
《老子》者，惟《思務篇》引「上德不德」一語，餘皆以孔氏為宗，所援據多
《春秋》《論語》之文。漢儒自董仲舒外，未有如是之醇正也。流傳既久，其
真其贗，存而不論可矣。〔五〕

所載「衛公子鱄奔晉」一條，與三《傳》皆不合，莫詳所本。中多闕文，
亦無可校補。所稱「文公種米」、「曾子駕羊」諸事，劉畫《新論》、馬總《意林》，
皆全句引之，知無訛誤，然皆不知其何說。又「據犂嗚報」〔六〕之語，訓詁亦
不可通。古書佚亡，今不盡見，闕所不知可也。〔七〕（《四庫全書總目》卷九十一）

【注釋】

〔一〕【作者研究】王興國撰《陸賈評傳》（附於《賈誼評傳》，南京大學出版社 1992
年版）。

〔二〕【編纂】《漢書》卷一下：「叔孫通制禮儀，陸賈造《新語》。卷四十三：拜賈
為太中大夫，賈時時前說稱詩書，高帝罵之曰：『乃公居馬上得之，安事詩
書？』賈曰：『馬上得之，寧可以馬上治乎？且湯武逆取而以順守之，文武並
用長久之術也。昔者吳王夫差、智伯極武而亡，秦任刑法不變，卒滅趙氏，
鄉使秦以併天下，行仁義，法先聖，陛下安得而有之？』高帝不懌，有慚色，
謂賈曰：『試為我著秦所以失天下，吾所以得之者及古成敗之國。』《漢書》
卷四十三：〔陸〕賈凡著十二篇，每奏一篇，高帝未嘗不稱善，左右呼萬歲，
稱其書曰《新語》。」

〔三〕【考證】《楚漢春秋》雖佚，但並非不可考。舊輯本以清儒洪頤煊撰集者較佳。
今人王利器續有鉤沉，詳見《新語校注》之附錄三《楚漢春秋佚文》。

〔四〕【評論】「天地生人也，以禮義之性。人能察己所以受命則順，順之謂道。」
夫陸賈知人禮義為性，人亦能察己所以受命，性善者不待察而自善，性惡者
雖能察之，猶背禮畔義。（《論衡》卷三）

〔五〕【辨偽】清人嚴鐵橋在《鐵橋漫稿》卷五《新語序》、唐晏在《新語校注跋》
中針對《總目》的懷疑進行了駁斥。余嘉錫云：「自來目錄家皆以《新語》為
陸賈所作，相傳無異詞，至《提要》始創疑其偽，而其所考，至為紕繆，不
足為據。」（《四庫提要辯證》第 444～456 頁）胡適《陸賈新語考》、羅根澤
《陸賈新語考證》、劉汝霖《漢晉學術編年》也肯定其真，而張西堂《陸賈〈新
語〉辨偽》、孫次舟《論陸賈〈新語〉的真偽》及梁啟超則論其偽。現在學術
界普遍認為此書為陸賈之真書。

〔六〕【史源】見《新語》卷下《資執第七》。余嘉錫云：「考《群書治要》卷四十引
此句為『據犁接耜之士』，則固文從字順，無不可通者。今本傳寫誤耳。」（《四
庫提要辯證》第 456 頁）今按，犁、耜皆為農具，據犁接耜之士即農夫。

〔七〕【整理與研究】清宋翔鳳有《新語》校本，唐晏也有《新語》校注本。當代古
籍整理大家王利器先生撰《新語校注》（中華書局 1986 年版），最為通行，其
《前言》總結陸賈與《新語》的學術成就及其價值；附錄之三為《敘錄》，撮
錄歷代序跋。

5. 新書十卷

漢賈誼〔一〕（前 200～前 168）撰。

《漢書・藝文志》儒家，《賈誼》五十八篇。《崇文總目》云本七十二篇，劉向刪定為五十八篇，隋、唐《志》皆九卷，別本或為十卷。考今隋、唐《志》皆作十卷，無九卷之說，蓋校刊《隋書》《唐書》者，未見《崇文總目》，反據今本追改之。明人傳刻古書，往往如是，不足怪也〔二〕。然今本僅五十六篇，又《問孝》一篇，有錄無書，實五十五篇，已非北宋本之舊。又陳振孫《書錄解題》稱首載《過秦論》，末為《弔湘賦》，且略節誼本傳於第十一卷中。今本雖首載《過秦論》，而末無《弔湘賦》，亦無附錄之第十一卷，且並非南宋時本矣。〔三〕

其書多取誼本傳所載之文，割裂其章段，顛倒其次序，而加以標題，殊瞀亂無條理。《朱子語錄》曰：「賈誼《新書》，除了《漢書》中所載，餘亦難得粹者，看來只是賈誼一雜記稿耳，中間事事有些個。」陳振孫亦謂其非《漢書》所有者，輒淺駁不足觀，決非誼本書。今考《漢書》誼本傳贊稱：『凡所著述，五十八篇，掇其切於世事者著於傳。』應劭《漢書注》亦於《過秦論》下注曰：「賈誼書第一篇名也。」則本傳所載皆五十八篇所有，足為顯證。贊又稱三表五餌，以繫單于。顏師古注所引賈誼書，與今本同。又《文帝本紀》注引賈誼書，衛侯朝於周，周行人問其名，亦與今本同，則今本即唐人所見，亦足為顯證。〔四〕然決無摘錄一段立一篇名之理，亦決無連綴十數篇合為奏疏一篇上之朝廷之理。疑誼《過秦論》《治安策》等本皆為五十八篇之一，後原本散佚，好事者因取本傳所有諸篇，離析其文，各為標目，以足五十八篇之數，故餖飣至此。其書不全真，亦不全偽。朱子以為雜記之稿，固未覈其實。陳氏以為決非誼書，尤非篤論也。〔五〕

且其中為《漢書》所不載者，雖往往類《說苑》《新序》《韓詩外傳》，然如青史氏之記，具載胎教之古禮。《修政語》上、下兩篇，多帝王之遺訓。《保傅篇》《容經篇》，並敷陳古典，具有源本。其解《詩》之「騶虞」、《易》之「潛龍」「亢龍」，亦深得經義，又安可盡以淺駁不粹目之哉？雖殘闕失次，要不能以斷爛棄之矣。〔六〕（《四庫全書總目》卷九十一）

【注釋】

〔一〕【作者研究】王興國撰《賈誼評傳》（南京大學出版社 1992 年版）。今按，賈誼強調重民，提出「民者，萬世之本」的觀點。

〔二〕【考證】《舊唐書》實作九卷，此書自唐以前已有九卷、十卷兩本之不同。（余嘉錫《四庫提要辯證》第 538 頁）

〔三〕【考證】館臣未見宋本，又不考之《玉海》，徒執陳振孫一家之言，誤以今本為宋人所見。（余嘉錫《四庫提要辯證》第 539～540 頁）

〔四〕【考證】《新書》自南宋以來已無善本，「今本」謬妄，不足為據；陳振孫所謂「其非《漢書》所有者，輒淺駁不足觀，決非誼本書」之說，亦為俗說。（余嘉錫《四庫提要辯證》第 541～545 頁）

〔五〕【辨偽】關於賈誼《新書》的真偽問題，歷來爭議較大，朱熹持「草稿說」，姚鼐《辨賈誼〈新書〉》認為是偽書（《惜抱軒全集》第 53 頁），《總目》以為半真半偽。清盧文弨《抱經堂文集》卷十《書校本賈誼〈新書〉後》：「《新書》，非賈生所自為也，乃習於賈生者萃其言以成此書耳。猶夫《管子》《晏子》非管、晏之所自為。然其規模、節目之間，要非無所本而能憑空撰造者。」（中華書局 1990 年版第 141 頁）孫志祖《讀書脞錄》曰：「較之本傳，率多任意增損，疑此其平日論撰，而奏疏則芟薙浮語，鎔鑄偉詞，或班氏小有潤色，而《新書》又間出後人點竄，未可定也。」李慈銘《日記》曰：「《傅職》《保傅》《胎教》，語多本《大戴禮》，《容經》等篇不免以奇僻之言藻繪凡近，雕飾淺庸，餘篇亦大率掇拾《左傳》《國語》《莊》《列》《呂覽》《淮南》《新序》《說苑》《韓詩外傳》而成，其為偽作無疑。顧竄亂中未必無一二真處。」劉咸炘認為：「朱（熹）、陳（振孫）之說誠謬，諸家之疑亦非，晁（公武）、汪（中）、孫（志祖）得之而未盡，李說則不足辨也……是書為其門人錄其師著，分段立篇，班氏掇要而連屬之，但依班所掇，更移今本篇目可也，字異班者不可盡改，班所無者不當刪，是即《賈子》原本也。」（《劉咸炘學術論集‧子學編》第 404～405 頁）余嘉錫指出：「陳振孫謂決非賈本書，固為無識，即《提要》調停之說，以為不全真亦不全偽者，亦尚考之未詳也。」其結論為，不是《新書》抄《漢書》，而是《漢書》抄《新書》（《四庫提要辯證》第 546～551 頁）。魏建功等《關於賈誼〈新書〉真偽問題探索》、王洲明《〈新書〉非偽書考》也在余嘉錫的基礎上加以進一步深入論證。《賈誼評傳》第 43～54 頁就此作了較好的綜述，《先秦兩漢文學史料學》第 309～311 頁也有精彩論述。

〔六〕【整理與研究】清盧文弨有校本（即《抱經堂叢書》本），俞樾、劉師培、孫人和均有補正，吳雲、李春臺撰《賈誼集校注》（中州古籍出版社 1989 年版），

王洲明、徐超撰《賈誼集校注》（人民文學出版社 1996 年版），閻振益、鍾夏撰《新書校注》（中華書局 2000 年版），方向東撰《賈誼集匯校集解》（河海大學出版社 2000 年版），潘銘基撰《賈誼及其〈新書〉研究》（上海古籍出版社 2017 年版）。

6. 鹽鐵論十二卷

漢桓寬撰。寬字次公，汝南（今屬河南駐馬店市）人。宣帝時舉為郎，官至盧江太守丞。

昭帝始元六年（前 81），詔郡國舉賢良文學之士，問以民所疾苦，皆請罷鹽鐵榷酤，與御史大夫桑弘羊〔一〕等建議相詰難。〔二〕寬集其所論為書，凡六十篇，篇各標目，實則反覆問答，諸篇皆首尾相屬。後罷榷酤，而鹽鐵則如舊。故寬作是書，惟以「鹽鐵」為名，蓋惜其議不盡行也。

書末《雜論》一節，述汝南朱子伯之言，記賢良茂陵唐生、文學魯萬生等六十餘人，而最推中山劉子雍、九江祝生，於桑弘羊、車千秋深著微詞，蓋其著書之大旨。所論皆食貨之事，而言皆述先王，稱《六經》，故諸史皆列之儒家〔三〕。黃虞稷《千頃堂書目》改隸史部食貨類中〔四〕，循名而失其實矣。

明嘉靖癸丑（1553），華亭張之象〔五〕為之注〔六〕。雖無所發明，而事實亦粗具梗概，今並錄之以備考核焉。〔七〕（《四庫全書總目》卷九十一）

【注釋】

〔一〕【桑弘羊】（前 155～前 80），洛陽人。馬非百撰《桑弘羊年譜訂補》（中州書畫社 1982 年版），安作璋撰《桑弘羊》（中華書局 1983 年版），吳慧撰《桑弘羊研究》（齊魯書社 1981 年版），晉文撰《桑弘羊評傳》（南京大學出版社 2005 年版）。

〔二〕【鹽鐵會議】其實質是王道與霸道之爭。（《鹽鐵論校注・增訂本序言》）

〔三〕【評論】劉咸炘云：「《提要》膚淺，姚氏（鼐）迂泥，皆未細讀《漢書》耳。雜家亦多稱六經，述先王，但據此為儒家，儒家之所以濫也。是書推說，至於出處刑政，豈但食貨哉？次公蓋懷道而不遇，故借鹽鐵之議以伸儒道而屈商、韓。章炳麟謂其『牽引小事，攻劫無已，論離其宗』，是猶誤認為議者本語耳。其於重農務本、節用愛人、戒黷武、譏重刑，以至守道尊德、俟命難進諸義，皆醇正詳暢，不雜他說。觀其所載丞相、御史之說，往往顯貶孔、

孟，排詆儒、道，武帝崇儒以後，誰敢為此言於朝堂，又兩相刺難，至誚其衣冠不具，斥其奢侈殃民，訐以為直，亦非朝議之體。自十七篇至二十七，三十七至六十，皆離本義，益辨益遠，至較論古人得失，其為借事抒議甚明，所謂推衍增廣，極論難，究治亂，成家言也。」（《劉咸炘學術論集・子學編》第 422～423 頁）

〔四〕【史源】《千頃堂書目》卷九食貨類：「張之象注桓寬《鹽鐵論》十二卷。」

〔五〕【張之象】字元超，華亭（今上海松江）人。《明史・文苑傳》附載《文徵明傳》中。

〔六〕【張之象《注鹽鐵論序》】余嘗謂文學、政事，孔門設教，判為兩科。要之，皆儒者之能事，通一無間者也。是故學優乃仕，仕優乃學，此烏可以偏業語之哉？借所謂文學云者，而不通政事，則空言無當，殆非達儒之謂矣。余於桓氏《鹽鐵論》，不獨好其文，蓋多其善言政事焉。夫君子非患不文也，患不適用耳。乃世之策士云者，徒騁章句之學，而中無卓見，牽合雷同，阿狗逢迎，多所顧忌，不能一張膽正言，吐露忠赤，畢展其志。何者？大抵以干祿為累，得失動心，雖欲抗論，不可得已。苟如是，則上負天子，下負所學，是尚可以為士乎？夫士貴立志，亦貴養氣。志不立，則中懦。氣不養，則外怯。孔子曰：「三軍可奪帥也，匹夫不可奪志也。」孟子曰：「我善養吾浩然之氣。」余以立志養氣之說，自孔孟求之，毋曲學以阿世，及指稱漢代作者，此書為最。其言治理，並可施設。儒者之能事，畢在是也。

〔七〕【整理與研究】郭沫若有《鹽鐵論讀本》（科學出版社 1957 年版；《郭沫若全集・歷史編》第八冊，人民文學出版社 1985 年版），陳直撰《鹽鐵論解要》（齊魯書社 1981 年版），王利器撰《鹽鐵論校注》（中華書局 1992 年版），王永撰《鹽鐵論研究》（寧夏人民出版社 2009 年版），徐漢昌撰《鹽鐵論研究》（文史哲出版社 2010 年版），李興撰《鹽鐵論經濟倫理思想研究》（花木蘭文化出版社 2013 年版）。

【版本】潘景鄭《譚復堂手校鹽鐵論》云：「《鹽鐵論》宋本不復可睹，靈鶼閣所藏十三行二十五字之元刻本未足稱善。丁氏持靜齋著錄淳熙宋本，蓋書賈以正、嘉間覆本黏附木記；藏園先生曾抉其隱……竊謂今日而言《鹽鐵論》版本，捨涂刻無與為先，涂本雖不易覯，而張氏覆刻乃參會眾本，附以考證，允稱最善矣。」（《著硯樓讀書記》第 302 頁）

7. 新序十卷

漢劉向（約前77~前6）撰。向字子政，初名更生。以父任為輦郎，歷官中壘校尉。事蹟具《漢書》本傳。

案：班固《漢書·藝文志》稱，向所序六十七篇：《新序》《說苑》《世說》《列女傳頌圖》也。《隋書·經籍志》：《新序》三十卷，《錄》一卷。《唐書·藝文志》其目亦同。曾鞏《校書序》則云：「今可見者十篇。」〔一〕鞏與歐陽修同時，而所言卷帙懸殊，蓋《藝文志》所載據唐時全本為言，鞏所校錄則宋初殘闕之本也。晁公武謂曾子固綴輯散逸，《新序》始復全者，誤矣。

此本《雜事》五卷，《刺奢》一卷，《節士》二卷，《善謀》二卷，即曾鞏校定之舊。《崇文總目》云：「所載皆戰國、秦、漢間事。以今考之，春秋時事尤多，漢事不過數條，大抵採百家傳記，以類相從，故頗與《春秋內外傳》《戰國策》《太史公書》互相出入。」高似孫《子略》謂：「先秦古書甫脫燼劫，一入向筆，採擷不遺。至其正紀綱，迪教化，辨邪正，黜異端，以為漢規監者，盡在此書。」〔二〕固未免推崇已甚。要其推明古訓，以衷之於道德仁義，在諸子中猶不失為儒者之言也。

葉大慶《考古質疑》摘其「昭奚恤對秦使者」一條，所稱司馬子反在奚恤前二百二十年，葉公子高、令尹子西在奚恤前一百三十年，均非同時之人。又摘其誤以孟子論好色、好勇為對梁惠王〔三〕，皆切中其失。至大慶謂《黍離》乃周詩，《新序》誤云「衛宣公之子壽，閔其兄且見害而作」〔四〕，則殊不然。向本學《魯詩》，而大慶以《毛詩》繩之，其不合也固宜。是則未考漢儒專門授受之學矣。〔五〕（《四庫全書總目》卷九十一）

【注釋】

〔一〕【史源】《元豐類稿》卷十一《新序目錄序》。

〔二〕【史源】《子略》卷四「新序說苑」。

〔三〕〔四〕【史源】《考古質疑》卷二。

〔五〕【整理與研究】趙仲邑撰《新序詳注》（中華書局1997年版），石光瑛撰《新序校釋》（中華書局2001年版），陳茂仁撰《新序校證》（花木蘭文化出版社2007年版），王啟敏撰《劉向〈新序〉〈說苑〉研究》（安徽大學出版社2011年版），姚娟撰《〈新序〉〈說苑〉文獻研究》（花木蘭文化出版社2013年版）。

8. 法言集注十卷

漢揚雄（前58或53～後18）撰，宋司馬光（1019～1086）集注。雄有《方言》，光有《易說》，皆已著錄。

考《漢書・藝文志》儒家，揚雄所序三十八篇，注曰：「《法言》十三。」雄本傳具列其目曰：學行第一，吾子第二，修身第三，問道第四，問神第五，問明第六，寡見第七，五百第八，先知第九，重黎第十，淵騫第十一，君子第十二，孝至第十三。凡所列漢人著述，未有若是之詳者。蓋當時甚重雄書也。

自程子始謂其曼衍而無斷，優柔而不決〔一〕。蘇軾始謂其以艱深之詞，文淺易之說〔二〕。至朱子作《通鑑綱目》，始書「莽大夫揚雄死」〔三〕。雄之人品、著作，遂皆為儒者所輕。若北宋之前，則大抵以為孟、荀之亞，故光作《潛虛》以擬《太玄》〔四〕，而又採諸儒之說以注此書。

考自漢以來，有侯芭注六卷，宋衷注十三卷，李軌解一卷，辛德源注二十三卷，又有柳宗元注，宋咸廣注，吳秘注。至光之時，惟李軌、柳宗元、宋咸、吳秘之注尚存，故光裒合四家，增以己意。原序稱各以其姓別之，然今本獨李軌注不署名，餘則以「宗元曰」、「咸曰」、「秘曰」、「光曰」為辨，蓋傳刻者所改題也。

舊本十三篇之序列於書後，蓋自《書序》《詩序》以來，體例如是。宋咸不知《書序》為偽孔傳所移，《詩序》為毛公所移，乃謂「子雲親旨，反列卷末，甚非聖賢之旨，今升之章首，取合經義」，其說殊謬。然光本因而不改，今亦仍之焉。〔五〕（《四庫全書總目》卷九十一）

【注釋】

〔一〕【史源】《二程遺書》卷二十五。

〔二〕【史源】東坡論揚雄文曰：孔子曰：「辭達而已矣。」夫言止於達意，則疑若不文，是大不然。求物之妙，如繫風捕影，能使是物了然於心者，蓋千萬人而不一遇也。而況能使了然於口與手者乎？是之謂辭達，辭至於能達，則文不可勝用矣。揚雄好為艱險之辭，以文淺易之說。若正言之，則人人知之矣。此正所謂雕蟲篆刻者，其《太玄》《法言》皆是也，而獨悔於賦，何哉？終身雕蟲，而變其音節，便謂之經，可乎？屈原作《離騷經》，蓋風雅之再變者，雖與日月爭光可也。可以其似賦而謂之雕蟲乎？使賈誼見孔子，升堂有餘矣，而乃以賦鄙之至，與司馬相如同科，雄之陋如此者甚眾，可與知者道，難與俗人言也。（《歷代名賢確論》卷四十六）

今按，譚獻曰：「子云何嘗艱深，特太簡處，遂覺突兀耳。」劉咸炘云：「譚說是也。子瞻自不能深耳，然淺陋之譏則近，王、程、朱、明允之評尤允，西漢以上儒家皆各有宗旨，能伸其說以抗雜流，未有務於文辭，徒為空闊尊聖之論者。子雲《自序》謂……然詞義陳泛實際，罕所發明，徒為品藻，下啟桓譚諸人雜論博考之體，混列儒家而無宗要可持。故子雲者，實儒之衰而文儒之祖也。」（《劉咸炘學術論集‧子學編》第426～427頁）

〔三〕【史源】《御纂朱子全書》卷六。

〔四〕【評論】錢大昕《潛研堂文集》卷二十七《跋潛虛》：「朱文公嘗見溫公遺墨多闕文，而泉州刻無一字闕，疑為贗本。予謂考不喜楊子雲，而溫公是書全學《太玄》，故有意抑之，非公論也。」（第458頁）

〔五〕【整理與研究】汪榮寶撰《法言疏證》（1911年排印本），後易名為《法言義疏》（中華書局1987年版），王心湛撰《揚子法言集解》（上海廣益書局1936年版），藍秀隆撰《揚子法言研究》（文津出版社1989年版），韓敬撰《法言注》（中華書局1992年版），郭君銘撰《揚雄法言思想研究》（巴蜀書社2006年版、2018年修訂版），田富美撰《法言思想研究》（花木蘭文化出版社2011年版）。

9. 潛夫論十卷

漢王符〔一〕（約82～約167）撰。符字節信，安定臨涇（今甘肅鎮原）人。《後漢書》本傳稱：「和、安之後，世務遊宦，當途者更相薦引，而符獨耿介不同於俗，以此遂不得陞進，志意蘊憤，乃隱居著書二十餘篇，以議當時得失。不欲章顯其名，故號曰《潛夫論》。」〔二〕

今本凡三十五篇，合《敘錄》為三十六篇，蓋猶舊本。卷首《贊學》一篇，論勵志勤修之旨〔三〕。卷末《五德志篇》，述帝王之世次志，《氏姓篇》考譜牒之源流，其中《小列》《相列》《夢列》三篇，亦皆雜論方技，不盡指陳時政。范氏所云，舉其著書大旨爾。

符生卒年月不可考。本傳之末載度遼將軍皇甫規解官歸里，符往謁見事。規解官歸里，據本傳在延熹五年（162），則符之著書在桓帝時，故所說多切漢末弊政。惟桓帝時皇甫規、段熲、張奐諸人屢與羌戰，而其《救邊》《邊議》二篇乃以避寇為憾，殆以安帝永初五年嘗徙安定北地郡，順帝永建四年（129）始還舊地，至永和六年（141）又內徙。符，安定人，故就其一鄉言之耶？然其

謂失涼州（今甘肅武威），則三輔為邊；三輔內入，則弘農為邊；弘農內入，則洛陽為邊。推此以相況，雖盡東海猶有邊，則灼然明論，足為輕棄邊地之炯鑒也。

范氏錄其《貴忠》《浮侈》《實貢》《愛日》《述赦》五篇入本傳，而字句與今本多不同。晁公武《讀書志》謂其有所損益〔四〕，理或然歟？

范氏以符與王充、仲長統同傳，韓愈因作《後漢三賢贊》。今以三家之書相較，符書洞悉政體，似《昌言》而明切過之；辨別是非，似《論衡》而醇正過之。前史列之儒家，斯為不愧。惟《賢難篇》中稱鄧通吮癰為忠，於文帝又稱其欲昭景帝之孝，反以結怨，則紕謬最甚。是其發憤著書，立言矯激之過，亦不必曲為之諱矣。〔五〕（《四庫全書總目》卷九十一）

【注釋】

〔一〕【作者研究】劉文英撰《王符評傳》（南京大學出版社 1998 年版）。今按，王符生卒年月，《後漢書》本傳沒有明確記載，此處參考劉文英之說。

〔二〕【史源】《後漢書》卷七十九。

〔三〕【史料】《潛夫論》卷一《贊學》：「天地之所貴者人也，聖人之所尚者義也，德義之所成者智也，明智之所求者學問也。雖有至聖，不生而知；雖有至材，不生而能。故志曰：黃帝師風后，顓頊師老彭，帝嚳師祝融，堯師務成，舜師紀后，禹師墨如，湯師伊尹，文、武師姜尚，周公師庶秀，孔子師老聃。若此言之而信，則人不可以不就師矣。夫此十一君者，皆上聖也，猶待學問，其智乃博，其德乃碩，而況於凡人乎？是故工欲善其事，必先利其器；士欲宣其義，必先讀其書。《易》曰：『君子以多志前言往行以畜其德。』是以人之有學也，猶物之有治也。故夏后之璜，楚和之璧，雖有玉璞卞和之資，不琢不錯，不離礫石。夫瑚簋之器，朝祭之服，其始也，乃山野之木、蠶繭之絲耳。使巧倕加繩墨而制之以斤斧，女工加五色而制之以機杼，則皆成宗廟之器，黼黻之章，可羞於鬼神，可禦於王公。而況君子敦貞之質，察敏之才，攝之以良朋，教之以明師，文之以《禮》《樂》，導之以《詩》《書》，贊之以《周易》，明之以《春秋》，其不有濟乎？《詩》云：『題彼鶺鴒，載飛載鳴。我日斯邁，而月斯征。夙興夜寐，無忝爾所生。』是以君子終日乾乾進德修業者，非直為博已而已也，蓋乃思述祖考之令問，而以顯父母也。」

〔四〕【史源】《郡齋讀書志》卷十。

〔五〕【整理與研究】清汪繼培箋、彭鐸校正《潛夫論箋校正》（中華書局 1985 年
　　　版），胡楚生撰《潛夫論集釋》（鼎文書局 1979 年版），王宗炎、王紹蘭撰《潛
　　　夫論校》一卷，蔣澤楓撰《王符〈潛夫論〉研究》（吉林大學出版社 2016 年
　　　版），李曉敏撰《王符〈潛夫論〉研究》（世界圖書出版廣東有限公司 2017 年
　　　版）。

10. 申鑒五卷

　　漢荀悅（148～209）撰。悅有《漢紀》，已著錄。

　　《後漢書·荀淑傳》稱：「悅侍講禁中，見政移曹氏，志在獻替，而謀無
所用，乃作《申鑒》五篇，其所論辨，通見政體。既成奏上，帝覽而善之。」
〔一〕其書見於《隋·經籍志》《唐·藝文志》者皆五卷，卷為一篇。一曰《政
體》，二曰《時事》，皆制治大要及時所當行之務；三曰《俗嫌》，皆機祥讖緯
之說；四曰《雜言上》，五曰《雜言下》，則皆泛論義理，頗似揚雄《法言》。
《後漢書》取其《政體篇》「為政之方」一章，《時事篇》「正當主之制」、「復
內外注記」二章載入傳中。又稱悅別有《崇德正論》及諸論數十篇，今並不
傳，惟所作《漢紀》及此書尚存於世。

　　《漢紀》文約事詳，足稱良史。而此書剖析事理，亦深切著明。蓋由其
原本儒術，故所言皆不詭於正也。明正德中，吳縣黃省曾〔二〕為之注，凡萬
四千餘言，引據博洽，多得悅旨。其於《後漢書》所引，間有同異者，亦並列
其文於句下，以便考訂。然如《政體篇》「真實而已」句，今本《後漢書》「實」
作「定」；「不肅而治」句，今本《後漢書》「治」作「成」，而省曾均未之及，
則亦不免於偶疏也。〔三〕（《四庫全書總目》卷九十一）

【注釋】

〔一〕【史源】《後漢書》卷九十二。

〔二〕【黃省曾】字勉之，江蘇吳縣人。《明史·文苑傳》附見文徵明傳中。

〔三〕【研究課題】至今未見此書的注釋本，應該搞出一個高質量的《申鑒》整理
　　　本。

11. 中說十卷

　　舊本題隋王通〔一〕（584～618）撰。

　　《唐志》：《文中子中說》五卷。《通考》及《玉海》〔二〕則作十卷，與今本合。凡十篇，末附序文一篇，及杜淹所撰《文中子世家》一篇，通子福畤錄《唐太宗與房魏論禮樂事》一篇，通弟績《與陳叔達書》一篇，又錄《關子明事》一篇，卷末有阮逸序，又有福畤貞觀二十三年（649）序。晁公武《郡齋讀書志》嘗辨：通以開皇四年（584）生，李德林以開皇十一年（591）卒，通方八歲，而有德林請見，歸援琴鼓蕩之什，門人皆沾襟事；關朗以太和丁巳（477）見魏孝文帝，至開皇四年（584）通生，已相隔一百七年，而有問禮於朗事；薛道衡以仁壽二年（602）出為襄州總管，至煬帝即位始召還，又《隋唐》載道衡子收初生，即出繼族父儒，及長，不識本生，而有仁壽四年（604）通在長安見道衡，道衡語其子收事〔三〕。洪邁《容齋隨筆》又辨：《唐書》載薛收以大業十三年（617）歸唐，而《世家》有江都難作，通有疾，召薛收共語事〔四〕。王應麟《困學紀聞》亦辨，《唐會要》載武德元年（618）五月始改隋太興殿為太極殿，而書中有隋文帝召見太極殿事〔五〕。皆證以史傳，牴牾顯然。今考通以仁壽四年（604）自長安東歸河汾，即不復出，故《世家》亦云：「大業元年（605）一徵又不至」，而《周公篇》內乃云：「子游太樂，聞龍舟五更之曲。」阮逸注曰：「太樂之署煬帝將遊江都，作此曲。」《隋書·職官志》曰：「太帝寺有太樂署。」是通於大業末年復至長安矣。其依託謬妄，亦一明證。

　　考楊炯集有《王勃集序》〔六〕，稱祖父通，隋秀才高第，蜀郡司戶書佐，蜀王侍讀，大業末，退，講藝於龍門。其卒也，門人謚之曰「文中子」。炯為其孫作序，則記其祖事必不誤。杜牧《樊川集》首有其甥裴延翰序，亦引文中子曰：「言文而不及理，王道何從而興乎」二語，亦與今本相合。知所謂文中子者，實有其人；所謂《中說》者，其子福郊、福畤等纂述遺言，虛相誇飾，亦實有其書。第當有唐開國之初，明君碩輔，不可以虛名動。又陸德明、孔穎達、賈公彥諸人，老師宿儒，布列館閣，亦不可以空談惑。故其人其書，皆不著於當時，而當時亦無斥其妄者。至中唐以後，漸遠無徵，乃稍稍得售其欺耳。宋咸必以為實無其人，洪邁必以為其書出阮逸所撰，誠為過當。講學家或竟以為接孔、顏之傳，則傎之甚矣！據其偽跡炳然〔七〕，誠不足採，然大旨要不甚悖於理。且摹擬聖人之語言，自揚雄始，猶未敢冒其名。摹擬聖人之事蹟，則自通始，乃並其名而僭之。後來聚徒講學，醸為朋黨，以至禍延宗社者，通實為之先驅。《坤》之初六：「履霜堅冰。」《姤》之初六：「繫於金柅。」錄而存之，亦足見儒風變古，其所由來者漸也。（《四庫全書總目》卷九十一）

【注釋】

〔一〕【作者研究】汪龍吟撰《文中子考信錄》（在王雲五主編《國學小叢書》中），
　　　骆建人撰《文中子研究》（臺灣商務印書館股份有限公司 1990 年版）。

〔二〕【史源】《文獻通考》卷二百九、《玉海》卷五十三。

〔三〕【史源】《郡齋讀書志》卷十。

〔四〕【史源】《容齋續筆》卷一「文中子門人」條。今按，徐朔方撰《王通門人考
　　　辨》。

〔五〕【考證】《困學紀聞》卷十：《中說》前述云：「隋文帝坐太極殿，召見，因奏
　　　太平之策，十有二焉。」按：《唐會要》武德元年五月改隋大興殿為太極殿，
　　　隋無此名。

〔六〕【史源】楊炯《盈川集》卷三《王勃集序》。

〔七〕【辨偽】劉咸炘云：「文中子人與書之真偽，論者紛紛，莫詳確於朱一新《無
　　　邪堂答問》，其大略曰：『《中說》非偽，周秦諸子無不有自相牴牾之說，蓋多
　　　為後人雜亂，薛收、姚義、董常、杜淹、程元、賈瓊、陳叔達確為其弟子。
　　　是書非其自著，蓋姚義、薛收等所編輯，本書後序固明言之。當日有擬經之
　　　名，固是實事，唐以前不知僭經之非，知尊其師而不知所以尊，龍川陳氏所
　　　謂適足為是書之累耳。阮逸所偽乃《元經》，非《中說》。』此說備矣……按
　　　其書固多述老子，論封建論命尤精，當為前儒所不及，品藻漢後諸人平允，
　　　反勝宋人，且較其言學治者為尤可取。」（《劉咸炘學術論集·子學編》第 461
　　　～463 頁）

12. 太極圖說述解一卷通書述解一卷西銘述解一卷〔一〕

　　明曹端撰。端字正夫，號月川，澠池（今屬河南三門峽市）人。永樂戊子（1408）
舉人，官霍州學正，後改蒲州（今屬山西永濟市）。事蹟具《明史·儒林傳》。

　　史稱其學務躬行實踐，而以靜存為要。讀《太極圖說》《通書》《西銘》，
曰：「道在是矣。」篤志研究，坐下著足處兩磚皆穿。蓋明代醇儒，以端及胡
居仁、薛瑄為最，而端又開二人之先。

　　是編箋釋三書，皆抒所心得。大旨以朱子為歸，而《太極圖》末附載「辨
戾」一條，乃以朱子所論太極、陰陽，語錄與注解互異而考定其說。蓋注解出
朱子之手，而語錄則門人之所記，不能無訛。端得於朱子者深，故能辨別微
茫，不肯雷同附和，所由與依草附木者異也。

　　前有端自序〔二〕，作於宣德戊申（1428），惟論《太極圖說》及以《詩讚》《辨戾》〔三〕附末之意，而不及《西銘》。卷末有正德辛未（1511）黎堯卿跋〔四〕，始兼《西銘》言之。《通書》前後又有孫奇逢序及跋〔五〕，跋但言《通書》，而序則言澠池令張燦合刻三書。蓋堯卿始以《太極圖說》《西銘》合編，燦又增以《通書》也。據端本傳，其書本名「釋文」，所注《孝經》乃名「述解」。此本亦題曰「述解」，不知何人所改。

　　刊版頗拙惡，排纂亦無體例。每句皆以正文與注連書，字畫大小相等，但以方匡界正文每句之首尾以為識別，殊混淆難讀。今離而析之，使注與正文別行，以便省覽焉。（《四庫全書總目》卷九十二）

【注釋】

〔一〕【校勘】卷首提要還有下面部分：

　　　　《通書述解》二卷，明曹端撰。端字正甫，號月川，澠池人。永樂六年舉人。官霍州學正。《明史》稱其學務躬行實踐，而以靜存為要。讀宋儒《太極圖說》《通書》《西銘》，歎曰：「道在是矣。」篤志研究，坐下著足處兩甎皆穿。明代醇儒以端與薛瑄為最，而端又開瑄之先。是書每章皆總括大意，標於題下，而逐句為之訓釋，其言皆明正通達，極詳悉而不支蔓，使淺學見之易解，而高論者亦終不能逾。前有孫奇逢序及跋，其跋言此書，而序則言所箋解者為《太極圖說》《通書》《西銘》三書。澠令張璟合刻之，蓋此其所刊之一種也。其排纂頗無體例，刊板亦不遵其法，皆以正文與注連書，而以方匡界正文，每句之上下以為識別，殊混淆難讀，今離而析之，使注與正文別行，以便省覽焉。乾隆四十二年九月恭校上。

〔二〕【太極圖說述解序】見四庫本卷首。略云：「太極，理之別名耳。天道之立，實理所為。理學之源，實天所出。是故河出圖，天之所以授羲也。洛出書，天之所以錫禹也。羲則圖而作《易》，八卦畫焉。禹則書而明《範》，九疇敘焉。聖心一天理而已。」

〔三〕【辨戾】先賢之解《太極圖說》，固將以發明周子之微奧，用釋後生之疑惑矣。然而有人各一說者焉，有一人之說而自相離齬者焉。且周子謂「太極動而生陽，靜而生陰，則陰陽之生，由乎太極之動靜。」而朱子之解極明備矣，其曰：「有太極，則一動一靜，而兩儀分；有陰陽，則一變一合，而五行具。」尤不異焉。及觀《語錄》，卻謂太極不自會動靜，乘陰陽之動靜而動靜耳。遂謂理之乘氣，猶人之乘馬，馬之一出一入，而人亦與之一出一入，以喻氣之

一動一靜,而理亦與之一動一靜。若然,則人為死人,而不足以為萬物之靈。
理為死理,而不足以為萬化之原,理何足尚?而人何足貴哉?今使活人乘馬,
則其出入行止疾徐一由乎人馭之何如耳,活理亦然。不之察者,信此則疑彼
矣,信彼則疑此矣,經年累歲,無所折衷,故為辨戾,以告夫同志君子云。

〔四〕【黎堯卿跋】太極濂溪圖也,微妙無窮,讀之使人見理精到。《西銘》,橫渠
作也,規模廣大,讀之使人眼界空闊。雖然橫議坌起,不有考亭力辯而爭之,
抑孰從而窺其際邪?灘池曹氏子,以先民緒論多涉簡奧,乃復條分縷析,思
以發其所未發,余索而讀之,見其可階初學也,乃為之補綴以梓之。噫!有志
者自此尋向上去庶乎三子旨趣,了了目睫矣。正德辛未長至,忠州黎堯卿書。

〔五〕【孫奇逢序】儒之統何昉乎?堯、舜、湯、文,儒而在上者也;孔、顏、思、
孟,儒而在下者也。治統、道統,原不容分而為二,自分而二之,而君道、
師道遂成兩局。始專以儒統歸孔子,顏、曾、思、孟尚矣,周、程、張、朱
繼之,獨此九人者,為傳道之人,其餘學術醇粹,有宋而後諸儒輩出,續有
訓述,微分正閏,雖深造各有自得,而世代未遠,群言未定,天地生民之命,
何敢以一人輕進退焉。近得靖修先生《太極圖通書》《西銘述解》,洞徹微密,
直窺道之本原,豈尋常學人敢望?

【孫奇逢跋】《通書述解》四十章,直與《太極圖說》相表裏,解其未易解,
述其未殫述,非元公,誰能發太極之蘊?非靖修,誰能發元公之蘊乎?至
論孔、顏之樂,元功令兩程尋所樂何事,畢竟無人說破,靖修獨謂孔、顏之
樂者仁也,非是樂這仁,仁中自有其樂耳。且孔子安仁,而樂在其中。顏子
不違仁,而不改其樂。安仁者,天然自有之仁,而樂在其中者,天然自有之
樂也。不違仁者,守之之仁,而不改其樂者,守之之樂也。斯言至矣,盡
矣。蓋極至之理惟一仁,仁者不憂,不憂自樂,寧直孔、顏、羲、皇、堯、
舜、禹、湯、文、武,總不外是。四十章述解,無非發明太極一圖,而仁字
已括圖之義矣。

今按,孫奇逢(1585～1675),字啟泰,號鍾元,學者稱夏峰先生。容城
(今屬河北保定市)人。楊向奎先生《清儒學案新編》第一卷有《孫奇逢夏
峰學案》。

13. 張子全書十四卷附錄一卷

宋張載〔一〕(1020～1077)撰。

　　考載所著書見於《宋史・藝文志》者有《易說》三卷，《正蒙》十卷，《經學理窟》十卷，《文集》十卷。虞集作《吳澄行狀》稱：嘗校正張子之書，以東、西《銘》冠篇，《正蒙》次之。〔二〕今未見其本。此本不知何人所編，題曰「全書」，而止有《西銘》一卷，《正蒙》二卷，《經學理窟》五卷，《易說》三卷，《語錄抄》一卷，《文集抄》一卷，又《拾遺》一卷，又採宋、元諸儒所論及《行狀》等作為附錄一卷，共十五卷。自《易說》《西銘》以外，與史志卷數皆不相符。又語錄、文集皆稱曰「抄」，尤灼然非其完帙。蓋後人選錄之本，名以「全書」，殊為乖舛。然明徐時達所刻已屬此本。嘉靖中呂楠作《張子抄釋》，稱文集已無完本，惟存二卷。康熙己亥（1719），朱軾督學於陝西，稱得舊稿於其裔孫五經博士繩武家，為之重刊〔三〕。勘其卷次篇目，亦即此本，則其來已久矣。

　　張子之學，主於深思自得，本不以著作繁富為長。此本所錄。雖卷帙無多，而去取謹嚴。橫渠之奧論微言，其精英業已備採矣。〔四〕（《四庫全書總目》卷九十二）

【注釋】

〔一〕【作者研究】張載字子厚，人稱橫渠先生，祖籍河南開封，徙居陝西眉縣橫渠鎮。門人多關中人，故稱其學為關學。龔傑撰《張載評傳》（南京大學出版社 1996 年版）。

〔二〕【史源】《道園學古錄》卷四十四。

〔三〕【朱軾序】歲己丑，予奉命巡學陝右，蒞扶風，率諸生謁橫渠張子廟。雖車服禮器，鮮有存者，然登其堂，不覺斂容屏息，肅然起敬焉。既而博士繩武示予《橫渠全集》，且曰：「是書多錯簡，欲重刻，未逮也……」史稱橫渠以《易》為宗，以《中庸》為體，以孔孟為法，與諸生言學，每告以知禮成性，變化氣質之道，學必為聖人而後已，以為知人，而不知天，求為賢人，而不求為聖人。此學者大蔽也。又曰：「為天地立心，為生民立命，為往聖繼絕學，為萬世開太平。」卓哉張子！其諸光輝而近於化者歟？若其所從入，則循循下學。《正蒙》所謂「言有教，動有法，息有養，瞬有存」，數語盡之矣。是故學張子之學而實踐其事者，斯不愧讀張子之書，而洞晰其理。

〔四〕【整理與研究】1978 年中華書局出版的《張載集》，是目前張載著作的最好版本。朱建民撰《張載思想研究》（文津出版社 1989 年版），丁為祥撰《虛氣相即：張載哲學體系及其定位》（人民出版社 2000 年版），方惠玲撰《張載思想

之研究》（花木蘭文化出版社 2011 年版），李曉春撰《張載哲學與中國古代思維方式研究》（中華書局 2012 年版），張瑞元撰《反經開新與通經致用——張載的精神世界研究》（三秦出版社 2012 年版），張榮華撰《張載哲學新探》（花木蘭文化出版社 2013 年版），方光華撰《張載思想研究》（西北大學出版社 2014 年版），辛亞民撰《張載易學研究》（中國社會科學出版社 2015 年版）。

14. 二程遺書二十五卷附錄一卷

宋二程子門人所記，而朱子復次錄之者也。

自程子既歿以後，所傳語錄有李籲、呂大臨、謝良佐、游酢、蘇昞、劉絢、劉安節、楊迪、周孚先、張繹、唐棣、鮑若雨、鄒柄、暢大隱諸家，頗多散亂失次，且各隨學者之意，其記錄往往不同。觀尹焞以朱光庭所抄伊川語質諸伊川，伊川有「若不得某之心，所記者徒彼意耳」之語，則程子在時，所傳已頗失其真。案：此事見朱子《後序》中。故《朱子語錄》謂：「游錄語慢，上蔡語險，劉質夫語簡，李端伯語宏肆，永嘉諸公語絮也。」〔一〕是編成於乾道四年戊子（1168），乃因家藏舊本，復以類訪求附益，略據所聞歲月先後，編第成為二十五卷。又以行狀之屬八篇為附錄一卷。《語錄》載陳淳〔二〕問：「第九卷介甫言律一條何意？」曰：「伯恭以凡事皆具，惟律不說，偶有此條，遂漫載之。」〔三〕又鄭可學問：「《遺書》有古言乾坤不用六子一段如何？」曰：『此一段卻主張是自然之理，又有一段卻不取。」〔四〕又《晦庵文集》內有《答呂伯恭書》曰：「《遺書》節本已寫出。愚意所刪去者亦須用草紙抄出，遂條略著刪去之意，方見不草草處。若暗地刪卻，久遠卻惑人（云云）。」〔五〕今觀書內如劉安節所錄「謹禮者不透須看《莊子》」一條，語涉偏矯，則注云「別本所增」。又暢大隱所記「道豈可離而不可離」一條，純入於禪，則注云：「多非先生語。」其去取亦深為不苟矣。

考《文獻通考》載《遺書》卷目與此本同，而黃震《日抄》所載則至十七卷而止，與此互異。又震所載《遺書》卷目，呂與叔《東見錄》及《附東見錄》均次為第二卷，而此本則次附《東見錄》為第三卷，殆傳本有異同歟？至《附錄》中《年譜》一篇，朱子自謂實錄所書文集內、外書所載與凡他書之可證者，震則謂朱子訪其事於張繹、范棫、孟厚、尹焞而成。蓋朱子舉其引證之書，震則舉其參考之人，各述一端，似矛盾而非矛盾也。〔六〕（《四庫全書總目》卷九十二）

【注釋】

〔一〕〔四〕【史源】《朱子語類》卷九十七。

〔二〕【陳淳】（1159～1223），字安卿，號北溪，福建漳州人。著有《北溪字義》
《北溪大全集》等。

〔三〕【史源】《朱子語類》卷九十六。

〔五〕【史源】《晦庵集》卷三十三。

〔六〕【整理與研究】梅珍生《二程遺書中的易學問題》認為，程頤所作的易學著
作《程氏易傳》只注解了《周易》經文和《彖》《象》《文言》三傳的內容，
對於《繫辭》以下等傳皆無所解，但這並不意味著程頤對於《繫辭》不重視，
相反，在《二程遺書》中，程頤與學生談話的主要內容，多從《繫辭》出發，
程頤以易學為基礎建構自己的哲學體系的主要概念也是來自於《繫辭》的，
因此，重視程頤對於《繫辭》的解釋，對於程頤易學思想的把握，有著重要
的理論意義。此文從程頤釋《易》方法角度勾勒出程頤易學的理論特色。（《中
國哲學史》2013 年第 4 期）

15. 公是先生弟子記〔一〕四卷

宋劉敞（1019～1068）撰。敞有《春秋傳》，已著錄。

是編題曰「弟子記」者，蓋託言弟子之所記，而文格古雅，與敞所注《春
秋》詞氣如出一手，似非其弟子所能。故晁公武《讀書志》以為敞自記其問答
之言，當必有據也。公武又稱，書中於王安石、楊愷之徒書名，王深甫、歐陽
永叔之徒書字，以示褒貶。今考公武所說，亦大概以意推之。即如王回一人，
「論四嶽薦鯀」一條、「論聖人」一條，則書其名，「論泰伯」一條、「論晉武
公」一條，則書其字，是於褒貶居何等乎？且其書固多攻王氏新學，而亦兼
寓針砭元祐諸賢之意，故其言曰：「淫聲出乎律呂，而非所以正律呂也。小道
生乎仁義，而非所以明仁義也。」又曰：「八音不同物而同聲，同聲乃和。賢
能不同術而同治，同治乃平。」又曰：「忘情者自以為達，悖情者自以為難，
直情者自以為真，三者異趣而同亂。」又曰：「學不可行者，君子弗取也。言
不可用者，君子弗詢也。」又曰：「智不求隱，辨不求給，名不求難，行不求
異。」又曰：「無為而治者，因堯之臣，襲堯之俗，用堯之政，斯孔子謂之無
為也。」又曰：「夫賢者為人所能為而已矣。人所不能為，賢者不為也。」又
曰：「君子恥過而欲改之；小人恥過而欲遂之。君子欲善而自反；小人慾善而

自欺。」又曰：「矜小名以售大偽，飾小廉以釣大利者，惟巨奸爾。」蓋是時三黨交訌，而敞獨蕭然於門戶之外，故其言和平如是。〔二〕

至於稱老子之「無為」，則為安石之新法發。辨孟子之「人皆可以為堯舜」，則為安石之自命聖人發。其說稍激，則有為言之者也。又王守仁謂：「無善無惡者性之體，有善有惡者意之用。」明人齗齗辨正，稱為衛道。今觀是書，乃知王安石先有是說，敞已辭而闢之。是其發明正學，又在程、朱之前。其「或謂仁義禮智不若道之全」一條，謂：「道固仁義禮智之名。仁義禮智弗在焉，安用道！」亦預杜後來狂禪之弊。所見甚正，徒以獨抱遺經，澹於聲譽，未與伊、洛諸人傾意周旋，故講學家視為異黨，抑之不稱耳。實則元豐、熙寧間，卓然一醇儒也。

其書宋時蜀中有刻版，乾道（十）〔八〕年豫章謝諤得之於劉文潛，付三衢江溥重刊。淳熙元年（1174）趙不黥又於敞從曾孫子和及子和從叔椿家得二舊本，校正舛脫，就江本改刻十八頁，補三百七十字。此本即從不黥所刻抄出者。末有諤、溥、不黥三跋〔三〕。證以《永樂大典》所引，一一符合，知為原書，亦可謂罕覯之笈矣。敞墓誌及《宋史》本傳，俱稱《弟子記》五卷，《讀書志》則作一卷，蓋南宋之初，已病其繁碎，合併為一。今以篇頁稍多，釐為四卷，以酌其中。

又錢曾《讀書敏求記》載《極沒要緊》一卷，注曰：「即劉原父弟子記也。」考浙江所進遺書，有《極沒要緊》一卷，亦題公是先生撰。其文皆採掇郭象《莊子注》語，似出依託，與此顯為二書。今別存其目於道家中，庶真贗不相淆焉。〔四〕（《四庫全書總目》卷九十二）

【注釋】

〔一〕【書名】《四庫全書》作《公是弟子記》。

〔二〕【評論】劉咸炘云：「原父之旨在於統一，論學則以古聖為宗，而兼容百家諸子之說，其長在於廣大，既廣大，則當趨於平易矣……《四庫提要》頗推許《弟子記》，然不知求其條貫，而稱其書為多攻王氏新學，而亦兼寓針砭元祐諸賢之意，謂是三黨交訌，而敞獨蕭然於門戶之外，故其言和平如是，此尤可笑。原父卒於熙寧之初，介甫尚未得政，與同時諸人正相講習，未有異見，及乎元祐，則原父歿已久矣。」（《劉咸炘學術論集·子學編》第486～487頁）

〔三〕【謝諤跋】公是祖居在新喻之荻斜，此書初未嘗有傳。乾道八年，諤客遊豫章九月十日都運劉司業文潛見邀夜話，偶出此為贈，蓋蜀中善本，得之甚珍，

　　留寄旅舍。既而歸省，復來二十六日，道過臨江，而使君江郎中叔源留飲富
　　壽堂，因語及之，使君欣然即欲鋟版。江溥跋云：觀其微言篤論，皆根柢孔
　　孟，而扶植名教，醇於荀、揚遠甚，真有大功於聖門。

〔四〕【極沒要緊】舊本題公是先生撰。公是先生，宋劉敞別號也。此書皆採掇郭
　　象《莊子注》語，聯綴成文，與《弟子記》迥別，不知曾何以合為一書，豈
　　曾所見別一本，而此為好事者所依託歟？（《四庫全書總目》卷一百四十七）

16. 近思錄十四卷

　　宋朱子（1130～1200）與呂祖謙（1137～1181）同撰。案《年譜》，是書成於淳
熙二年（1175），朱子年四十六矣。書前有朱子題詞曰：「淳熙乙未（1175）之夏，
東萊呂伯恭來自東陽，過余寒泉精舍，留止旬日，相與讀周子、程子、張子之
書，歎其廣大宏博，若無津涯，而懼夫初學者不知所入也。因共掇取其關於
大體而切於日用者，以為此編（云云）。」是其書與呂祖謙同定，朱子固自著之，
且並載祖謙題詞〔一〕。又《晦庵集》中有乙未八月與祖謙一書，又有丙申與祖
謙一書，戊戌與祖謙一書，皆商榷改定《近思錄》〔二〕，灼然可證。《宋史・藝
文志》尚並題「朱熹、呂祖謙類編」。後來講學家力爭門戶，務黜眾說而定一
尊，遂沒祖謙之名，但稱「朱子《近思錄》」，非其實也。

　　書凡六百六十二條，分十四門，**實為後來性理諸書之祖**。然朱子之學大
旨主於格物窮理，由博反約，根株「六經」，而參觀百氏，原未嫛嫛姝姝守一
先生之言，故題詞有曰：「窮鄉晚進有志於學〔而無明師良友以先後之者〕，
誠得此而玩心焉，亦足以得其門而入矣。然後求諸四君子之全書，〔沉潛反覆，
優柔厭飫，〕以致其博而反諸約焉，〔則其宗廟之美、百官之富，〕庶乎其有
以盡得之。若憚煩勞，安簡便，以為取足於此而（止）〔可〕，則非〔今日所
以〕纂集此書之意〔也〕。」〔三〕然則四子之言，且不以此十四卷為限，亦豈
教人株守是編、而一切聖經賢傳束之高閣哉！

　　又呂祖謙題詞，論首列陰陽性命之故，曰：「後出晚進，於義理之本原，
雖未容驟語，苟茫然不識其梗概，則亦何所底？列之篇端，特使知其名義，
有所向往而已。至於餘卷所載講學之方，日用躬行之實，自有科級，循是而
進，自卑升高，自近及遠，庶不失纂集之旨。若乃厭卑近而騖高遠，躐等凌
節，流於空虛，迄無所依據，則豈所謂近思者耶！」〔四〕其言著明深切，尤足
藥連篇累牘、動談「未有天地以前」者矣。

其《集解》則朱子歿後,葉采所補作。淳祐十二年(1252),采官朝奉郎監登聞鼓院兼景獻府教授時嘗齎進於朝。前有進表及自序。采字仲圭,號平巖,建安人〔五〕。其序謂悉本朱子舊注,參以升堂紀聞及諸儒辯論,有略闕者乃出臆說,又舉其大旨,著於各卷之下,凡閱三十年而後成云。〔六〕(《四庫全書總目》卷九十二)

【注釋】

〔一〕【題詞】四庫本《近思錄》卷首未見題詞。

〔二〕【史源】《晦庵集》卷三十三、卷三十四。

〔三〕【史源】朱子題詞載《近思錄》卷首,又載《晦庵集》卷八十一《書近思錄後》。

〔四〕【呂祖謙題近思錄】《近思錄》既成,或疑首卷陰陽變化性命之說,大抵非始學者之事,某竊嘗與聞次輯之意。後出晚進於義理之本原,雖未容驟語,苟茫然不識其梗概,則亦何所底止?列之篇端,特使之知其名義,有所向望而已。至於餘卷所載講學之方,日用躬行之實,具有科級,循是而進,自卑升高,自近及遠,庶幾不失纂集之指。若乃厭卑近而騖高遠,躐等陵節,流於空虛,迄無所依據,則豈所謂近思者耶?覽者宜詳之。(《東萊集》卷七)

〔五〕【葉采】字仲圭,邵武人。初從蔡淵受《易》,已而往見陳淳,淳以其好躐高妙而少循序,痛砭之,自是屏斂鋒芒,駸趨著實。慶曆初為秘書監,嘗論郡守貪刻之害,理宗熹納之。(《福建通志》卷五十一)

〔六〕【整理與研究】日人鈴木由次郎譯有日文本《近思錄》(集英社1974年版)。《近思錄「聖賢氣象」研究》認為,聖賢氣象是宋代儒者首次提出的重要命題,「為有宋理學家一絕大新發明」(錢穆語),《近思錄》最後一卷也就是卷十四專門探討聖賢氣象。聖賢氣象作為宋代儒者追求的理想人格和人生境界的外在表現,它對於我們今天人格建構和境界提升仍然有著重大意義。

17. 雜學辨一卷附記疑一卷

宋朱子(1130～1200)撰。

以斥當代諸儒之雜於佛、老者也。凡蘇軾《易傳》十九條,蘇轍《老子解》十四條,張九成《中庸解》五十二條〔一〕,呂希哲《大學解》四條,皆摘錄原文,各為駁正於下。末有乾道丙戌(1166)何鎬跋。鎬字叔京,何兌之子。丙戌為乾道二年(1166),朱子三十七歲監岳廟家居時也。

《記疑》一卷，前有朱子題詞稱：「偶得雜書一冊，不知何人所記，懼其流傳久遠，上累師門（云云）。」蓋程子門人記錄師說，附以己意，因而流入二氏者。亦摘錄而與之辨，凡二十條。其書作於淳熙二年（1175）丙申三月，朱子方在婺源，距作《雜學辨》時十年矣。後人附刻《雜學辨》後，以類相從。今亦仍舊本錄之焉。（《四庫全書總目》卷九十二）

【注釋】

〔一〕【評論】《四部叢刊》有殘宋本《中庸說》，張元濟跋云：「余祖文忠公（張九成諡文忠——引者注）正色立朝，敦尚氣節，為有宋名臣。著書垂教，卷帙宏富……既睹其書（指宋槧《中庸說》六卷），已佚其半，請於〔日本東福寺〕寺僧，攝影攜歸，才四十葉耳。曩讀朱文公集，謂公以佛語釋儒書，駁斥是書者，殆及萬言。其徵引原文均合，蓋朱子所見之本。公之為學，於喜怒哀樂未發之前，求其內心有得勿止，更求其發而中節之用，其途徑與朱子容有不同。孰是孰非，非余所敢議。余獨痛夫儒釋之辨，盛於當日，公之學說，為朱子所抨擊，致湮沒而不彰。是書亦自宋迄今，無復刊行。」（《張元濟古籍書目序跋彙編》第 930～931 頁）

〔二〕【整理與研究】蕭湘《朱熹雜學辨研究》認為，朱熹思想體系的形成經歷了一個動態發展的過程，1160 年至 1170 年是其理學思想走向成熟和系統化的關鍵時期，《雜學辨》正是此期的重要作品之一，包含了朱熹所作的四篇批判性文章，分別體現了朱熹與蘇軾、蘇轍、張九成和呂本中等人在本體論、工夫論和知行觀等方面的具體分歧。在本體論方面，朱熹通過批評諸家對於「性命之原」問題的觀點，辨析了道德本原問題與宇宙之自然與理的關係問題。在工夫論方面，朱熹主要在心性修養上的「中和」與「已發未發」問題和道德實踐的「誠與行誠」兩個方面對諸家的觀點作出了批評。在知行觀方面，主要涉及朱熹對於諸家「格物致知」觀點的批評。（湖南大學 2018 年碩士論文）

18. 朱子語類一百四十卷

宋咸淳庚午（1270）導江黎靖德編。

初，朱子與門人問答之語，門人各錄為編。嘉定乙亥（1215），李道傳輯廖德明等三十二人所記，為四十三卷，又續增張洽錄一卷，刻於池州，曰《池錄》。嘉熙戊戌（1238），道傳之弟性傳續搜黃榦等四十二人所記，為四十六卷，刊於饒州，曰《饒錄》。淳祐己酉（1249），蔡杭又裒楊方等二十三人所記，為

二十六卷，亦刊於饒州，曰《饒後錄》。咸淳乙丑（1265），吳堅採三錄所餘者二十九家，又增入未刊四家，為二十卷，刊於建安，曰《建錄》。其分類編輯者，則嘉定己卯（1219）黃士毅所編，凡百四十卷，史公說刊於眉州，曰「蜀本」。又淳祐壬子（1252），王佖續編四十卷，刊於徽州，曰「徽本」。諸本既互有出入，其後又翻刻不一，訛舛滋多。靖德乃裒而編之，刪除重複一千一百五十餘條，分為二十六門，頗清整易觀。

其中甚可疑者，如包楊錄中論《胡子知言》，以書為溺心志之大阱之類，概為刊削，亦深有功於朱子。靖德目錄後記有曰：「朱子嘗言：《論語》後十篇不及前，『六言』、『六蔽』不似聖人法語。是孔門所記猶可疑，而況後之書乎！」觀其所言，則今他書間傳朱子之語而不見於《語類》者，蓋由靖德之刪削。鄭任鑰不知此意，乃以《四書大全》所引不見今本《語類》者，指為《或問小注》〔一〕之證，其亦不考之甚矣。〔二〕（《四庫全書總目》卷九十二）

【注釋】

〔一〕【或問小注】舊本題朱子撰。宋以來諸家書目皆不著錄。諸儒傳朱子之學者，亦無一人言及之。康熙壬午，始有陳鱨則家刻本，稱明徐方廣所增注。越二十年壬寅，鄭任鑰又為重刻，而附以己說，並作後序，反覆力辨，信為朱子書。如卷首載朱子與劉用之書及序四篇，《晦庵集》中不載，則以為集中偶佚；《年譜》不記此書，則以為《年譜》遺漏；書中多講時文做法，則以為制義始王安石，朱子亦十九舉進士，必善時文。連篇累牘，欲以強詞奪理。至如解「中庸其至矣乎」一節、「道之不行也」一節，皆剽《四書大全》所載雙峰饒氏語，「射有似乎君子」一節，全剽《四書大全》所載新安陳氏語，偽跡昭然，萬難置喙。則以為《大全》誤題姓名，其偏執殆不足與辨。又既稱此書作於《集注》之後，而《孟子》「萬物皆備於我矣」一章，乃於第三條下附記曰：「此條係《語類》說，第八條係《或問》說。前輩多疑此為未完之說，在《集注》之前。信哉。」是《小注》又在《集注》前矣，不亦自相牴牾耶？所載《中庸》原序，稱淳熙己酉冬十月壬申。考《宋史·孝宗本紀》，是月有庚子、壬寅二日。使庚子為朔，則下推三十二日為壬申，使壬寅為晦，則上推三十一日為壬申，均不得在十月。《文獻通考》載朱子之言曰：「《集注》後來改定處多，遂與《或問》不相應，又無工夫修得（云云）。」是《或問》尚未暇改，何暇又作《小注》。陳振孫《書錄解題》又曰：「《論語通輯》十卷，黃榦撰。其書兼載《或問》，發明婦翁未盡之意。」使朱子果有此書，榦亦何

必發明乎？其為近人依託無疑。王懋竑《白田雜著》有是書跋，稱任鈵刻是書後，自知其謬，深悔為湯友信所賣。並稱序及諸論皆友信之筆，任鈵未嘗寓目云。（《四庫全書總目》卷三七）

　　今按，王懋竑《白田雜著》卷八《題四書或問小注前》云：「往者康熙壬申、癸酉間，余應試泰州，於書坊中見朱子《或問小注》一書，其序文以為朱子所自作，余一笑而置之，其謬妄蓋不足辨，自後書坊中亦不復見也。壬寅，余為安慶教授，時鄭魚門先生督學江南。先生，余教習師也。未至安慶，先遣使以書四部貽余，命分各學中，余發視之，即前所見《或問小注》本，為之大駭，乃作書力言其謬妄，不可流傳，更遣使以往。比至，而先生已遷湖北布政司以去，遂不及達。會余奉詔至京師，乃載書以歸。比余至京，僅四月而遭憂，又重以病，倉卒擾擾，不復與先生相聞越四五載。余罷官家居，先生亦罷湖北巡撫，留楚中，使來視余，乃更具書並前書致之。未幾，先生令嗣長公來過時書已多散失，僅存二百餘部，將以歸之，長公曰：『家尊得君書，深悔為湯景範所誤，家尚有千百本，已閉不復出，此無所用，留君處可也。』其後朋友間時來取數本去，而坊人亦有以殘書來易者。余間一視之，其書乃老學究所纂輯，蓋自《朱子文集》《語類》《四書大全》及《蒙引》《存疑》《淺說》《達說》《說統》《翼注》以及近時諸家之說，皆嘗遍覽，其刪並《文集》《語類》，較《輯釋》《大全》為稍勝，而於諸家之說頗能辨其得失，特其自以刪改《文集》《語類》，心有所不安，遂偽撰序文，與門人書託於朱子所自作，以為可免於大不韙之罪，而不知作偽之罪更有甚焉。至其謬誤，已不待辨而明也。魚門先生督學江南時，合上下兩江十四府四州之士，而考試之日，力有不暇給，其於是書盡用湯友信景範之說，而不及詳考，凡所作序及諸附論皆湯為之，非先生筆也。余念此二百部者，既不可焚棄，而又比於近時坊刻諸講章為少詳備，初學之士或有取焉。因而出之，而附其說如此，亦使知此書之刻，非先生之意，後悔之而不及改，庶流傳之後，不以為先生累也。」

〔二〕【整理與研究】徐時儀、楊豔合撰《〈朱子語類〉匯校》（上海古籍出版社 2016 年版），以徽州本為底本，校以通行本，並儘量搜羅現存不同系統之各種刻本以為參校，參考此前出版的各種標點整理本編輯而成。楊燕撰《〈朱子語類〉經學思想研究》（東方出版社 2010 年版），基於文獻學的脈絡梳理，審視《朱子語類》中關於經典體系的構建問題，考察了《朱子語類》的經學闡釋理論，著力分析了《朱子語類》的經學修養論和天命觀。

19. 麗澤論說集錄十卷

宋呂祖謙（1137～1181）門人雜錄其師之說也〔一〕。前有祖謙從子喬年題記，稱先君嘗所裒輯，不可以不傳，故今仍據舊錄，頗附益次比之。喬年為祖謙弟祖儉之子，則搜錄者為祖儉，喬年又補綴次第之矣。

凡《易說》二卷，《詩說拾遺》一卷，案：《詩說》獨曰「拾遺」，以祖謙著有《家塾讀詩記》也。《周禮說》一卷，《禮記說》一卷，《論語說》一卷，《孟子說》一卷，《史說》一卷，《雜說》二卷，皆冠以「門人集錄」字，明非祖謙所手著也〔二〕。

祖謙初與朱子相得，後以爭論《毛詩》不合，遂深相排斥。黎靖德所編類《語類》，以論祖謙兄弟者別為一卷（第一百二十二卷），其中論祖謙者凡三十一條，惟「病中讀《論語》」一條稍稱其善，「答項平甫書、與曹立之書」一條，稱編其集者誤收他文。其餘三十條，於其著作詆《繫詞精義》者二，詆《讀詩記》者二，詆《大事記》者五，詆《少儀外傳》者一，詆《宋文鑒》者五，詆《東萊文集》者三，其餘十一條則皆詆其學問，如云：「東萊博學多識，則有之矣，守約恐未也。」〔三〕又云：「伯恭之弊盡在於巧。」〔四〕又云：「伯恭說義理太多傷巧，未免杜撰。」〔五〕又云：「伯恭教人看文字也粗。」〔六〕又云：「東萊聰明，看文理卻不仔細，緣他先讀史多，所以看粗著眼。」〔七〕又云：「伯恭於史分外仔細，於經卻不甚理會。」〔八〕又云：「伯恭要無不包羅，只是撲過都不精。」〔九〕可謂詆隙攻瑕，不遺餘力。

托克托等修《宋史》，因置祖謙《儒林傳》中，使不得列於道學。呂喬年記亦稱講說所及而門人記錄之者，祖謙無恙時，嘗以其多舛，戒無傳習。殆亦陰解朱子之說，欲歸其失於門人也。然當其投契之時，則引之同定《近思錄》，使預聞道統之傳；當其牴牾以後，則字字譏彈，身無完膚，毋亦負氣相攻、有激而然歟？《語類》載李方子所記云：「伯恭更不教人讀《論語》。」而此書第六卷為門人集錄《論語說》六十八條，又何以稱焉？

道學之譏儒林也，曰「不聞道」；儒林之譏道學也，曰「不稽古」。斷斷相持，至今未已。夫儒者窮研經義，始可斷理之是非，亦必博覽史書，始可明事之得失，古云博學反約，不云未博而先約。朱氏之學精矣，呂氏之學〔十〕，亦何可盡廢耶！（《四庫全書總目》卷九十二）

【注釋】

〔一〕【讀書方法】呂祖謙論讀《易經》之法:「讀《易》須於平時平讀過處,反覆
深體,見得句句是實,不可一字放過。如此讀《易》,雖日讀一句,其益多矣。
若泛泛而讀,雖多亦奚以為?」(《麗澤論說集錄》卷一)呂祖謙論讀《詩經》
之法:「《詩》者人之性情而已,必先得詩人之心,然後玩之易入。《詩》三百
篇大要近人情而已。看《詩》且須諷詠,此最治心之法。看《詩》者欲懲穿
鑿之弊,欲只以平易觀之。惟平易則易看,若有意要平易,便不平易。今之
言《詩》者,字為之訓,句為之釋,少有全傳一篇之意者。上蔡曰:『善乎明
道之言《詩》也,未嘗章解而句釋也,優游吟諷,抑揚舒疾之間,而聽者已
渙然心得矣。』(呂祖謙《麗澤論說集錄》卷二)

〔二〕【考證】庫書題作「宋呂喬年編」。

〔三〕〔四〕〔五〕〔六〕〔七〕〔八〕〔九〕【史源】《朱子語類》卷一百二十二。

〔十〕【呂氏之學宗司馬遷】《朱子語類》卷一百二十二:「伯恭子約宗太史公之學,
以為非漢儒所及。某嘗痛與之辨。子由《古史》言:『馬遷淺陋而不學,疏略
而輕信。』此二句最中馬遷之失,伯恭極惡之。《古史序》云:『古之帝王,
其必為善,如火之必熱,水之必寒;其不為不善,如騶虞之不殺,竊脂之不
穀。』此語最好。某嘗問伯恭:『此豈馬遷所能及?』」

20. 大學衍義四十三卷

宋真德秀(1178~1235)撰。德秀有《四書集編》,已著錄。

是書因《大學》之義而推衍之。首曰帝王為治之序,帝王為學之本。次
以四大綱:曰格物致知,曰正心誠意,曰修身,曰齊家,各繫以目。格物致知
之目四:曰明道術,辨人材,審治體,察民情。正心誠意之目二:曰崇敬畏,
戒逸欲。修身之目二:曰謹言行,正威儀。齊家之目四:曰重妃匹,嚴內治,
定國本,教戚屬。中惟修身一門無子目,其餘分子目四十有四。皆徵引經訓,
參證史事,旁採先儒之論以明法戒,而各以己意發明之。〔一〕

大旨在於正君心,肅宮闈,抑權倖。蓋理宗雖浮慕道學之名,而內實多
欲,權臣外戚,交煽為奸,卒之元氣凋弊,閱五十餘年而宋以亡。德秀此書成
於紹定二年(1229),而進於端平元年(1234),皆陰切時事以立言,先去其有妨
於治平者以為治平之基。故《大學》八條目〔二〕,僅舉其六。然自古帝王正本
澄源之道,實亦不外於此。若夫宰馭百職,綜理萬端,常變經權,因機而應,

利弊情偽，隨事而求，其理雖相貫通，而為之有節次，行之有實際，非空談心性即可坐而致者，故邱濬又續補其闕也。〔三〕（《四庫全書總目》卷九十二）

【注釋】

〔一〕【大學衍義序】臣始讀《大學》一書，見其自格物、致知、誠意、正心、修身、齊家至於治國、平天下，其本末有序，其先後有倫。蓋嘗撫卷三歎曰：為人君者不可以不知《大學》，為人臣者不可以不知《大學》。為人君而不知《大學》，無以清出治之源；為人臣而不知《大學》，無以盡正君之法。既又考觀帝王之治，未有不本諸身而達之天下者，然後知此書所陳，實百聖傳心之要典，而非孔氏之私言也。三代而下，此學失傳，其書雖存，概以傳記目之而已。求治者既莫之或考，言治者亦不以望其君，獨唐韓愈、李翺嘗舉其說，見於《原道》《復性》之篇，而立朝論議曾弗之及。蓋自秦、漢以後，尊信此書者，惟愈及翺，而亦不知為聖學之淵源、治道之根柢也，況其他乎！臣嘗妄謂，《大學》一書，君天下者之律令格例也。本之則必治，違之則必亂。

〔二〕【《大學》八條目】格物、致知、誠意、正心、修身、齊家、治國、平天下。

〔三〕【整理與研究】向鴻全撰《真德秀及其〈大學衍義〉之研究》（花木蘭文化出版社 2008 年版），康世統撰《真德秀〈大學衍義〉之研究》（花木蘭文化出版社 2009 年版），鍾文榮撰《真德秀〈大學衍義〉研究》（黑龍江人民出版社 2011 年版）。朱鴻林撰《理論型的經世之學——真德秀〈大學衍義〉之用意及其著作背景》（載《儒者思想與出處》，生活·讀書·新知三聯書店 2015 年版）。夏福英《帝王之學視域下之〈大學衍義〉研究》認為，《大學衍義》是一部借《大學》的框架來建構「帝王之學」理論體系的著作，它用來教導人君如何做一位理想的帝王。《大學衍義》一書被後世視為「帝王之學」最具代表性的著作，所謂「帝王之學」，不僅是帝王「資治」的必讀之書，也是各級官吏「理政」的必讀之書。《大學衍義》一書所「衍義」的就是「修己安人」的歷史經驗與管理實踐。（湖南大學 2015 年博士論文）

21. 孔子集語三卷

宋薛據撰。據字叔容，永嘉（今屬浙江溫州市）人。官至浙東常平提舉〔一〕。林德暘《霽山集》〔二〕有《二薛先生文集序》曰：「薛氏世學，蓋三百年。玉成公學於慈湖楊敬仲，刊華據實，猶程門緒餘。偽學禁興，隻手衛道，著

《伊洛源流》，各為譜傳。又以弓冶授其子。叔容公志弘力毅，負荷千年，念聖遠言湮，為《孔子集語》二十卷。」〔三〕即是書也。此本但分二十篇，僅有三卷，殆舊以一篇為一卷，後人並之歟？

　　所列書凡三十餘種，其凡例謂《曾子》《大戴禮》《孔叢子》《孔子家語》四全書及《左氏》《莊子》《荀子》《列子》概不採及，惟見於他古書者採之。然《孔子世家》列在正史，不僻於《孔叢》《家語》，且既云不錄《大戴禮記》，而《顏叔子第十二》乃又引其一條，亦自亂其例。至引《說文》「黍可為酒，禾入水也」、「一貫三為王」、「推一合十為士」等語，並數條為一條，義不相貫，尤為失倫。他若《韓非子・說林下》《內儲說上》《內儲說下》《外儲說左上》《外儲說右下》《難一》《難三》諸篇，可採者幾二十條，而此書所引僅三條。若《淮南子》《主術訓》《繆稱訓》《齊俗訓》《道應訓》《人間訓》《泰族訓》諸篇，所可採者不下十餘條，而此所引者亦僅三條，則其餘掛漏可以概知。又文翔鳳〔四〕《雲夢藥溪談》摘其「五酉」一條，引《搜神記》而譁其所出，又訛「五酉」為「五酋」，則駁雜舛錯，亦所不免。特所錄尚多秦漢古書，殘篇斷句，或可藉此以僅存，故考古者亦不能廢焉。〔五〕（《四庫全書總目》卷九十二）

【注釋】

〔一〕【考證】潘猛補云：「《四庫提要》云薛據『官至浙東常平提舉』，實為誤讀劉克莊等進書狀所致。據宋黃震《祭鎮江薛節幹》（《黃氏日抄》九十五）等文，可知其卒任於淮東總領所幹辦官。其是以迪功郎、初官未仕時，任稽山書院山長，由浙東提舉司舉進《孔子集語》後，被委任此官。提舉其為推薦者，非薛據之職明矣。孫氏沿《四庫》之誤。」（《溫州經籍志》第 588 頁）

〔二〕【林霽山集】宋林景熙（1242～1310）撰。景熙一作景曦，字德暘，溫州平陽人。國朝康熙癸酉（1693），歙縣汪士鋐等重刊，乃總題曰《林霽山集》，較有體例，今用以繕錄焉。（《四庫全書總目》卷一六五）

〔三〕【史源】《二薛先生文集序》載《霽山文集》卷五。

〔四〕【文翔鳳】字天瑞，號太青。陝西三水人。萬曆庚戌（1610）進士。官至太僕寺少卿。著有《太微經》《東極篇》《文太青文集》。文翔鳳與屠隆、徐渭、李維楨、董其昌、湯顯祖、虞淳熙、黃汝亨、王思任、袁宏道、曹學佺、陳繼儒、袁中道、陳仁錫、鍾惺、張鼐並稱為十六家。《四庫全書總目》認為其文「大抵輕佻獧薄，不出當時之習」。

〔五〕【整理與研究】薛安勤撰《孔子集語譯注》（吉林文史出版社 1996 年版），孟
慶祥、孟繁紅撰《孔子集語譯注》（黑龍江人民出版社 2003 年版），郭沂撰
《孔子集語譯注》（中華書局 2017 年版），孔德凌、包海英撰《孔子集語集
校》（山東人民出版社 2018 年版）。

22. 讀書分年日程三卷

元程端禮（1271～1345）撰。端禮字敬叔，號畏齋，鄞縣（今屬浙江寧波市）
人。以薦為建平教諭，遷台州路教授。事蹟具《元史·儒學傳》。

是書有延祐二年（1315）自序〔一〕，謂一本輔漢卿所萃《朱子讀書法》修
之。考《朱子讀書法》〔二〕六條：一曰居敬持志，二曰循序漸進，三曰熟讀精
思，四曰虛心涵泳，五曰切己體察，六曰著緊用力。端禮本其法而推廣之〔三〕。
雖每年、月、日讀書程限不同，而一以六條為綱領。

史稱所著有《讀書工程》，國子監以頒示郡縣〔四〕，即此書也。然書末又
有端禮自跋〔五〕，歷敘崇德吳氏、平江陸氏，池州馮氏、及江浙諸處抄刊各本，
而不及國子監頒示事。則本傳所云或端禮身後之事歟？跋作於元統三年（1335）
十一月朔。考順帝以元統三年十一月辛丑改元至元，此標十一月朔，則尚在
辛丑之前，故仍稱元統云。（《四庫全書總目》卷九十三）

【注釋】

〔一〕【讀書分年日程自序】見四庫本卷首。

〔二〕【朱子讀書法】宋張洪、齊熙同編。其書本朱子門人輔廣所輯，皆以文集、
語類排比綴緝，分門隸屬。雖捃拾抄撮裨販舊文，不足以言著述，而條分縷
析，綱目井然，於朱子一家之學亦可云覃思研究矣。（《四庫全書總目》卷九
二）

〔三〕【陸隴其跋】是編之法，非程氏之法，而朱子之法也。非朱子之法，而孔孟
以來教人讀書之法也。朱子言其綱，而程氏詳其目。本末具而體用備，誠用
其法而用力焉。內聖外王之學，在其中矣。

〔四〕【陸隴其跋】當時曾頒行學校。明初諸儒讀書，大抵奉為準繩。今國家尊崇
正學，諸不在朱子之術者，皆擯不得進。（《陸隴其年譜》第 167 頁）

〔五〕【程端禮自跋】右《讀書分年日程》，余守此與友朋共讀，歲歲刪修。此則最
後刊於家塾本也。覽者倘矜其愚，補其所未及，實深望焉。

23. 讀書錄十卷續錄十二卷

明薛瑄（1389～1464）撰。瑄字德溫，河津（今屬山西運城市）人。永樂辛丑（1421）進士。官至禮部右侍郎，入閣預機務，贈禮部尚書，諡文清。事蹟具《明史‧儒林傳》。

其書皆躬行心得之言。兩《錄》之首，皆有自記〔一〕，言其因張子「心有所開，不思則塞」之語〔二〕，是以自錄隨時所得，以備屢省。其後萬曆中，有侯鶴齡者，因所記錯雜，更為編次，刪去重複，名《讀書全錄》。然去取之間，頗失瑄本意。今仍錄原書，以存其舊。

瑄嘗言：「樂有雅、鄭，書亦有之。小學，《四書》《六經》，濂、洛、關、閩諸聖賢之書，雅也。嗜者常少，以其味之淡也。百家小說、淫詞、綺語、怪誕不經之書，鄭也。莫不喜談而樂道之，蓋不待教督而好之矣，以其味之甘也。淡則人心平而天理存，甘則人心迷而人慾肆。」觀瑄是錄，可謂不愧斯言矣。（《四庫全書總目》卷九十三）

【注釋】

〔一〕【讀書錄自記】橫渠張子云：「心中有所開，即便札記。不思，則還塞之矣。」余讀書至心有所開處，隨即錄之。蓋以備不思而還塞也。若所見之是否，則俟正於後之君子云。河東薛瑄謹識。

【讀書續錄自記】往年，因讀張子「心中有所開，即便札記，不思則還塞之矣」之言，遂於讀書心中有所開時，隨即札記，有一條一二句者，有一條三五句者，有一條數十句者，積二十餘年，乃成一集，名曰《讀書錄》。蓋以備不思還塞如張子所云者。近年又於讀書時日記所得者，積久復成一集，名曰《讀書續錄》，但有即錄不覺重複者多，欲皆刪去，而意謂既亦以備不思還塞，則辭雖重複，亦可為屢省之助云。河東薛瑄謹識。

〔二〕【史源】《近思錄》卷三：「義理有疑，則濯去舊見，以來新意。心中有所開，即便札記。不思，則還塞之矣。注云：疑義有所通，隨即札記，則已得者可以不忘，未得者可以有進，不記則思不起，猶山徑之蹊間，不用則茅塞之矣。」

24. 大學衍義補一百六十卷

明邱濬〔一〕（1421～1495）撰。濬有《家禮儀節》〔二〕，已著錄。

濬以宋真德秀《大學衍義》止於格、致、誠、正、修、齊，而闕治國、平天下之事，雖所著《讀書乙記》〔三〕，採錄史事，稱為是書之下編，然多錄名

臣事蹟，無與政典，又草創未完，乃採經、傳、子史，輯成是書，附以己見，分為十有二目，於孝宗初奏上之。有詔嘉獎，命錄副本，付書坊刊行。濬又自言〔四〕：「《衍義補》所載，皆可見之行事，請摘其要者下內閣議行。」帝亦報可。至神宗覆命梓行，親為製序。蓋皆甚重其書也。

特濬聞見甚富，議論乃不甚醇。故王鏊《震澤紀聞》〔五〕稱其學問該洽，尤熟於國家掌故。議論高奇，務於矯俗，能以辨博濟其說。如譏范仲淹多事，秦檜有再造功，評騭皆乖正理。又力主舉行海運，平時屢以為言。此書更力申其說，所列從前海運抵京之數，謂省內河挽運之資，即可抵洋面漂亡之粟，似乎言之成理。然一舟覆沒，舟人不下百餘，糧可抵以轉輸之費，人命以何為抵乎？其後萬恭著議，謂為有大害而無微利，至以好事斥之，非苟論也。又明之中葉，正閹豎恣肆之時，濬既欲陳誨納忠，則此條尤屬書中要旨，乃獨無一語及宦寺。張志淳《南園漫錄》〔六〕詆其有所避而不書〔七〕，殆亦深窺其隱。以視真氏原書，殊未免瑕瑜互見。

然治平之道，其理雖具於修、齊，其事則各有制置。此猶土可生禾，禾可生穀，穀可為米，米可為飯，本屬相因。然土不耕則禾不長，穀不獲則谷不登，穀不舂則米不成，米不炊則飯不熟。不能遞溯其本，謂土可為飯也。真氏原本實屬闕遺，濬博綜旁搜以補所未備，兼資體用，實足以羽翼而行。且濬學本淹通，又習知舊典，故所條列，元元本本，貫串古今，亦復具有根柢。其人雖不足重，其書要不為無用也。〔八〕（《四庫全書總目》卷九十三）

【注釋】

〔一〕【作者研究】王萬福撰《明邱文莊公濬年譜》（臺北商務印書館 1980 年版）。李焯然撰《邱濬評傳》（南京大學出版社 2005 年版）。今按，王國憲、黃培平、周偉民等均撰有年譜，李焯然加以補充而成《邱濬年譜》，附於《邱濬評傳》之後。李氏所撰評傳資料極為豐富，在此套叢書中可謂翹楚。

〔二〕【家禮儀節】是書取世傳朱子《家禮》，而損益以當時之制。（《四庫全書總目》卷二五）

〔三〕【西山讀書記原序】西山先生《讀書記》，惟甲、乙、丁為成書。甲、丁二記，近年三山學官已刊行，乙記上則《大學衍義》是也。其下卷未及繕寫，而先生沒，稿藏於家，學者罕見之。

〔四〕【邱濬序】臣惟《大學》一書，儒者全體大用之學也。原於一人之心，該夫萬事之理，而關係乎億兆人民之生，其本在乎身也，其則在乎家也，其功用極

於天下之大也。聖人立之以為教，人君本之以為治，士子業之以為學，而用以輔君，是蓋「六經」之總要，萬世之大典。

〔五〕【王鏊】字濟之，江蘇蘇州人。《明史》卷一百八十一有傳。

〔六〕【南園漫錄】明張志淳撰。志淳字進之，江寧人。自序稱因讀洪邁《容齋隨筆》、羅大經《鶴林玉露》二書仿而為之。卷首數條皆舉《容齋隨筆》之語，而辨其是非，蓋其書之所緣起也。其餘則述所見聞，各為考證。大抵似洪書者十之一，似羅書者十之九。

〔七〕【史源】《南園漫錄》卷三「著書」條云：「昔在京師，得大學士瓊山邱公濬所進《大學衍義補》觀之，適一客至，曰：『觀此見其大病乎否？』予以未悉對，則曰：『此書於事理治具無所不該，獨於宦官通不及一言，蓋不逮源流，至論遠矣。豈止落第二義哉？』後悉觀之，信然。則客猶未究其立意之失也。蓋真西山所衍者，本也。本正則凡措諸天下國家之事，凡常變、遠邇、大小、精粗，皆不待言，而其多亦非言之所能盡也，乃欲列目開條以盡之，其事殆未可畢盡，而已拘隘，失前賢之本意矣。復首論聖神功化之極，為補前書，自以為備，殊不思見道造理之言雖異，然見道者未必背於道也。觀邱所著《鍾情麗集》，雖以所私擬元積，而浮猥鄙褻，尤倍於積。所撰《五倫記》，雖法高明，而譴浪戲笑，尤甚高明，乃以此論聖神功化之極，不幾於娼家讀《禮》乎？合而論之，不過欲人知其學博，而幸其名傳，非真以道見於著作者也。所以其書必欲進，必揣近侍喜斯，朝廷刻之，故不敢論及宦官也。」

〔八〕【整理與研究】明楊廉輯《大學衍義節略》，明徐栻輯《大學衍義補纂要》，清陳宏謀輯《大學衍義補輯要》（來鹿堂清道光 27 年版、齊魯書社 1995 年版），周長耀撰《〈大學衍義補〉的研究》（《邱海學術研究彙編》第 1～3 卷，1978～1980 年），王家槐撰《〈大學衍義補〉之研究》（臺北久新出版社 1987 年版），耿松撰《〈大學衍義補〉研究》（華東師範大學碩士論文）。

司馬按，近三十年來，碩士論文大多喜歡選擇假大空型的題目，如這位居然敢以《〈大學衍義補〉研究》作為碩士論文題目！這種「惡劣＋霸道＋無恥」的選擇方式無異於自絕於學術！如此培養，只能使人發狂！裁其狂簡，才是最佳的解藥。

25. 聖學宗要一卷學言三卷

明劉宗周（1578～1645）撰。宗周有《周易古文抄》，已著錄。

是編凡《聖學宗要》一卷，載周子《太極圖說》，張子《東銘》《西銘》，程子《識仁說》《定性書》，朱子《中和說》，王守仁《良知問答》等篇，各為注釋。蓋本其友人劉去非《宋學宗源》一書而增益之，加以詮解，改為今名。〔一〕《學言》三卷，則宗周講學語錄，其門人姜希轍〔二〕所刻也。

宗周生於山陰（今浙江紹興），守其鄉先生之傳，故講學大旨，多淵源於王守仁。蓋目染耳濡，其來有漸。然明以來，講姚江之學者，如王畿、周汝登、陶望齡、陶奭齡諸人，大抵高明之過，純涉禪機。奭齡講學白馬山，至全以佛氏因果為說，去守仁本旨益遠。宗周獨深鑒狂禪之弊，築證人書院，集同志講肄，務以誠意為主，而歸功於慎獨。其臨沒時，猶語門人曰：「為學之要，一誠盡之，而主敬其功也（云云）。」〔三〕蓋為良知末流深砭痼疾。故其平生造詣，能盡得王學所長，而去其所短。卒之大節炳然，始終無玷，為一代人倫之表。雖祖紫陽而攻金溪者，亦斷不能以門戶之殊並詆宗周也。知儒者立身之本末，惟其人，不惟其言矣。（《四庫全書總目》卷九十三）

【注釋】

〔一〕【劉宗周自序】孔孟既沒，越千餘載，有宋諸大儒起而承之，使孔孟之道煥然復明於世，厥功偉焉。三百餘年，而得陽明子，其傑者也。夫周子，其再生之仲尼乎？明道不讓顏子，橫渠、紫陽亦曾、思之亞，而陽明見力直追孟子。自有天地以來，前有五子，後有五子，斯道可謂不孤。顧後五子書浩繁，學者多不能盡讀，即讀之而於分合異同之故，亦往往囿於所見，幾如泛溟渤之舟，茫然四驚，莫得其歸，終亦淪胥以溺而已。嗚呼！後世無知讀五子書者，而五子道晦。五子之道晦，而孔孟之道亦晦。其所關於斯文之廢興，豈淺鮮哉！

〔二〕【姜希轍】字二濱，浙江餘姚人。崇禎壬午（1642）舉人。入清後官至奉天府府丞。

〔三〕【史源】見《明儒學案》卷六十二，又見沈佳《明儒言行錄》卷十、《元明事類抄》卷十五。

26. 溫氏母訓一卷

明溫璜（1585～1645）錄母陸氏之訓也。璜初名以介，字於石，號石公，後以夢兆改今名，而字曰寶忠，烏程（今屬浙江湖州市）人。崇禎癸未（1643）進士。官徽州府推官。事蹟附見《明史·邱祖德傳》。乾隆四十一年（1776）賜諡忠烈。

瑤有遺集十二卷，此書其卷末所附錄，語雖質直，而頗切事理。末有跋語，不署名氏，稱原集繁重，不便單行，乃錄出再付之梓。〔一〕

案：瑤於順治乙酉（1645）起兵，與金聲〔二〕相應，以拒王師，凡四閱月，城破，抗節以死。其氣節震耀一世，可謂不愧於母教。又高承埏〔三〕《忠節錄》載，瑤就義之日，慨然語妻茅氏曰：「吾生平學為聖賢，不過求今日處死之道耳。」因繞屋而走。茅氏曰：「君子遲留得無以我及長女寶德在乎？」時女已寢，母呼之起。女問：「何為？」母曰：「死耳！」女曰：「諾。」即延頸受死，瑤手刃之。茅氏亦臥床引頸待刃，瑤復斫死，乃自刭。知其家庭之間素以名教相砥礪，故皆能臨難從容如是，非徒託之空言者矣。故雖女子之言，特錄其書於儒家，示進之也。（《四庫全書總目》卷九十三）

【注釋】

〔一〕【溫氏母訓跋】於石先生以崇禎丙子舉於鄉，後更名瑤。以節烈風萬世。公夫人、長女從容就實，上媲休光焉。遺集十二卷，末述先訓，乃母夫人陸所身教口授者，信乎家法有素，而賢母之造就不虛也。夫顏訓、袁範，世稱善則，類皆喆士之所修立，未聞宮師垂誠，踵季婦大家而有言也者，有之，自節孝始矣。

〔二〕【金聲】（1598～1645），字正希，湖北嘉魚人。1645 年夏，清兵入皖，金聲與門人江天一起兵抗擊於池州，後兵敗被俘。著有《金正希稿》。

〔三〕【高承埏】字寓公，一字澤外，浙江嘉興人。事蹟見《大清一統志》。

27. 讀朱隨筆四卷

國朝陸隴其（1630～1692）撰。隴其有《讀禮志疑》，已著錄。

是編乃其讀《朱子大全集》〔一〕時取所心得，隨筆標記。於正集二十九卷以前，凡詩、賦、札子，人所共知者，即不復置論。自正集三十卷起，至別集五卷止，則摘其精蘊，分條纂錄，而各加案語以申之。其書初無雕本。康熙戊子（1708），儀封張伯行從隴其之婿曹宗柱〔二〕索得稿本，因為刊行於福州。

隴其之學，一以朱子為宗，在近儒中最稱醇正。是編大意尤在於辟異說以羽翼紫陽，故於儒、釋出入之辨，金溪、姚江蒙混之弊，凡朱子書中有涉此義者，無不節取而發明之。其剖析疑似，分別異同，頗為親切。其他一字一句，亦多潛心體察，而深識其用意之所以然。蓋於朱子之書，誠能融會貫徹，而非徒以口耳占畢為事者。雖不過一時簡端題識之語，本非有意著書，而生平得力所在亦概可見矣。（《四庫全書總目》卷九十四）

【注釋】

〔一〕【朱子大全集】此本為康熙戊辰蔡方炳、臧眉錫所刻，眉錫序之，而方炳書後。題曰《朱子大全集》，不知其名之所始。考黃仲昭跋及嘉靖壬辰潘潢跋，尚皆稱《晦庵先生集》，而方炳跋乃稱朱子故有大全文集，歲月浸久，版已磨滅，則其名殆起明中葉以後乎？

〔二〕【曹宗柱】平湖人，太學生。

28. 忠經一卷

舊本題漢馬融（79～166）撰，鄭玄（127～200）注。

其文擬《孝經》為十八章〔一〕，經與注如出一手。考融所述作，具載《後漢書》本傳〔二〕。玄所訓釋，載於《鄭志》，目錄尤詳〔三〕。《孝經注》依託於玄，劉知幾尚設十二驗以辨之，其文具載《唐會要》〔四〕，烏有所謂《忠經注》哉？《隋志》《唐志》皆不著錄，《崇文總目》始列其名，其為宋代偽書，殆無疑義。《玉海》引《宋兩朝志》載有海鵬〔五〕《忠經》〔六〕。然則此書本有撰人，原非贗造。後人詐題馬、鄭，掩其本名，轉使真本變偽耳。〔七〕（《四庫全書總目》卷九十五）

【注釋】

〔一〕【擬經】《孝經》為十八章：開宗明義、天子、諸侯、卿大夫、士、庶人、三才、孝治、聖治、紀孝行、五刑、廣要道、廣至德、廣揚名、諫諍、應感、事君、喪親。《忠經》擬為：天地神明章第一、聖君章第二、冢臣章第三、百工章第四、守宰章第五、兆人章第六、政理章第七、武備章第八、觀風章第九、保孝行章第十、廣為國章第十一、廣至理章第十二、揚聖章第十三、辨忠章第十四、忠諫章第十五、證應章第十六、報國章第十七、盡忠章第十八。

〔二〕【史源】《後漢書》卷九十上。

〔三〕【史源】《鄭志》卷下。

〔四〕【史源】《唐會要》卷七十七。

〔五〕【海鵬】唐代人。見明淩迪知《萬姓統譜》卷七十九。

〔六〕【辨偽】《玉海》卷四十一：「馬融撰，鄭玄注。融述《孝經》之意，作《忠經》，陳事君之要道，始於立德，終於成功，凡十八章。《崇文目》：『小說《兩朝志》海鵬《忠經》。』」今按，王博凱《〈忠經〉成書時代及相關問題研究》認為，《忠經》舊題東漢馬融撰、鄭玄注，是一部系統闡釋古代忠德思想的文

獻。該書宋前公私目錄均未著錄，明末以後始被學者懷疑是後儒偽作，清代
針對該書的成書時代問題展開了一系列探討，但至今爭議仍存。該文分為上
下兩篇：上篇考證《忠經》的成書時代。《忠經》的成書時代問題，有東漢馬
融說、唐居士馬融說、海鵬說三種看法。通過綜合分析認為其成書於宋初的
可能性最大。下篇主要針對《忠經》當前研究較為薄弱的目錄學歸屬、版本
及價值等相關問題開展研究。《忠經》版本眾多，現存最早的刻本為南宋末期
刻本，明清時期該書得到大量的刊刻，版本類型多樣，版本源流複雜，本部
分對其版本情況作一考梳，以瞭解該書的流傳及版本存佚情況。（陝西師範
大學 2016 年碩士論文）鄧駿捷《〈忠經〉簡說》認為，舊題東漢馬融撰、鄭
玄注的《忠經》，是一部模擬《孝經》的作品。自明末以來，對於《忠經》的
真偽考辨，代不乏人。細考今存文獻材料，斟酌諸家之說，《忠經》當為唐人
所作，或在高宗至武周之時。《忠經》在借助《孝經》等的基礎之上，將「忠」
發揮貫徹於個人修養、家庭和諧、國家治理、天道踐履各個方面，並將「忠」
作為評價上至君王、中及群臣、下至平民的最高準則，建構出一套遵循儒家
思想的忠道觀念。（《齊魯文化研究》2012 年版）

〔七〕【整理與研究】陳才俊主編《忠經全集》（北京海潮出版社 2011 年版）。

29. 千秋金鑒錄一卷

舊本題唐張九齡（673 或 678～740）撰〔一〕。

案王士禎《皇華紀聞》〔二〕曰：「隆慶間，曲江刻張文獻《千秋金鑒錄》
一卷，又偽撰序表。平湖陸世楷〔三〕為南雄守，著論辨之。此等謬偽，凡略
識之無者亦不肯為，而粵中新刻《曲江文集》竟收入。故孝山謂急應火其書，
碎其版（云云）。」今此書序中所謂「非吾子孫不得記錄，非人而傳必遭刑憲，
學則素衣之人為上達，不學則緒衣之人為白士，此錄一千年後，方許流佈」
諸語，皆與世楷所指駁者合。士禎又言：「別有《金鑒錄》一冊，乃嘉靖間文
獻裔孫張希祖所撰。康熙甲辰（1664），曲江令凌作聖重刊。」

士禎所摘謬妄不經之處，如安祿山〔四〕為野豬之精，史思明〔五〕為鶡鳥
之精，楊貴妃〔六〕為白鷳之精；又立子旦為相王，武后太子，先為中宗，皇
后廢之，又名哲宗；又蜀州司戶楊元琰女為上子壽王妃，今上寵之，賜名楊
貴妃；又宮室未委蕭宗也諸語，今亦皆在錄中，則兩本亦大概略同也。末二
章預作讖語，言及狄青諸人，尤為妖妄。蓋粗識字義，而不通文理者所為，本

不足存。以其出於九齡之子孫，恐惑流俗，故存而闢之，俾無熒眾聽焉。（《四庫全書總目》卷九十五）

【注釋】

〔一〕【史源】《唐書》卷一百二十六：「初，千秋節，王公並獻寶鑒，九齡上事鑒十章，號《千秋金鑒錄》。」今按，千秋節，唐玄宗生日。玄宗八月五日生。開元十七年（729）張說等奏請每年是日為千秋節。天寶七年（748）改稱天長節。張九齡上《千秋金鑒錄》，具陳前代帝王興衰之跡，以伸諷諫。旋為李林甫所讒，以尚書右丞相罷知政事。

〔二〕【皇華紀聞】國朝王士禎撰。多採小說地志之文，直錄其事，無所考證，不及其《池北偶談》諸書也。（《四庫全書總目》卷一四三）今按，王源《皇華紀聞序》署康熙庚午（1690）冬十月。

〔三〕【陸世楷】平湖人。順治十三年擢南雄太守，捐捧建天峰書院，置田供俎豆，令諸生肄業其間，雄人士至今猶思念之。《大清一統志》卷342、《浙江通志》卷167均載其事蹟。

〔四〕【安祿山】（703～757），唐代將軍。天寶十四年（754），以討伐楊國忠為名，於范陽起兵，與史思明發動叛亂，次年稱帝。叛亂歷時七年餘，史稱「安史之亂」。

〔五〕【史思明】（703～761），唐代將軍，安史之亂的罪魁禍首之一。

〔六〕【楊貴妃】（719～756），小字玉環，又號太真。

30. 漁樵對問〔一〕一卷

舊本題宋邵子（1011～1077）撰〔二〕。晁公武《讀書志》又作張子〔三〕（1020～1077），劉安（上）〔節〕集中亦載之〔四〕。三人時代相接，未詳孰是也？

其書設為問答，以發明義理。所稱有溫泉而無寒火者，楊慎《丹鉛錄》嘗引葛洪《抱朴子》蕭邱寒焰以駁之。不知儒者論理，論其常耳。其偶異者，即使有之，不足為據。執松柏而謂冬不蕭殺，執麋草而謂夏不茂育，則拘墟之見也。且蕭邱誰得而見之？葛洪又何自而知之？擷百家迂怪之言，以曲相詰難，則道經釋典，理外之事亦多矣，可援以為證乎？至「天何依？曰依乎地；地何附？曰附乎天；天地何依何附？曰自相依附」一條〔五〕，慎亦駁之。然地處天中，大氣包而舉之，所以不墜。卵黃孚豆，厥譬甚明，是即依附之明證。慎不知曆術，所以獻疑，均不足為是書病。然書中所論，大抵習見之

談。或後人掇其緒論為之，如《二程遺書》不盡出於口授與？〔六〕（《四庫全書總目》卷九十五）

【注釋】

〔一〕【書名】《四庫全書》中多作《漁樵問對》，是也。

〔二〕【作者為邵子說】《朱子語類》卷一百：「康節《漁樵問對》無名公序，與一兩篇書次第，將來刊成一集。」《御纂朱子全書》卷四十九《答呂伯恭康》：「康節所著《漁樵問對》，論天地自相依附，形有涯而氣無涯，極有條理，當時想是如此說，故伊川然之。」《欽定續通志》卷一百六十：「《漁樵問對》一卷，舊本題宋邵子撰。」納蘭性德《合訂刪補大易集義粹言》內多引《漁樵問對》，徑視為邵子之作。胡渭《易圖明辨》卷十引《宋史》卷四百二十七：「（邵雍）所著書曰《皇極經世觀物內外篇》《漁樵問對》，詩曰《伊川擊壤集》。」《文獻通考》卷二百十：「邵氏言其祖之書也。當考。」《千頃堂書目》卷十五：「《漁樵問對》，邵雍。」《劉左史集提要》云：「宋劉安節撰。其集編次頗無法，首以奏議……終以《漁樵問對》。其名與世傳邵子書同，覈其文亦皆相同。考晁公武《讀書志》曰：『《漁樵對問》一卷，邵雍撰。設為問答，以論陰陽化育之端，性命道德之奧云。邵氏言其祖之書也，當考云云。』則《漁樵對問》有謂出自邵子者，有謂出自邵子之祖者，均不云安節所撰，不知何以編入集中。然以《太極圖》歸鶴林寺僧壽涯，以《先天圖》歸華山道士陳摶儒者，皆斷斷爭之。以此書歸於安節，而儒者未嘗駁其非，或亦疑以傳疑歟？」（《四庫全書總目》卷一百四十五）孫詒讓云：「（《劉左史集》）末所附《漁樵問答》，《提要》據晁氏《讀書志》定為邵氏遺書。考《黃氏日抄》三十三載：施孫碩所編《伊川至論》內亦錄此書，則又有謂出伊川程子者，其源流真贗蓋不可考。左氏為程門高弟，嘗錄伊川語，或因此書為伊洛之緒言，亦手寫以備省覽。諸子編集時，誤以為左史自著，遂並收入耳。」（《溫州經籍志》第814～815頁）

〔三〕【作者為張子說】《郡齋讀書志》卷十：《漁樵對問》一卷。右皇朝張載撰。設為問答，以論陰陽化育之端，性命道德之奧云。邵氏言其祖之書也，當考。

〔四〕【考證】劉安上撰《劉給事集》中並無《漁樵問對》。「劉安上」應為「劉安節」之誤。劉安節《劉左史集》卷四有《漁樵對問》全文。

〔五〕【作者辨】《朱子語類》卷一百十五：「因問：『向得此書，而或者以為非康節所著。』先生曰：『其間盡有好處，非康節不能著也。』」余嘉錫云：「由朱子

之言觀之，則此書真邵子所作矣。」(《四庫提要辯證》第494頁)唐明邦先生認為：「《漁樵問對》中有些論述，與《皇極經世》完全一致，字句不差，亦足見二書乃同一作者，朱熹的論定是有充分根據的。」(《邵雍評傳》第101～102頁)

〔六〕【整理與研究】李濱濱《邵雍〈漁樵問對〉文本考證和思想研究》認為，通過宋代以降不同時期刊刻的《漁樵問對》與現流傳的不同版本作對比，判斷《漁樵問對》的成書年限不晚於1107年。對於《漁樵問對》的作者，通過引述歷史上不同的人關於《漁樵問對》作者的爭議，特別是朱熹和張行成的論述，再加上文本內容推斷《漁樵問對》應是邵雍所作無疑。《漁樵問對》多處引用《皇極經世》中的原話，也證明此書與邵雍有莫大關聯。《漁樵問對》很可能是邵雍早期所寫的一部作品，為其後面的皇皇巨著《皇極經世》奠定基礎。《漁樵問對》的哲學思想始終圍繞著「推天道以明人事」的原則展開。邵雍以太極為本體，按照一分為二的法則衍化，生出陰、陽、剛、柔四象八卦至六十四卦，建立先天《易》學，《易》道始備。宇宙的生成由簡至繁，從一到多，化生出萬事萬物。邵雍構建了一套宇宙生成的最高法則，其落腳點還是在儒家所側重的人道。人稟陰陽二氣而生，陽正陰邪，就有君子、小人、善惡之分別。善惡各從其類，利與害也就因此產生。君子要修善積德，守持正固，盡人事而聽天命。從根本上來說，人與天地萬物為一體。人為萬物之靈，能夠體悟宇宙的大化流行。聖人又為人之至者，時行時止，順於自然。邵雍力求通過「以物觀物」的認識論原則，消除物我之別，通曉萬物之理，達到天人合一之境。天道有消長，推及人道就有盛衰。陰陽的消長反映在社會歷史上，就產生興衰治亂。邵雍深入到歷史更迭背後，探討社會發展規律，剖析古今治亂之道，治理天下需因時制宜，靈活變通，經權合一。邵雍主張要發揮人的主觀能動性，通過把握陰陽消長之理，明曉盛衰治亂之道，治而防亂，亂變為治，主宰人類自己的歷史和命運。(浙江師範大學2019年碩士論文)

31. 浩齋語錄二卷

舊本題宋過源撰〔一〕。卷末有源《行實》一篇，稱源字道源，號浩齋，其先浙東人。至高祖徙於臨川。源生有異徵，篤志聖賢之學，以斯文自任。嘉祐間召為國子直講，不赴。卒於崇寧丙戌九月。並載所著述甚富，今皆不傳。〔二〕

　　惟此書僅存上卷，為其門人永新龍圖所錄；下卷為其門人白城章偉所錄，而其從孫勔刊之。然所列書名，《宋史》及諸家書目皆不著錄。〔三〕其中疑竇尤多。如《行實》稱源生於丙子，不著年號。以召於嘉祐，卒於崇寧推之，當生於仁宗景祐丙子（1036），則卒時年七十一，召時年二十餘。是于邵（1011～1077）、周（1017～1073）、張（1020～1077）、程（程顥1032～1085，程頤1033～1107）皆為行輩，當時所稱不過曰堯夫、茂叔、子厚、伯淳、正叔而已，諸家之書可考。而此曰邵子、周子、張子、程子，非同時語也。

　　李燾《長編》，凡所有徵召，如胡瑗、孫復、常秩之類，無不具書。源見徵既在嘉祐中，何以嘉祐首尾八年（1056～1063），《長編》皆不見其事？伊川《易傳》據楊時跋，則臨歿以稿授張繹，至政和初，時乃排比成書。源卒於崇寧五年（1106），在伊川前，其時《易傳》未出，何以論程《傳》之得失？

　　自朱子以前，無以《大學》為曾子作者，故攻朱子者以《章句》為口實。此書乃已稱曾子，何以自北宋以來無人引及？

　　《大學》《中庸》，自二程子始表章其書，於《禮記》中取出別行。後人辨難者，惟引梁武帝有《中庸義疏》，宋仁宗嘗書《大學》賜進士，以為先於程子而已。此書乃先有《大學定本》《中庸定本》，又何以宋儒無一語及之耶？

　　觀其論樂，以黃鐘為三寸九分，是《呂氏春秋》之文，李文利不得其解，衍為異說者也。萬曆以前，安有是僻論乎？

　　其跋稱有秦觀、謝無逸二序。觀《淮海集》具在，實無此文。無逸《溪堂集》雖佚，而詩文散見《永樂大典》中，今已裒輯成帙，亦無此文。其依託可以概見。

　　又末附其從孫勔祖光賦，稱宣和乙巳（1125），余在遼陽。乙巳為靖康前一年，兩國兵交，信使且艱於往來，遊學之士，安能越國至是？其偽尤不問而知矣。（《四庫全書總目》卷九十五）

【注釋】

〔一〕【辨偽】《欽定續通志》卷一百六十：「《浩齋語錄》二卷，舊本題宋過源撰。」
　　　《欽定續文獻通考》卷一百七十三：「《浩齋語錄》二卷，舊題過源撰。臣等謹案：是書卷末附源行實，稱源字道源，號浩齋，臨川人，其書可疑處甚多，疑是後人偽託之作。」今按，今存明萬曆三十三年刻本《浩齋過先生語錄》二卷，題宋過源撰。《四庫全書總目》以為此書係後人偽撰，而王智勇《〈浩

齋過先生語錄〉再考》認為，過源確有其人，為陸九淵弟子，所處時代當在南宋中期。(《宋代文化研究》2015 年卷）

〔二〕【過源】《江西通志》卷八十《人物志》：「過源，字道源，臨川人。少穎異，篤志聖賢之學。嘗曰：『《論語》諸賢宜別類為一書，以無混聖言。』又謂：『黃鐘極清，一陽之始，當以長孫無忌二寸九分為據。語皆獨悟，學者稱為浩齋先生。』」《湛園札記》卷三：「臨川過源，字道源，陸象山（1139～1193）弟子。嘗謂黃鐘極清一陽之始，當以長孫無忌三寸九分為據，呂子斷竹兩節間，其長三寸九分而吹之，以為黃鐘之宮，在李文利前已有主此說者矣。」

〔三〕【著錄】明凌迪知《萬姓統譜》卷三十五：「過源，字時源，臨川人，少穎異，問其父曰：『聖賢之學何學？』曰：『心學。』曰：『何古多而今少？』曰：『非有古今，在人為之耳。』於是篤志聖賢之學。嘗曰：『人終身只是一個窮理，元不分知行。行之至，知之極也。』曰：『情發乎性，由於性則明，明則聖；任乎情則蔽，蔽則愚。』學者稱浩齋先生。有《語錄》二卷。從孫名勗，字紹古，亦博覽能文，性至孝，有《通神集》三十卷，宋時收於秘閣。」《江西通志》卷一百十引《分省人物考》：「過勗墓在崇仁高富山，人呼為過至孝墓。」《四庫全書總目》卷一五五：「《溪堂集》十卷，宋謝逸撰。逸字無逸，臨川人。屢舉不第，然以詩文名一時。呂本中作《江西詩派》，列黃庭堅而下凡二十五人，逸與弟薖並與焉。本中嘗稱逸才力富贍，不減康樂。劉克莊作《江西詩派序》，則謂逸輕快有餘，而欠工致，頗以本中之言為失實。今觀其詩，雖稍近寒瘦，然風格雋拔，時露清新，上方黃、陳則不足，下比江湖詩派則渢渢乎雅音矣。」

〔四〕謝序載《四庫全書存目叢書》子部第 3 冊第 745～747 頁，時為宣和五年癸卯（1123）。

〔五〕司馬按，此則提要思路混亂，以不偽為偽，主要原因在將過源的卒年誤推 120 年，即兩個甲子。所謂「疑竇尤多」，實為館臣自己製造麻煩，割不斷，理還亂。為了理清這團亂麻，筆者擬另撰專題論文。

32. 小心齋札記十六卷

　　明顧憲成〔一〕（1550～1612）撰。憲成字叔時，無錫人。萬曆庚辰（1580）進士。官至吏部文選司郎中，削籍歸。起南京光祿寺少卿，移疾不赴，終於家。崇禎初，贈吏部右侍郎，諡端文。事蹟具《明史》本傳。

憲成里居，與弟允成修宋楊時東林書院，偕同志高攀龍、錢一本、薛敷教、史孟麟、於孔兼輩講學其中。朝士慕其風者，多遙相應和。聲氣既廣，標榜日增。於是依草附木之徒，爭相趨赴，均自目為清流。門戶角爭，遞相勝敗，黨禍因之而大起。恩怨糾結，輾轉報復，明遂以亡。雖憲成等主持清議，本無貽禍天下之心。而既已聚徒，則黨類眾而流品混。既已講學，則議論多而是非生。其始不過一念之好名，其究也流弊所極，遂禍延宗社。《春秋》責備賢者，憲成等不能辭其咎也。特以領袖數人，大抵風節矯矯，不愧名臣。故於是書過而存之，以示瑕瑜不掩之意云爾。

是書於萬曆戊申（1608），同安蔡獻臣始為刻版。其後刻於崑山。然兩本皆始於萬曆甲午（1594），終於乙巳（1605），止十二卷。此本乃其子與淳所刻，益以丙午（1606）至辛亥（1611）所記，增多四卷。卷數與《明史・藝文志》合，當為足本矣。〔二〕（《四庫全書總目》卷九十六）

【注釋】

〔一〕**【作者研究】**步近智、張安奇撰《顧憲成・高攀龍評傳》（南京大學出版社 1998 年版）。劉軍《顧憲成與晚明東林運動——傳統士大夫政治研究》認為，在中國傳統社會中，儒學士大夫扮演著一身多任的社會角色：（1）士大夫是知識分子，掌握著傳統文化資源，是文化傳統的解釋者和傳承者；（2）士大夫還是官僚體制內的政治主體，是國家政治的直接參與者和執行者；（3）在野鄉居的士大夫則是地方的精英階層，是地方社會風俗的引導者和教化者，他們既是國家政治與地方社會之間連結的紐帶和橋樑，同時又充當著國家機器與地方社會之間的緩衝力量。與此相應，顧憲成等東林人士領導開展的東林運動也可以區分為三個相互聯繫、相互影響的層面，即學術、政治和社會層面。在學術層面，對陽明後學的「無善無惡」學說展開了深入而細緻的批判，主張學問的由虛返實；在政治層面，通過清議和黨爭的方式抗爭著政治上的不合理現象；在社會層面，通過講學的方式開展著道德教化、美化風俗等地方性建設活動。從結局來看，學術和社會層面的東林運動取得了成功，而政治層面的東林卻是一次完敗。東林運動在政治層面的失敗從根本上來說是傳統社會中士大夫政治命運的一種必然結果。其結論為：「傳統儒學、儒家的真正價值在於社會方面，需要弘揚，政治方面則是應該批判的，傳統士大夫政治下知識分子與政治之間的這種關係模式是不合理的，知識分子應該與政治保持適當的距離。」（南開大學 2010 年博士論文）

〔二〕【整理與研究】李可心點校《小心齋札記》（中國社會科學出版社 2018 年
版）。

33. 存性編二卷

國朝顏元（1635～1704）撰。元字渾然，號習齋，博野（今屬河北保定市）人。
明末，其父戍遼東，歿於關外。元貧無立錐，百計拮据，覓其骨歸葬，故世以
孝子稱之。〔一〕

其學主於厲實行，濟實用，大抵源出姚江，而加以刻苦。亦介然自成一
家，故往往與宋儒立同異。是書為其《四存編》之一。大旨謂孟子言性善，
即孔子言性相近，習相遠，語異而意同。宋儒誤解「相近」之義，以善為天
命之性，相近為氣質之性，遂使為惡者諉於氣質。不知理即氣之理，氣即理
之氣。清濁厚薄，純駁偏全，萬有不齊，總歸一善。其惡者引蔽習染耳。其
以目為譬，則謂光明能視即目之性。其視之也則情之善。視之詳略遠近則才
之強弱。皆不可謂之惡。惟有邪色引動，然後有淫視。是所謂非才之罪，是
即所謂「習」。又謂性之相近如真金。輕重多寡雖不同，其為金俱相若也。
惟其有差等，故不曰同。惟其同一善，故曰「近」。舉天下不一之姿，以性
相近一言包括，是即性善。是即人皆可以為堯、舜。舉世人引蔽習染無窮之
罪惡，以「習相遠」一言包之，是即非才之罪，是即非天之降才爾殊。〔二〕
其說雖稍異先儒，而於孔、孟之旨會通一理，且以杜委過氣質之弊，正未可
謂之立異也。至下卷分列七圖，以明氣質非惡之所以然，則推求於孔、孟所
未言，使天地生人全成板法，是則可以不必耳。〔三〕（《四庫全書總目》卷九十七）

【注釋】

〔一〕【作者研究】李塨編《顏元年譜》（中華書局 1992 年版），戴望撰《顏氏學記》
（中華書局 1958 年版），楊向奎《清儒學案新編》第一卷有顏元《習齋學案》，
陳山榜撰《顏元評傳》（人民教育出版社 2004 年版），朱義祿撰《顏元評傳》
（南京大學出版社 2006 年版），陳山榜、鄧子平主編《顏李學派文庫 7 · 顏
元評傳 · 顏元與李塨》（河北教育出版社 2009 年版）。

〔二〕【學術大旨】《顏元年譜》云：「1669 年正月，著《存性編》，原孟子之言性善，
排宋儒之言氣質不善。」（第 23 頁）楊向奎先生云：「學者必須區別習齋之
『習行』不同於陽明之『知行合一』，習齋『氣質之性善』不同於陽明之『良
知』、『良能』。」（《清儒學案新編》第一卷第 287 頁）

〔三〕【整理與研究】陳世放、黃楚文《顏元〈存性編〉人性思想研究》認為,《存
性編》人性論的主旨是為了倡導堯、舜三事、六府之道,周、孔三物：六德、
六行、六藝之學,並批判程朱的氣質性惡論。實際上顏元的人性論和程朱的
人性論在旨趣上是一致的,其差異就在於混淆了先驗與經驗的區別。從理想、
應該的角度而言,人總是要向善,且要抑惡揚善；但從現實、事實的角度而
言,人總是會作惡,而且極易作惡。所以人性要修養,要約束,要建設,不
能放任自流。(《華南師範大學學報》2005 年第 4 期)

34. 存學編四卷

國朝顏元(1635～1704)撰。

是書為其《四存編》之二。**以辨明學術為主**。大旨謂聖賢立教,所以別
於異端者,以異端之學空談心性,而聖賢之學則事事征諸實用,原無相近之
處。自儒者失其本原,亦以心性為宗,一切視為末務,其學遂與異端近,而異
端亦得而雜之。〔一〕

其說於程、朱、陸、王皆深有不滿。蓋元生於國初,目擊明季諸儒崇尚
心學,放誕縱恣之失,故力矯其弊,務以實用為宗。然中多有激之談,攻駁先
儒,未免已甚。又如所稱「打諢」、「猜拳」諸語,詞氣亦叫囂粗鄙,於大雅有
乖。至謂「性命非可言傳云云」,其視性命亦幾類於禪家之恍惚,持論尤為有
疵,殆懲羹吹虀薺而不知其矯枉之過正歟?(《四庫全書總目》卷九十七)

【注釋】

〔一〕【學術大旨】1669 年,著《存學編》。大旨明道不在章句,學不在穎悟誦讀,
而期如孔門博文約禮,身實學之,實習之,畢生不懈者。(《顏元年譜》第 36
頁)

35. 存治編一卷

國朝顏元(1635～1704)撰。

是書為其《四存編》之三。大旨欲全復井田、封建、學校、徵辟、肉刑及
寓兵於農之法〔一〕。夫古法之廢久矣,王道必因時勢。時勢既非,雖以神聖之
智,藉帝王之權,亦不能強復。強復之,必亂天下。元所云云,殆於瞽談黑
白。使行其說,又不止王安石之《周禮》矣。(《四庫全書總目》卷九十七)

【注釋】

〔一〕**【學術大旨】** 1658 年，舉井田、封建、學校、鄉舉、里選、田賦、陣法，作
《王道論》，後更名《存治編》。（《顏元年譜》第 6～7 頁）

36. 存人編一卷

國朝顏元（1635～1704）撰。

是書為其《四存編》之四。〔一〕前二卷一名《喚迷塗》，皆以通欲之詞勸
諭僧尼、道士歸俗，及戒儒者談禪、愚民尊奉邪教。三卷為明太祖《釋迦佛贊
解》一篇，太祖本禪家機鋒語，元執其字句而解之，非其本旨。且闢佛亦不必
藉此贊，恐反為釋子藉口。四卷附錄束鹿張鼎彝《毀念佛堂議》及元所撰《闢
念佛堂說》《擬更念佛堂論》，則元尋父骨至錦州，應鼎彝之請而作，時鼎彝
為奉天府尹也。（《四庫全書總目》卷九十七）

【注釋】

〔一〕**【成書時間】** 1682 年七月，著《喚迷塗》，後又名曰《存人編》。（《顏元年譜》
第 56 頁）

37. 理學辨一卷

國朝王庭（1607～1693）撰。庭字言遠，嘉興人。順治己丑（1649）進士。
官至山西布政使。

是書以宋明諸儒互有得失，因以己意訂正之。意在掃眾說之轇轕，破諸
家之門戶。然過於自用，往往不醇。

譚旭《謀道續錄》曰：「偶過坊間，見王言遠《理學辨》，悅其名也，購得
之。時一披覽，百孔千瘡，殊不可耐。據其所言，宋代直無完儒。異哉邪說之
害道一至此乎！如以混沌言太極，以心知言性，以用言道，以心言理。天人
看作兩股，內外判成兩截。甚至周子無極等說，程子性即理等說，邵子道為
太極等說，張子鬼神二氣良能等說，都一例譏彈。而其闢朱子也尤甚。又謂
『釋氏見性成佛，《中庸》未發之中相似。』又謂：『吾儒體認未發以前氣象，
與禪家不思善不思惡時看本來面目相近。』又謂：『老子是《易》之坤道，儒
者是《易》之乾道。』和合三教，全無義理。其他支離破碎，非聖叛經，並取
陸、王之學者尤難縷述。最不通者，羅整庵一生闢禪，深得儒學源流之正，與
章楓山同菭南靁，極為相得。胡敬齋歿時，整庵年方弱冠，讀書本里雙龍觀

內，尚未知名。渠謂楓山目以禪學，敬齋攻之尤力。竟以二公之議白沙者坐於整庵，真可笑也（云云）。」其詆詞雖未免稍過，要亦庭之好為異論，有以致之也。（《四庫全書總目》卷九十七）

【注釋】

〔一〕【評論】「老子是《易》之坤道，儒者是《易》之乾道」，此論確為不可磨滅之論。司馬按，《易》衍儒道，因而儒道可以互補。和合三教，並非全無義理。

38. 閑道錄三卷

　　國朝熊賜履（1635～1709）撰。賜履有《學統》，已著錄。〔一〕

　　是書大旨以明善為宗，以主敬為要。力辟王守仁良知之學，以申朱子之說，故名曰《閑道》。蓋以楊、墨比守仁也。其間辨駁儒、禪之同異，頗為精覈。

　　惟詞氣之間，抑揚太過。以朱子為兼孔子、顏子、曾子、孟子之長，而動罿象山、姚江為異類，殊少和平之意，則猶東林之餘習也。其中如云：「一個分萬個，萬個又分萬個，萬個合一個，一個又合一個。」然既已合為一個，不知所云又合之一個，竟指何物？又云：「無方，無方之方；無體，無體之體；無外，無外之外；無內，無內之內。無終，無終之終；無始，無始之始。」又云：「自寂自感，自感自寂，恒寂恒感，恒感恒寂。」又云：「無斷無續，無出無入。」皆不免故為杳冥恍惚之詞。又云：「食知味，行知步，知性知天，亦不外此。」尤不免仍涉良知之說。其謂老氏無止無理，不曾無欲。佛氏空止空理，不曾空欲，亦不甚中其病。至謂「學不聞道，雖功彌六合，澤及兩間，止是私意」，以陰抑姚江之事功，尤為主張太過，轉以心性為玄虛矣。（《四庫全書總目》卷九十七）

【注釋】

〔一〕【熊賜履】字素九，號青嶽，湖北孝感人。著有《經義齋集》十八卷、《澡修堂集》十六卷。楊向奎《清儒學案新編》第一冊有熊賜履《孝感學案》。

39. 問學錄四卷

　　國朝陸隴其（1630～1692）撰。

　　是編大旨主於力闢姚江之學，以尊朱子。然與王守仁辨者少，而於近代之說調停於朱、陸之間，及雖攻良知而未暢者，駁之尤力。

其中有抑揚稍過者。如高攀龍遭逢黨禍，自盡以全國體。其臨終遺表有「君恩未報，願結來生」二語〔一〕，此自老臣戀主，惓惓不已之至情。而隴其以其來生之說流於佛氏為疑，未免操之已蹙。《朱子文集》有《與鞏仲至書》，曰：「仍更洗滌，得腸胃間夙生葷血脂膏。」〔二〕「夙生」二字與「來生」何異，隴其何竟不糾耶？

王守仁開金溪之派，其末流至於決裂猖狂，誠為有弊。至其事業炳然，自不可掩。而隴其謂守仁之道不得大行，繼守仁而行其道者，徐階也，使守仁得君，其功業亦不過如階，似亦未足以服守仁之心。

至於朱子之學，上接洙泗，誠宋以來儒者之宗。隴其必謂讀《論語》固能興起善意，然聖言簡略，又不若《小學》《近思錄》《朱子行狀》尤能使人興起善意，似亦過於主持。

蓋明之末年，學者以尊王詆朱為高，其勢幾不可遏。隴其篤守宋儒，力與之辨，不得不甚其詞，然亦稍失和平之氣。且隴其官靈壽時，已自摘此書要語入之《松陽抄存》〔三〕中。則所未摘取者，雖不存可也。〔四〕（《四庫全書總目》卷九十七）

【注釋】

〔一〕【史源】《東林列傳》卷二。

〔二〕【史源】《晦庵集》卷六十四《答鞏仲至》：來喻所云：「漱六藝之芳潤，以求真澹。」此誠極至之論，然恐亦須先識得古今體制，雅俗向背，仍更洗滌得盡腸胃間夙生葷血脂膏，然後此語方有所措。如其未然，竊恐穢濁為主，芳潤入不得也。近世詩人，正緣不曾透得此關，而規規於近局，故其所就皆不滿人意，無足深論。然就其中而論之，則又互有短長，不可一概抑此伸彼，況權度未審，其所去取又或未能盡合天下之公也。

〔三〕【松陽抄存】國朝陸隴其撰。取所輯《問學錄》《日記》二書，摘其中切要之語錄為一編，分道體、為學、處事、教學、辨學術、觀聖賢六門。（《四庫全書總目》卷九四）今按，據《陸隴其年譜》記載，《松陽講義》家刻本刊於康熙二十九年（1690）。

〔四〕【成書時間與宗旨】是書成於康熙十一年（1672），陸氏時年43歲。《陸隴其年譜》：「輯《問學錄》。訂所見羅近溪、李見羅及嘉、隆以後講學陽儒陰釋者得失異同，一一訂其真偽。」（第234頁）

40. 王學質疑一卷附錄一卷

國朝張烈〔一〕（1622～1685）撰。烈有《讀易日抄》，已著錄。

是書攻擊姚江之學。凡分五篇：一辨性即理之說，一辨致知格物之說，一辨知行合一之說，一為雜論，一為總論。其《附錄》則首為《朱陸異同論》，次為《史法質疑》，通論史體，次為《讀史質疑》五篇：一論明孝宗時閹宦之勢，一論李東陽之巧功宦，一論《宋史》以外不當濫立《道學傳》，亦為王學而發，一論王守仁宜入功臣傳，而以明之亂亡全歸罪於守仁，一論萬曆時爭東宮、梃擊諸臣之非。

當王學極濫之日，其補偏救弊，亦不為無功。然以明之亡國歸罪守仁，事隔一百餘年，較因李斯而斥荀卿，相距更遠，未免鍛鍊周內。夫明之亡，亡於門戶。門戶始於朋黨，朋黨始於講學，講學則始於東林。東林始於楊時，其學不出王氏也。獨以王氏為禍本，恐宗姚江者亦有詞矣。〔二〕至以守仁弘治己未（1499）登第，是年孔廟災，建陽書院亦火，為守仁所致之天變，尤屬鑿空誣衊。是皆持之過急，轉不足以服其心者也。

若梃擊一案，當以孫承宗「事關國本，不可不辨，事關宮闈，不可深辨」之說為正〔三〕。而烈以抗論諸臣多出王學，遂謂主瘋癲者為是。殊不思福王奪嫡，途人皆知，即事關鄭妃，不能行法，亦不可無此窮究之論，坐罪於其羽翼，以陰折再發之逆萌。如其默默相容，僅以瘋癲坐張差，則彼計得逞，可以坐擅天下；即計不成，不過僅損一刺客，何憚而不重試乎？故諸臣之爭，雖明知其不可行，而於事不為無益。未可黨同伐異，顛倒天下之是非也。陸隴其跋，於此條再三剖析，蓋亦深覺其失矣。夫學以克制其私也。烈所云云，於門戶之私，其尚有未能克制者乎？（《四庫全書總目》卷九十七）

【注釋】

〔一〕【張烈】字武承，大興（今屬北京）人。康熙庚戌（1670）進士，授內閣中書。己未召試博學鴻詞，改翰林院編修，歷官左春坊左贊善。

〔二〕【評論】《四庫全書總目》持論與張烈、陸隴其不同。陸隴其主張復興程朱之學，與張烈為同年友，持論相近，故為是書作前後序，以明之亡國歸罪陽明之學。

〔三〕【孫承宗】字稚繩，高陽人。事蹟具《明史》卷二百五十。

41. 朱子晚年全論八卷

國朝李紱（1673～1750）編。紱字巨來，號穆堂，臨川（今屬江西撫州市）人。康熙己丑（1709）進士。官至內閣學士，兼禮部侍郎。〔一〕

朱、陸之徒，自宋代即如水火。厥後各尊所聞，轉相詬厲。於是執學問之異同，以爭門戶之勝負。其最著者，王守仁作《朱子晚年定論》〔二〕，引朱以合陸。至萬曆中，東莞陳建作《學蔀通辨》〔三〕，又尊朱以攻陸。程曈，朱子之鄉人也，因作《閒闢錄》〔四〕以申朱子之說。紱，陸氏之鄉人也，乃又作此書以尊陸氏之學。大旨謂陳建之書與朱子之論，援據未全，且語錄出門人所紀，不足為據，乃取朱子正、續、別三集所載，自五十歲至七十一歲與人答問及講義、題詞之類，排比編次，逐條各附考證論辨於下，以成是書。其說甚辨。

案：韓愈《送王秀才序》稱，孔子之道，大而能博，學焉而各得其性之所近〔五〕。故子貢之敏悟，曾子之篤實，皆得聞一貫之旨，而當時未嘗相非。後之儒者，各明一義，理亦如斯。惟其私見不除，人人慾希孔庭之俎豆，於是始於爭名，終於分黨，遂尋仇報復而不已。實非聖賢立教之本旨。

即以近代而論，陸隴其力尊程朱之學，湯斌遠紹陸王之緒，而蓋棺論定，均號名臣。蓋各有所得，即各足自立，亦何必強而同之，使之各失故步乎？紱此書皆以朱子悔悟為言，又舉凡朱子所稱切實近理用功者，一概歸之心學。夫「回也屢空」，焦竑以「心無掛礙、空諸所有」解之矣〔六〕。顏子其果受之乎？仍各尊所聞而已矣。（《四庫全書總目》卷九十八）

【注釋】

〔一〕【作者研究】楊向奎《李紱穆堂學案》見《清儒學案新編》第三冊第 547～631 頁。

〔二〕【朱子晚年全論】羅欽順嘗與王守仁書辨《朱子晚年定論》，於守仁顛倒年月之處，考證極詳。（《四庫全書總目》卷九十三《困知記》提要）

〔三〕【通辨】大旨以佛與陸王為學之三蔀，分前編、後編、續編、終編，每編又自分上中下，而採取朱子文集、語類、年譜諸書以辨之。

〔四〕【閒闢錄】是編錄朱子集中辨正異學之語，以闢陸王之說。立說不為不正，而門戶之見太深，詞氣之間激烈已甚，殊非儒者氣象。與陳建《學蔀通辨》均謂之善罵可也。

〔五〕【送王秀才序】吾嘗以為孔子之道，大而能博，門弟子不能遍觀而盡識也，故學焉而皆得其性之所近。其後離散，分處諸侯之國，又各以其能授弟子，

原遠而末益分。自孔子沒，群弟子莫不有書，獨孟軻氏之傳得其宗，故吾少而樂觀焉。夫沿河而下，苟不止，雖有遲疾，必至於海。如不得其道也，雖疾不止，終莫幸而至焉。故學者必慎其所道，道於楊、墨、老、莊、佛之學，而欲之聖人之道，猶航斷港絕潢以望至於海也。故求觀聖人之道，必自孟子始。

〔六〕【釋空】焦竑以佛家之「空」釋儒家之「空」。

42. 陸子學譜二十卷

國朝李紱〔一〕（1675～1750）撰。

是編發明陸九淵之學。首列八目：曰辨志、曰求放心、曰講明、曰踐履、曰定宗仰、曰辟異學、曰讀書、曰為政，次為友教，次為家學，次為弟子，次為門人，次為私淑，而終之以附錄。

考陸氏學派之端委，蓋莫備於是書〔二〕。惟其必欲牽朱入陸，以就其《晚年全論》之說。所列弟子如呂祖儉〔三〕之類，亦不免有所假借，是則終為鄉曲之私耳。（《四庫全書總目》卷九十八）

【注釋】

〔一〕【作者研究】楊朝亮撰《李紱與〈陸子學譜〉》（中國社會科學出版社 2005 年版），書末附錄「《陸子學譜》人物一覽表」、「李紱學術編年」。李紱生年採用楊氏新說。

〔二〕【學術價值】楊朝亮在《李紱與〈陸子學譜〉》第四章「李紱與《陸子學譜》之檢討」中指出，《陸子學譜》一書的撰作，充分體現了李紱的學術取向，是其在當時社會背景下的積極回應。具體而言，就是在當時清統治下的尊朱排陸的情勢下，世人對陸王學術的攻擊不遺餘力之時，李紱敢於冒天下之大不韙，以朱就陸，極力為陸王學術爭正統。《陸子學譜》撰述的重要意義在於：1.《陸子學譜》是陸九淵學術的總結性著述。就彰顯陸王學術而言，李紱完成了孫奇逢、黃宗羲等人的未竟之作。其後，又經過彭紹升、堯祖韶、江藩、康有為、梁啟超等人的努力，陸王學術繼續向前發展。由此，人們可以清楚地看到，李紱在學術思想轉型期和清代陸王學術發展史上的承上啟下的歷史地位。2.《陸子學譜》的編纂以詳盡的文獻資料為基礎。李紱繼承清初的務實學風，注重文獻和對於問題的考證，體現了一時學術由清初的經世之學向乾嘉考據之學發展的趨勢。儘管他對於問題的考證還不那麼系統而深入，在

為陸九淵立傳時為「宣傳自己的觀點而帶有門戶之見」，但這也恰恰說明了《陸子學譜》一書，正處於學術由理學向考證之學發展的轉折時期，體現了一時學術發展之趨勢。3.《陸子學譜》以黃宗羲《象山學案》稿為基礎，充實增訂，獨立成編，在學案體史籍的演進過程中，發揮了承先啟後的作用。

〔三〕【呂祖儉】字子約，祖謙之弟也，受業祖謙。事蹟具《宋史》卷四百五十五。

43. 東莞學案無卷數

國朝吳鼎〔一〕（1700～1768）撰。鼎有《易訓舉要》，已著錄〔二〕。

是書大旨，以陳建《學蔀通辨》全為阿附閣臣，排陸以陷王，甚至取象山語錄，割裂湊合，而誣之以禪，因條列其說，為之詰難。一曰誣朱子學禪，二曰撰禪名色，三曰以遮掩禪機咎象山，四曰撰養神二字誣象山，五曰刪節象山文字誣象山，六曰錯解象山語罪象山，七曰嘲象山闢禪，八曰自禪，九曰罵先儒，十曰自譽，十一曰譽朝貴，十二曰總論《學蔀通辨》三十謬，十三曰諸儒評《學蔀通辨》，末附《象山讀書法》五十七條，《論三魚堂答秦定叟書》一則。陳建為東莞人，故題曰《東莞學案》。

案：明以來，朱、陸之徒互相詬厲，名則託於衛道，實則主於尋仇。建之書，以善罵為長，既非儒者氣象，鼎又從而報復之。蓋門戶之爭，非一朝一夕之故矣。（《四庫全書總目》卷九十八）

【注釋】

〔一〕【吳鼎】字尊彝，號易堂，江蘇金匱人。乾隆辛未（1751）薦舉經學，授國子監司業，官至翰林院侍講學士，後降補侍講。著有《易例舉要》《易堂問目》等。

〔二〕【易訓舉要】四庫未見著錄。

44. 六韜六卷

舊本題周呂望撰。

考《莊子・徐无鬼篇》稱「金版六弢」。《經典釋文》曰：「司馬彪、崔撰云：『金版、六弢，皆《周書》篇名，本又作六韜，謂太公六韜：文、武、虎、豹、龍、犬也。」〔一〕案：今本以文、武、龍、虎、豹、犬為次，與陸德明所注不同，未詳孰是，謹附識於此。則戰國之初，原有是名。然即以為《太公六韜》，未知所據。

《漢書‧藝文志》兵家不著錄，惟儒家有《周史六弢》六篇，班固自注曰：「惠、襄之間，或曰顯王時，或曰孔子問焉。」則《六弢》別為一書。顏師古注以今之《六韜》當之，毋亦因陸德明之說，而牽合附會歟？《三國志‧先主傳注》始稱，閑暇歷觀諸子及《六韜》《商君書》，益人志意〔二〕。《隋志》始載《太公六韜》五卷，注曰：「梁六卷，周文王師姜望撰。」唐、宋諸《志》皆因之。

今考其文，大抵詞意淺近，不類古書。中間如避正殿，乃戰國以後之事。「將軍」二字，始見《左傳》，周初亦無此名。案：《路史》有「舜時伯益為百蟲將軍」之語〔三〕，雜說依託，不足為據。其依託之跡，灼然可驗〔四〕。又《龍韜》中有《陰符篇》云：「主與將有陰符，凡八等，克敵之符長一尺，破軍之符長九寸，至失利之符長三寸而止。」蓋偽撰者不知「陰符」之義，誤以為符節之符〔五〕，遂粉飾以為此言，尤為鄙陋，殊未必漢時舊本。

故《周氏涉筆》謂其書並緣吳起，漁獵其詞，而綴輯以近代軍政之浮談淺駁，無可施用〔六〕。胡應麟《筆叢》亦謂其《文代》《陰書》等篇為孫、吳、尉繚所不屑道〔七〕。然晁公武《讀書志》〔八〕稱，元豐中，以《六韜》《孫子》《吳子》《司馬法》《黃石公三略》《尉繚子》《李衛公問對》〔九〕，頒武學，號曰「七書」〔十〕，則其來已久〔十一〕。談兵之家，恒相稱述。今故仍錄存之，而備論其蹖駁如右。〔十二〕（《四庫全書總目》卷九十九）

【注釋】

〔一〕【史源】《經典釋文》卷二十八引司馬崔語。

〔二〕【史源】《三國志》蜀志卷二。

〔三〕【史源】羅泌《路史》卷十七。

〔四〕【辨偽】《直齋書錄解題》卷十二：「《六韜》六卷，武王、太公問答。其辭鄙俚，世俗依託也。」

《文獻通考》卷二百二十一：「《四朝國史兵志》神宗熙寧間，詔樞密院曰：唐李靖兵法，世無全書，雜見《通典》，離析訛舛，又官號、物名與今稱謂不同，武人將佐多不能通其意，令樞密院檢詳官與王震、曾敄、王白、郭逢原等校正，分類解釋，令今可行，豈即此問答三卷邪？或別有其書也。然晁、陳二家以為阮逸取《通典》所載附益之，則似即此書。然神宗詔王震等校正之說，既明見於國史，則非逸之假託也。」

　　葉適《習學記言》卷四十六「六韜」條：「古人盛際，堯舉舜，舜薦禹、
皋陶，湯用伊尹，高宗夢傅說，書皆詳紀，而文王遇太公望事乃闕略，可恨。
《詩》但言『維師尚父，時維鷹揚。諒彼武王，肆伐大商，會朝清明』而已。
觀左氏載賜履一節，蓋太公初進文王，尚為諸侯，及佐武滅商，遂屏輔於外，
故其功不及周召之大也。然世俗流傳，而兵家竊藉以為書，若今《六韜》者，
後世承繆，謂其君臣遇合之間，陰譎狹陋至此，則何以對越在天，而上帝臨
汝乎？自龍韜以後四十三篇，條畫變故，預設方禦，皆為兵者所當講習。孫
子之論，至深不可測。而此四十三篇，繁悉備舉，以為孫子義疏也。其言避
正殿乃戰國後事，固當後於孫子。論將有十過，近於五危，戰車十死，戰騎
十敗，與《行軍》《九地》相出入。其《勵軍》言禮將力將，止欲練士，各聚
卒教戰，成三軍，又本於吳起。然則孫、吳固兵家所師用，至莊周亦稱九征，
則真以為太公所言矣。然周嫚侮為方術者，而不悟《六韜》之非偽，何也？
蓋當時學術無統，諸子或妄相詆訾，或偶相崇尚，出於率爾，豈足據哉？按
《軍用》述三軍器用攻守之具，秩品眾寡之法，甲士萬人器械重厚無所不有，
計十萬人乃足，蓋非道路所能容。」

　　今按，解文超、崔宏豔《六韜真偽考》認為，《六韜》是我國先秦著名兵
書，唐孔穎達首先對該書產生懷疑；宋代疑古之風盛行，真偽問題一直成為
爭論的焦點；元、明、清及近代學者群起而應之，對《六韜》疑而不信，認
為該書是一部偽作。通過對存世文獻與地下出土資料的考證，《六韜》確為先
秦之作無疑。（《青海師範大學學報》2005 年第 2 期）

〔五〕【陰符】胡應麟《少室山房筆叢》正集卷十五：「今《六韜》有《太公陰符篇》
　　　云：『主與將有陰符，凡八等，克敵之符長一尺，破軍之符長九寸，至失利之
　　　符長三寸而止。』蓋偽撰《太公六韜》者，不識『陰符』之義，以為符節之
　　　符也。此雖五尺童子一目可竟其說，秦何至刺股以讀之？世有執《六韜》《陰
　　　符》為太公所撰，季子所攻者，味吾言，如破竹矣。」

　　　今按，兵法有《玉鈐篇》及《玄女六韜要決》，曰：「太公對武王曰：
　　『主將有陰符，有大勝得敵之符，符長一尺；有破軍禽敵之符，符長九寸；
　　有降城得邑之符，符長八寸；有卻敵執遠之符，符長七寸；有交兵驚中堅
　　守之符，符長六寸；有請糧食益兵之符，符長五寸；有敗軍亡將之符，符長
　　四寸；有失亡吏卒之符，符長三寸。諸奉使行符稽留，若符事聞，聞符所告
　　者皆誅。』」

〔六〕【辨偽】《周氏涉筆》曰：「謂太公為兵家之祖，自漢人已然，本無所稽，僅以陰符有託而云爾。太公遇文王事，尚未足信，況談兵哉？《周詩》鷹揚外無他語……《六韜》不知出何時，其屑屑共議，以家取國，以國取天下，殆似丹徒布衣、太原宮監所經營者。《史記》載君臣各把鉞斷首懸旗，以後人臆記非實也，歸略免因好事為之。而此書因著文伐十二節，陰略左右，輔其淫樂，養其亂臣，與韓非所云納費仲奉玉版並為一論。蓋文、武、周、召之一厄也。《管子》書載湯結女華以為陰事曲逆，以為陽戰國諸子窺測古聖妄誕率類此。太公舉賢尚功，周公知其有篡弒之臣，亦是後人妄以見事附合，而諸子因記殺華士，謂周公馳往救之，疏謬可笑。此書有《上賢篇》，則六賊七害，指抗志高節，輕爵位，賤有司，語無為，言無欲，虛論高議，窮居靜處，條居大半，全與暴亂同科。按武王既定天下，其詩曰：『日靖四方。』其書曰：『無有作惡，當丕單稱德之世，而紛然懸賞，罰募功名，不知將何出也。』此書並緣吳起，漁獵其詞，而綴緝以近代軍政之浮談，淺駁無可施用，蓋吳起、武侯真答問也，故問者當其形對者，應其實，至於料六國形勢，所當出百代之下猶可想像，而此書問答徒傚之也，故務廣不務精，語脈皆不相應，讀者宜熟察也。

〔七〕【史源】胡應麟《少室山房筆叢》正集卷十五。

〔八〕【史源】《郡齋讀書志》卷十四。

〔九〕【史源】《郡齋讀書志》卷十四：「《李衛公問對》三卷。右唐李靖對太宗問兵事。史臣謂李靖《兵法》，世無完書，略見於《通典》。今《對問》出於阮逸家，或云逸因杜氏附益之。」今按，是書舊題唐李靖（封衛國公）撰，實為唐、宋間無名氏作。1983 年中華書局出版校注本。

〔十〕【辨偽】明胡應麟《少室山房筆叢》正集卷十五：「宋世以孫、吳、司馬、韜、略、尉繚、李衛公為兵家七書。孫武、尉繚亡可疑者，《吳起》或未必起自著，要亦戰國人掇其議論成編，非後世偽作也。《三略》稱黃石公，中如『柔能制剛，動而輒隨』等語，似有見於《道德》者，以即圯上老人授子房書則不可，前輩固多以傅會疑之。《六韜》稱太公，厥偽瞭然。考《漢志》有《六弢》，初不云出太公，蓋其書亡於東京之末，魏晉下譚兵之士，掇拾剩餘為此，即《隋志》《六韜》也。」今按，康熙中，「武學七書」只存《孫子》《吳子》《司馬法》三種，餘俱黜。

〔十一〕【版本】《六韜》以《平津館叢書》本為最佳。清儒孫同元輯有《逸文》一卷。敦煌石室曾出寫本殘卷，存二百行，有篇目者二十。為伯希和盜去，今藏法國巴黎國民圖書館。其內容可參考王重民《敦煌古籍敘錄》。

〔十二〕【整理與研究】盛冬鈴撰《六韜譯注》（《兵家寶鑒》本）。

45. 孫子一卷

周孫武撰。

考《史記·孫子列傳》載武之書十三篇，而《漢書·藝文志》乃載《孫子兵法》八十二篇，圖九卷。故張守節《正義》以十三篇為上卷，又有中、下二卷。杜牧亦謂武書本數十萬言，皆曹操削其繁剩，筆其精粹，以成此書〔一〕。然《史記》稱十三篇在《漢志》之前，不得以後來附益者為本書。牧之言固未可以為據也。

此書注本極夥。《隋書·經籍志》所載，自曹操外，有王凌、張子尚、賈詡、孟氏、沈友諸家，《唐志》益以李筌、杜牧、陳皞、賈林、孫鎬諸家，馬端臨《經籍考》又有紀燮、梅堯臣、王晳、何氏諸家。歐陽修謂兵以不窮為奇，宜其說者之多〔二〕。其言最為有理。然至今傳者寥寥。應武舉者所誦習，惟坊刻講章，鄙俚淺陋，無一可取。故今但存其本文，著之於錄。〔三〕

武書為百代談兵之祖。葉適以其人不見於《左傳》，疑其書乃春秋末、戰國初山林處士之所為〔四〕。然《史記》載闔閭謂武曰：「子之十三篇，吾盡觀之矣。」〔五〕則確為武所自著，非後人嫁名於武也。〔六〕（《四庫全書總目》卷九十九）

【注釋】

〔一〕【史源】《郡齋讀書志》卷十四：「魏武注《孫子》一卷。右吳孫武撰，魏武帝注。按《漢藝文志》：《孫子兵法》八十二篇，今魏武所注止十三篇。杜牧以為武書數十萬言，魏武削其繁剩，筆其精粹，成此書云。其序略曰：『吾讀兵書、戰策多矣，武所著深矣。』」

〔二〕【史源】《文忠集》卷四十二《孫子後序》。

〔三〕【整理與研究】楊炳安撰《孫子集校》（中華書局 1959 年版）、《十一家注孫子校理》（中華書局 1999 年版），李零撰《孫子古本研究》（北京大學出版社 1995 年版）、《吳孫子發微》（中華書局 1997 年版）、《近代孫子兵法研究著述彙編》（華齡出版社 2020 年版），劉君祖撰《孫子兵法新解》（北京聯合出版公司 2020 年版），熊劍平撰《孫子兵法情報思想研究》（金城出版社 2020 年版）。

〔四〕【辨偽】宋葉適《習學記言》卷四十六「孫子」：「司馬遷稱《孫子》十三篇，兩言之。而班固志藝文，乃言《吳孫子兵法》八十二篇，又《吳起》四十八篇，而今《吳起》六篇而已，又今中庸一篇，而志稱四十九篇，豈昔所謂篇者特章次之比非今粹書也。然遷時已稱十三篇，而劉歆、班固在其後，反著八十二篇，以《火攻》《用間》考之，疑孫子亦有未盡之書，然此為文字多少，其不存者，自不足論。遷載孫武齊人而用於吳在闔廬時破楚入郢為大將。按：《左氏》無孫武。他書所有，左氏不必盡有。然穎考叔、曹劌、燭之武、鱄設諸之流，微賤暴用事，左氏未嘗遺。武功名章灼如此，乃更闕略。又同時伍員、宰嚭一一詮次，乃獨不及武耶？詳味《孫子》，與《管子》《六韜》《越語》相出入，春秋末戰國初，山林處士所為，其言得用於吳者，其徒誇大之說也。自周之盛，至春秋，凡將兵者，必與聞國政，未有特將於外者。六國時此制始改，吳雖蠻夷，而孫武為大將，乃不為命卿，而左氏無傳焉，可乎？故凡謂穰苴、孫武者，皆辨士妄相標指，非事實。其言闔閭試以婦人，尤為奇險，不足信。且武自詭婦人可勒兵，然用百八十人為二隊，是何陣法？且既教婦人，而愛姬為隊長，則軍吏不可參用男子，隊長當斬，其誰任之？倉猝展轉，武將自敗之不暇，然謬誤流傳，但謂穰苴既斬寵臣，而孫武又戮愛姬也，不知真所謂知兵者何用此？或問子不與斬愛姬，於事何所損益？天下有道，征伐自上出，而行陣部伍皆有定法以教天下；天下無道，匹夫賤人以意言兵，行陣部伍，無復常經，其流及上而為國者，願聽命焉。禍結數千年，不可救止，此豈小故，而謂無所損益耶？」

　　陳振孫曰：「世之言兵者祖孫武，然孫武事吳闔閭，而不見於《左傳》，不知果何時人也。」

〔五〕【史源】《史記》卷六十五《孫子吳起列傳第五》。

〔六〕【證真】宋濂《文憲集》卷二十七：「《孫子》一卷，吳孫武撰。魏武帝注自《始計》至《用間》凡十三篇，《藝文志》乃言八十二篇，杜牧信之，遂以為武書數十萬言，魏武削其繁剩，筆其精粹，以成此書。按《史記》：『闔閭謂武曰：「子之十三篇，吾盡觀之。」』其數與此正合。《漢志》出《史記》後，牧之言要非是武齊人吳闔閭用以為將西破強楚入郢北威齊晉顯名諸侯。葉適以不見載於《左傳》，疑其書乃春秋末戰國初山林處士之所為。予獨不敢謂然。春秋時列國之事，赴告者則書於策，不然則否。二百四十二年之間，大國若秦楚，小國若越燕，其行事不見於經傳者有矣，何獨武哉？或曰：《風后

握奇經》，實行兵之要，其說實合乎？伏羲氏之卦畫，奇正相生，變化不測，諸葛亮得之以為八陣，李靖得之以為六花陣，而武為一代論兵之雄，顧不及之，何也？曰《兵勢篇》不云乎：『戰者，以正合，以奇勝，戰勢不過奇正，奇正之變，不可勝窮，奇正相生，如循環之無端。』《九地篇》又不云乎：『用兵者，譬如率然。率然者，常山之蛇也。擊其首則尾至，擊其尾則首至，擊其中則尾首俱至。』斯固風后之遺說也。曾謂其不及之，可乎？嗚呼！古之談兵者，有仁義，有節制，至武一趨於權術變詐，流毒至於今未已也。然則武者固兵家之祖，亦兵家之禍首歟？」

46. 吳子一卷

周吳起（？～前381）撰。起，事蹟見《史記》列傳。

司馬遷稱起兵法世多有，而不言篇數。《漢・藝文志》載《吳起》四十八篇。然《隋志》作一卷，賈詡注。《唐志》並同。鄭樵《通志・略》又有孫鎬注一卷。均無所謂四十八篇者。蓋亦如孫武之八十二篇出於附益，非其本書世不傳也。晁公武《讀書志》則作三卷，稱唐陸希聲類次為之，凡《說國》《料敵》《治兵》《論將》《變化》《勵士》六篇〔一〕。今所行本雖仍並為一卷，然篇目並與《讀書志》合。惟《變化》作《應變》，則未知孰誤耳。

起殺妻求將，齧臂盟母，其行事殊不足道。然嘗受學於曾子，耳儒目染，終有典型，故持論頗不詭於正。如對魏武侯則曰：「在德不在險。」論制國治軍則曰：「教之以禮，勵之以義。」論為將之道則曰：「所慎者五，一曰理，二曰備，三曰果，四曰戒，五曰約。」大抵皆尚有先王節制之遺。高似孫《子略》謂其尚禮義，明教訓，或有得於《司馬法》者〔二〕。斯言允矣。〔三〕（《四庫全書總目》卷九十九）

【注釋】

〔一〕【史源】《郡齋讀書志》卷十四。今按，陸希聲，唐蘇州吳縣人。博學善屬文，頗精筆法。著有《周易傳》二卷、《春秋通例》三卷。

〔二〕【史源】高似孫《子略》卷三「吳子」條。

〔三〕【辨偽】現代學者對此書的真偽有不同看法，但說它是偽託者的論據並不充分。如有人以為《治兵》中「必左青龍，右白虎，前朱雀，後玄武，招搖在上，從事於下」等語為漢以後事物，故斷此書為偽。但20世紀70年代湖北隨縣曾侯乙墓出土文物已有這些圖畫。何況題為戰國人作的書，其中雜有秦、

漢人手筆，本不足怪，而秦、漢去戰國未遠，其作者很可能是吳起的後學，所述往往是吳起的觀點，未可以偽書視之。（《先秦兩漢文學史料學》第 295 頁）

【整理與研究】李天道撰《兵法天才吳子的決勝智慧》（花城出版社 2003 年版），孫建華撰《〈孫子兵法〉與〈吳子兵法〉比較研究》（花木蘭文化出版社 2010 年版），朱志先撰《〈吳子〉〈鬼谷子〉集校集注》（湖北人民出版社 2018 年版）。

47. 司馬法一卷

舊題齊司馬穰苴撰。今考《史記·穰苴列傳》，稱齊威王使大夫追論古者《司馬兵法》，而附穰苴於其中，因號曰《司馬穰苴兵法》。然則是書乃齊國諸臣所追輯，隋、唐諸《志》皆以為穰苴之所自撰者，非也。〔一〕

《漢志》稱《軍禮司馬法》百五十五篇，陳師道以傳記所載《司馬法》之文，今書皆無之，疑非全書〔二〕。然其言大抵據道依德，本仁祖義，三代軍政之遺規，猶藉存什一於千百，蓋其時去古未遠，先王舊典，未盡無徵。摭拾成編，亦漢文博士追述王制之類也。班固序兵權謀十三家，形勢十一家，陰陽十六家，技巧十三家，獨以此書入禮類，豈非以其說多與《周官》相出入，為古來五禮之一歟？胡應麟《筆叢》惜其以穰苴所言參伍於仁義禮樂之中，不免懸疣附贅〔三〕。然要其大智，終為近正，與一切權謀、術數迥然別矣。隋、唐《志》俱作三卷，世所行本，以篇頁無多，並為一卷。今亦從之，以省繁碎焉。〔四〕（《四庫全書總目》卷九十九）

【注釋】

〔一〕【辨偽】龔自珍於此書舉六疑，劉咸炘一一解之，詳見《舊書別錄》「軍禮司馬法」條。（《劉咸炘學術論集·子學編》第 344～345 頁）

〔二〕【辨偽】陳師道《擬御試武舉策》曰：「臣聞齊威王使其大夫追論古者司馬兵法，附以先齊大司馬田穰苴之說，號曰《司馬穰苴兵法》。夫所謂古者《司馬兵法》，周之政典也。所謂《穰苴兵法》，太史遷之所論，今博士弟子之所誦說者也。昔周公作政典，司馬守之，以佐天子，平邦國，而正百官，均萬民，故征伐出於天子，及上廢其典下，失其職，而周衰矣。故征伐出於諸侯，典之用舍興壞繫焉。遷徒見七國楚漢之戰，以詐勝而身固，未嘗行道也，遂以仁義為虛名，而疑三代以文具，可謂不學矣。史稱遷博極群書，而其論如此，

所謂雖多奚為者也。臣謹按：傳記所載《司馬法》之文，今書皆無之，則亦非齊之全書也。然其書曰：禮與法表裏，文與武左右。又曰：殺人以安人，殺之可也。攻其國愛其民，攻之可也。以戰去戰，雖戰可也。又曰：冬夏不興師，所以兼愛民。此先王之政，何所難乎？漢之所行，遷之所見，而謂先王為之乎？」

〔三〕【辨偽】胡應麟《少室山房筆叢》卷十一：「兵家秦漢至眾，今傳於世而稱經者，黃帝、風后、太公、黃石、諸葛、李靖等，率依託也。孫、吳、尉繚，當是戰國本書，總之，皆權謀形勢，以概於三代之師，亡萬一近似焉。其明白正大，廓然王者之規，《司馬法》一書而已。齊威王末世之君，而能使其臣追葺是編，俾三代征伐大經，僅存於積衰極亂之後，功亦偉矣！惜也附以穫苴縱橫詭誕之習，參伍於仁義禮樂之中，懸疣附贅，特已甚焉。其文義閎深肅達者，皎如日星，固非策士所能亂。第漢世百五十餘篇，今存弗能什一，惜哉！」

〔四〕【整理與研究】黃以周撰《軍禮司馬法考證》。曹元忠撰《司馬法古注》（光緒甲午曹氏箋經室刻本）。李零撰《司馬法譯注》（河北人民出版社 1992 年版）。今按，隋、唐時《孫子》往往竄入《司馬法》中。王雲路撰《古籍今注新譯叢書・新譯司馬法》（三民書局股份有限公司 1996 年版），鄭慧生撰《司馬法校注》（河南大學出版社 2007 年版），黃樸民撰《黃樸民解讀吳子・司馬法（嶽麓書社 2011 年版），鍾尉撰《司馬法倫理管理思想研究》（經濟管理出版社 2019 年版）。

48. 尉繚子五卷

周尉繚撰。其人當六國時，不知其本末。或曰魏人，以《天官》篇有「梁惠王問」知之。或又曰齊人，鬼谷子之弟子。劉向《別錄》又云繚為南君學。未詳孰是也。

《漢志》雜家有《尉繚》二十九篇。《隋志》作五卷，《唐志》作六卷，亦併入於雜家。鄭樵譏其見名而不見書〔一〕，馬端臨亦以為然〔二〕。然《漢志》兵形勢家內，實別有《尉繚》三十一篇。故胡應麟謂兵家之《尉繚》即今所傳，而雜家之《尉繚》並非此書。今雜家亡而兵家獨傳，鄭以為孟堅之誤者，非也〔三〕。特今書止二十四篇，與所謂三十一篇者數不相合，則後來已有所亡佚，非完本矣。〔四〕

其書大指主於分本末，別賓主，明賞罰，所言往往合於正。如云：「兵不攻無過之城，不殺無罪之人。」〔五〕又云：「兵者所以誅暴亂，禁不義也。兵之所加者，農不離其田業，賈不離其肆宅，士大夫不離其官府，故兵不血刃而天下親。」〔六〕皆戰國談兵者所不道。晁公武《讀書志》有張載注《尉繚子》一卷〔七〕，則講學家亦取其說。然書中《兵令》一篇〔八〕，於誅逃之法，言之極詳，可以想見其節制，則亦非漫無經略，高談仁義者矣。其書坊本無卷數。今酌其篇頁，仍依《隋志》之目分為五卷。〔九〕（《四庫全書總目》卷九十九）

【注釋】

〔一〕【史源】《通志》卷十七《見名不見書論二篇》。

〔二〕【史源】《文獻通考》卷一百九十五：「夾漈言：『古今編書所不能分者五，可以訂歷代藝文志之失。所謂見名不見書、看前不看後者，尤足以究其所失之源。』然愚嘗考之經錄，猶無此患，而莫謬亂於史。蓋有實故事而以為雜史者，實雜史，而以為小說者，又有《隋志》以為故事，《唐志》以為傳志，《宋志》以為雜史者，若一一考訂改而正之，則既不欲以臆見改前史之舊文，且所錄諸書，蓋有前史僅存其名，晚學實未嘗見其書者，則亦無由知其編類之得失，是以姑仍其舊，而於所錄先儒議論諸書本末則必詳加考訂，俾以類相從，而不盡仍前史之舊云。」

〔三〕【考證】《少室山房筆叢》卷十一：「《尉繚子》，兵書也，自漢至隋，咸列雜家。鄭漁仲以為見名不見書，馬端臨大善其論。然《漢志》兵家自有《尉繚》三十一篇，蓋即今所傳者，而雜家之《尉繚》非此書也。今雜家亡而兵家獨傳，故鄭以為孟堅之誤，舛矣。」

〔四〕【辨偽】《郡齋讀書志》卷十四：「《尉繚子》五卷。右尉繚子，未詳何人。書論兵主刑法。按《漢藝文志》有二十九篇，今逸五篇。首篇稱『梁惠王問』，意者魏人與？其卒章有曰：『古之善用兵者，能殺卒之半，其次殺其十三，其下殺其十一。能殺其半者，威加海內；殺十三者，力加諸侯；殺十一者，令行士卒。』嗚呼！觀此則為術可知矣。」

陳振孫曰：「六國時人。按《漢志》雜家有二十九篇，兵形勢家又有三十一篇，今書二十三篇，未知果當時本書否？」

《周氏涉筆》曰：「《尉繚子》言兵，理法兼盡，然於諸令督責部伍刻矣。所以為善者，能分本末，別賓主，所謂高之以廊廟之論，重之以受命之論，銳之以逾垠之論。廊廟，本也。受命，所以授也，凡諸令所云將事也。逾垠

之論，爾視孫子專篇論火攻，吳起、武侯纖碎講切，蓋從容有餘矣。人主崇儉務本，均田節斂，明法稽驗為之，主本無蔓，獄無留刑，故曰：兵，兇器。爭逆德，事必有本。以武為植，以文為種。武為表，文為裏。文視利害，辨安危，武犯強敵，力攻守，不攻無過之城，不殺無罪之人。夫殺人之父兄，利人之財貨，臣妾人之子女，此皆盜也。其說雖未純王政，亦可謂窺本統矣。古者什伍為兵，有戰無敗，有死無逃。自春秋戰國來，長募既行，動輒驅數十萬人，以赴一決，然後有逃亡，不可禁。故尉繚子兵令於誅逃尤詳。世傳張魏公建壇，拜曲端為大將，端首問魏公見兵幾何，魏公曰：『八十萬人。』端曰：『須是斬了四十萬人，方得四十萬人。』用端所言，果如是固覆軍失地殺身之道也。夫分數豈專在殺哉……《尉繚子》亦云：『善用兵者，能殺卒之半，其次殺其十三，其下殺其十一，能殺其半者，威加海內，殺十三者，力加諸侯，殺十一者，令行士卒。』筆之於書，以殺垂教，孫、吳卻未有是論也。」

〔五〕〔六〕【史源】《尉繚子》卷二《武議第八》：「凡兵不攻無過之城，不殺無罪之人。夫殺人之父兄，利人之財貨、臣妾、人之子女，此皆盜也。故兵者，所以誅暴亂禁不義也，兵之所加者，農不離其田業，賈不離其肆宅，士大夫不離其官府，由其武議，在於一人，故兵不血刃，而天下親焉。」

〔七〕【史源】《郡齋讀書志》卷十四：「張橫渠注《尉繚子》一卷。右皇朝張載撰。其辭甚簡。載早年喜談兵，後謁范文正，文正愛其才，勸其學儒。載感悟，始改業。此殆少作也。」

〔八〕【史源】《尉繚子》卷五。

〔九〕【整理與研究】李解民撰《尉繚子譯注》（河北人民出版社 1991 年版）。張秦洞撰《尉繚子新說》（解放軍出版社 2011 年版）。

49. 黃石公三略三卷

案：黃石公事，見《史記》〔一〕。《三略》之名始見於《隋書・經籍志》，云下邳神人撰，成氏注〔二〕。唐、宋《藝文志》所載並同。

相傳其源出於太公，坯上老人以一編書授張良者即此。蓋自漢以來，言兵法者往往以黃石公為名。史志所載，有《黃石公記》三卷，《黃石公略注》三卷，《黃石公陰謀乘斗魁剛行軍秘》一卷，《黃石公神光輔星秘訣》一卷。又《兵法》一卷，《三鑒圖》一卷，《兵書統要》一卷〔三〕。今雖多亡佚不存，然大抵出於附會。

是書文義不古，當亦後人所依託〔四〕。鄭瑗《井觀瑣言》稱其剽竊老氏遺意，迂緩支離，不適於用，其「知足戒貪」等語，蓋因子房之明哲而為之辭，非子房反有得於此〔五〕。其非坦橋授受之書明甚。然後漢光武帝詔書引黃石公「柔能制剛，弱能制強」之語，實出書中所載軍讖之文，其為漢詔援據此書，或為此書剽竊漢詔，雖均無可考，疑以傳疑，亦姑過而存之焉。〔六〕（《四庫全書總目》卷九十九）

【注釋】

〔一〕【史源】《史記》卷五十五《留侯世家》。

〔二〕【史源】《隋書》卷三十四。

〔三〕【史源】《隋書》卷三十四。

〔四〕【辨偽】《直齋書錄解題》卷十二以為偽：「《黃石公三略》三卷，世傳張子房受書坦上老人，曰濟北穀城山下得黃石即我也，故遂以黃石為坦上老人。然皆傅會依託也。」而真西山以為真：「《三略》，先秦書，雖非鷹揚翁自作，要必其遺法。予嘗深味之，其言治國養民法度，與儒者指意不悖，而歙藏退守，不為物先之意，則黃老遺言也。子房號稱善用兵，然最所得者，不過『與物推移，變化無方，因敵轉化，動而輒隨』數語耳。以此推之，則今傳於世者，子房所受書也。」

秦蕙田《五禮通考》卷一百七十二：「乙巳春正月，上御端門論及《黃石公三略》，且口釋之。起居注：宋濂對曰：『《尚書》二典三謨，帝王大經大法，靡不畢具，願主上留意講明。』上曰：『吾非不知典謨為政治之要，但《三略》乃用兵攻取時務所先耳。』是日遂命濂以《尚書》進講。」

《黃氏日抄》卷五十八「黃石公三略六韜」條：「《韜》《略》世謂出太公，雖李衛公亦云：『以愚觀之，偽書爾。』春秋苟吳始嘗捨車而步，漢以後始有騎將。今其書以車、騎、步分三，太公時有之乎？春秋後始霸，三代雖有伯，不以霸稱也。今其書歷敘皇帝王霸，太公時有之乎？春秋霸主始有結連與國深入人境者，今其書稱必得大國之與鄰國之助，又雲行數百里人馬倦休，太公時有之乎？又謂取天下者若逐野獸，天下皆有分肉之心，此襲用『秦失其鹿，天下共逐』之語。而贅婿者，秦始有之，其書亦稱贅婿。且自謂《三略》為衰世作，則不能自掩其為後世之偽明矣。況其為書，類多掇拾《三略》，大率以柔弱不貪為主，此老子之說也。《六韜》言猶豫狐疑之戒，乃《吳子》之所已言也。言山兵者即《吳子》之谷戰，言澤兵者即《吳子》之水戰，十

四變即《吳子》之十三系，十一卒即《吳子》之五練，銳教戰即其士先教戒之說，分險即其過敵溪谷之說，雨不張蓋等語出《尉繚子》書，火戰等說亦備《孫子》書，而涓涓不絕等語，又遍集古書者也。要其前後，本無主說，《三略》既不見上、中、下可分之的，《六韜》亦不見文、武、龍、虎、豹、犬之義。大抵書之不切於兵者居半，切於兵者多死法，敵而木偶人也則可耳。其最無理者，文伐十二節，皆陰刻陷人之語，豈文伐之義乎？股肱羽翼，七十二人，輕重失次，泛其無紀，豈股肱羽翼之義乎？文王聖人也，太公聞風興起，動盍歸乎來之思。武王以聖繼聖，順天應人，而太公興鷹揚之師。今顧以孩提視文武，謂其求教太公，雖帝堯之聖，亦文王所未聞，待傾聽而始知焉。此皆根於『卜獵得師』一語，故附會至此耳。然按《六韜》謂太公坐茅而漁，《尉繚子》又謂太公屠牛朝歌，賣食盟津，餘七年，主不聽，而遇文王，是則卜獵之說尚未定也。況《韜》《略》可信其為太公之書乎？其書之播詠人口者，曰：『香餌之下，必有懸魚。重賞之下，必有死夫。』曰：『千里饋糧，士有饑色。樵蘇後爨，師不宿飽，而先之以軍讖。』曰：『務廣地者荒，務廣德者強。能有其有者安，貪人之有者殘，然先之以故。』曰：『以義誅不義，若決江河而漑，焰火臨不測而擠，欲墜其克必矣。所以優游恬淡而不進者，重傷人物也。』此語足以發明仁人用兵之本心。曰：『天下非一人之天下，乃天下之天下。』亦至今為名言。」

明劉寅《三略直解》卷上云：「三」者，上中下三卷也；「略」者，謀略也。世以為黃石公書授張子房於圯橋者也。按《漢書·藝文志》云：張良、韓信序次兵法，凡百八十二家，刪取要用，定著三十五家。並不言有《三略》者。漢成帝時，任宏論次兵書，分權謀、形勢、陰陽、技巧四種，共五十三家，而《三略》亦不載焉。史稱張良少匿下邳，與父老遇於圯橋，出書一編，曰讀此則為王者師，遂去，旦日視之，乃《太公兵法》也。《通鑒綱目》亦曰：張良與沛公遇於留，良數以太公兵法說沛公，沛公喜常用其策，良為他人言輒不省，良曰：沛公殆天授，遂不去。正義曰：《七錄》云：《太公兵法》，一帙三卷。唐李靖亦云：張良所學《太公六韜》《三略》是也。然則《三略》本太公書，而黃石公或推演之，以授子房，所以兵家者流至今因以為黃石公書也。

〔五〕【辨偽】《井觀瑣言》卷二：「太公《六韜》、黃石公《三略》、李衛公《問對》，皆偽書也。宋戴少望作《將鑒論斷》，乃極稱《三略》通於道而適於用，可以立功而保身，且謂其中多知足戒貪之語，張良得之，用以成名，謂《問對》

之書，興廢得失，事宜情實，兵家術法，燦然畢舉，皆可垂範將來。以予觀之，《問對》之書雖偽，然必出於有學識謀略者之手。朱子云：『《問對》是阮逸偽作。』《三略》純是剽竊老氏遺意，迂緩支離，不適於用，其『知足戒貪』等語，蓋因子房之明哲而為之辭，非子房反有得於此也。蓋圯橋授受之書亡矣。此與所謂《素書》皆其贗本耳。如曰：『高鳥死，良弓藏。敵國滅，謀臣亡。』亡者謂廢其威，奪其權也。皆取諸舊史而附會之，痕跡宛然可見。而戴甌稱之，無乃未之思與？或謂漢光武之詔已引黃石公記『柔能勝剛，弱能勝強』之語，則此書之傳亦遠矣。」

〔六〕【整理與研究】吳樹平《黃石公三略譯注》（河北人民出版社 1991 年版），孫建民撰《黃石公三略新說》（解放軍出版社 2011 年版）。

50. 素書一卷

舊本題黃石公撰，宋張商英（1042～1121）注。

分為六篇：一曰原始，二曰正道，三曰求人之志，四曰本德宗道，五曰遵義，六曰安禮。黃震《日抄》，謂其說以道、德、仁、義、禮五者為一體。雖於指要無取，而多主於卑謙損節，背理者寡。〔一〕

張商英妄為訓釋，取老子先道而后德，先德而後仁，先仁而後義，先義而後禮之說以言之，遂與本書說正相反。其意蓋以商英之注為非，而不甚斥本書之偽。然觀其後序，所稱圯上老人以授張子房，晉亂，有盜發子房冢，於玉枕中得之，始傳人間。又稱上有秘戒，不許傳於不道不仁不聖不賢之人。若非其人，必受其殃。得人不傳，亦受其殃。〔二〕尤為道家鄙誕之談。故晁公武謂商英之言世未有信之者〔三〕。至明都穆《聽雨紀談》，以為自晉迄宋，學者未嘗一言及之，不應獨出於商英，而斷其有三偽〔四〕。胡應麟《筆叢》亦謂其書中「悲莫悲於精散，病莫病於無常」，皆仙經、佛典之絕淺近者〔五〕。蓋商英嘗學浮屠法於從悅，喜講禪理，此數語皆近其所為，前後注文與本文亦多如出一手。以是核之，**其即為商英所偽撰，明矣**〔六〕。以其言頗切理，又宋以來相傳舊本，姑錄存之，備參考焉。（《四庫全書總目》卷九十九）

【注釋】

〔一〕【史源】《黃氏日抄》卷五十六「黃石公素書」條。

〔二〕【序跋】張商英《黃石公素書序》：「黃石公《素書》六篇，按前漢黃石公圯橋所授子房《素書》，世人多以《三略》為是，蓋傳之者誤也。晉亂，有盜發子

房冢，於玉枕中獲此書，凡一千三百三十六言，上有秘戒，不許傳於不道不神不聖不賢之人，若非其人，必受其殃，得人不傳，亦受其殃。嗚呼！其慎重如此。黃石公得子房而傳之，子房不得其傳而葬之。後五百餘年，而盜獲之，自是《素書》始傳於人間。然其傳者特黃石公之言耳，而公之意其可以言盡哉！竊嘗評之，天人之道，未嘗不相為用，古之聖賢皆盡心焉，堯欽若昊天，舜齊七政，禹敘九疇，傅說陳天道，文王重八卦，周公設天地四時之官，又立三公，以燮理陰陽，孔子欲無言，老聃建之以常無有。《陰符經》曰：『宇宙在乎手，萬化生乎身，道至於此，則鬼神變化皆不能逃吾之術，而況於刑名度數之間者歟？』黃石公，秦之隱君子也。其書簡其意深，雖堯、舜、禹、文、傅說、周公、孔、老亦無以出此矣。然則黃石公知秦之將亡，漢之將興，故以此書授子房，而子房者豈能盡知其書哉？凡子房之所以為子房者，僅能用其一二耳。書曰：『陰計外泄者敗。』子房用之，嘗勸高帝王韓信矣。書曰：『小怨不赦，大怨不生。』子房用之，嘗勸高帝侯雍齒矣。書曰：『決策於不仁者險。』子房用之，嘗勸高帝罷封六國矣。書曰：『設變致權所以解結。』子房用之，嘗致四皓而立惠帝矣。書曰：『吉莫吉於知足。』子房用之，嘗擇留自封矣。書曰：『絕嗜禁慾，所以除累。』子房用之，嘗棄人間事從赤松子遊矣。嗟乎！遺粕棄滓，猶足以亡秦項而帝沛公，況純而用之、深而造之者乎？自漢以來，章句文章之學熾，而知道之士極少，如諸葛亮、王猛、房喬、裴度等輩，雖號為一時賢相，至於先王大道，曾未足以知彷彿。此書所以不傳於不道不神不聖不賢之人也，離有離無之謂道，非有非無之謂神，有而無之之謂聖，無而有之之謂賢，非此四者，雖口誦此書，亦不能身行之矣。張商英天覺序。」

張官《黃石公素書後跋》：「右《素書》一帙，蓋秦隱士黃石公之所傳，漢留侯子房之所受者。詞簡意深，未易測識。宋臣張商英敘之詳矣，乃謂為不傳之秘書。嗚呼！凡一言之善，一行之長，尚可以垂範於人，而不能秘，是書黃石公秘焉，得子房而後傳之，子房獨知而能用，寶而殉葬，然猶在人間，亦豈終得而秘之耶？予承乏常德府事，政暇取而披閱之，味其言，率明而不晦，切而不迂，淡而不僻，多中事機之會，有益人世，是又不可概以游說之學、縱橫之術例之也。但舊板刊行已久，字多模糊，用是捐俸餘，翻刻以廣其傳，與四方君子共之。弘治戊午歲夏四月初吉，蒲陰張官識。」

〔三〕【史源】《郡齋讀書志》卷十一：「《素書》一卷。右題黃石公著，凡一千三百
　　　六十六言。其書言治國治家治身之道，而肜亂無統，蓋採諸書以成之者也。
　　　《無盡居士注素書》一卷。右皇朝張商英注。商英稱《素書》凡六篇。按《漢
　　　書》黃石公圯上授子房，世人多以《三略》為是，蓋誤也。晉亂，有盜發子
　　　房冢，主枕中獲此書。商英之言，世未有信之者。」

〔四〕【辨偽】都穆《聽雨紀談》云：「宋張商英注《素書》一卷，謂即圯上老人以
　　　授張子房者，其曰：『晉亂，有盜發子房冢，於玉枕中獲之，自是始傳人間。』
　　　又曰：『上有秘戒，不許傳於不道不仁不聖不賢之人，若非其人，必受其殃，
　　　得人不傳，亦受其殃。』以為其慎重如此。此可以見其偽矣。子房以三寸舌，
　　　為帝者師，而卒之謝病辟穀，託從赤松子遊，君子稱其明哲保身，顧有死而
　　　葬以玉枕。其偽一也。自晉逮宋，歷年久遠，豈是書既傳，而薦紳君子不得
　　　而見，亦未聞一言及之。其偽二也。書有秘戒，乃近世術家欲神其術之俚言，
　　　而謂圯上老人為之。其偽三也。且書中之言往往竊吾儒之緒論，而飾以權詐。
　　　蘇文忠謂圯上老人，秦之隱者，而其言若是，烏足以授子房？其為張氏之偽
　　　明矣。」（《四庫全書存目叢書》子部第 102 冊第 218 頁）

　　　　　　今按，都穆（1458～1525），字玄敬，號南濠先生，吳縣人。官至禮部主
　　　客司郎中，加太僕寺少卿。

〔五〕【辨偽】胡應麟《少室山房筆叢》卷十五：「黃石公《素書》，宋張商英偽撰
　　　者。商英自號無垢居士，學浮屠於釋子從悅，其後宗杲嘗亟稱以勵張九成，
　　　九成亦號無垢，豈有慕商英與？九成學佛則失之，而其人明白俊偉，非商英
　　　等也。今讀此書，所稱仁義道德，皆剽拾老、莊之膚語，傅合周、孔之庸言，
　　　而『悲莫悲於精散，病莫病於無常』等詞，又仙經、佛典之絕淺近者。使商
　　　英不為此書，或為之而匿其姓名，亦未知其學之陋一至是也。若序稱子房以
　　　殉墓中，自諸葛孔明而下皆不得聞，則三尺童子業能呵斥之矣。」

〔六〕【辨偽】《宋史》卷三百五十一：「張商英，字天覺，蜀州新津人。蔡京拜相，
　　　商英雅與之善，適當制，過為褒美，尋拜尚書右丞，轉左丞，復與京議政不
　　　合，數詆京身為輔相，志在逢君，御史以為非所宜言，且取商英所作《元祐
　　　嘉禾頌》及《司馬光祭文》，斥其反覆，罷知亳州，入元祐黨籍。京罷相，削
　　　籍，知鄂州，京復相，以散官安置，歸陝兩州。大觀四年，京再逐，起知杭
　　　州。過闕，賜對，奏曰：神宗修建法度，務以去大害，興大利。今誠一一舉
　　　行，則盡紹述之美。法若有弊，不可不變，但不失其意足矣。留為資政殿學

士，中太一宮使，頃之除中書侍郎，遂拜尚書右僕射。京久盜國柄，中外怨疾，見商英能立同異，更稱為賢，徽宗因人望相之。時久旱，彗星中天，是夕彗不見，明日雨，徽宗喜，大書商霖二字賜之。商英為政持平，謂京雖明紹述，但藉以劫持人主，禁錮士大夫爾。宣和三年卒，年七十九，贈少保。商英作相，適承蔡京之後，小變其政，譬饑者易為食，故蒙忠直之名。靖康褒表司馬光、范仲淹，而商英亦贈太保。紹興中，又賜諡文忠。天下皆不謂然。」

陳振孫曰：「後人傅會依託以為之者。」《至遊子》提要云：「毛漸傳《三墳》，世以為即出於漸；張商英傳《素書》，世以為即出於商英。」（《四庫全書總目》卷一四七）《三略直解》提要亦云：張商英偽作《素書》，託盜者得之張良冢中。（《四庫全書總目》卷九九）

明劉寅《三略直解》卷上云：「宋張商英又云：『《素書》乃黃石公所授子房者也。世人多以《三略》為是，蓋傳之者誤耳。』《素書》者，晉亂，有盜發子房冢，於枕中獲之，上有秘戒，不許傳於不神不聖之人。又摘取書中數語，以證子房之事。且曰：自漢以來，章句文辭之學熾，而知道之士極少，如諸葛亮、王猛、房喬、裴度等，雖號為一時賢相，至於先天大道曾未知其彷彿，此書所以不傳於不道不神不聖不賢之人也。今觀《素書·原始章》，首論道德仁義禮，俱本《三略》下卷中文，因而推廣之耳。其後五章赤是雜取古書中語，而更換字樣聯屬之，非秦漢以前古書，況商英之言多涉虛無，觀其曰：『離有離無之謂道，非有非無之謂神，有而無之之謂聖，無而有之之謂賢。』又曰：『老子言其體，故云：「禮者忠信之薄，而亂之首。」黃石公言其用，故云：「道德仁義禮，不可無一焉。」』此其深於斯道者之言也。《素書》果出於子房冢中，而隋唐以來名儒碩士，何故無一言及之，恐是後人依仿而為之者，所以宋先正程朱輩俱不暇論也。今亦未敢必以為然，姑明其大概，繫於《三略直解》下，以俟知者焉。」

〔七〕【整理與研究】鍾永聖撰《素書通解》（新華出版社 2018 年版）。

51. 將苑一卷

舊本題漢諸葛亮（182~234）撰。

前有明僉都御史寧仲升序，謂出於士人周源所藏。考此書諸家不著錄，至尤袤《遂初堂書目》乃載其名，亦稱亮撰〔一〕。蓋偽書之晚出者。又明焦竑

《經籍志》更有亮《心書》《六軍鏡心訣》《兵機法》諸書〔二〕，益為依託。蓋宋以來兵家之書，多託於亮。明以來術數之書，多託於劉基。委巷之談，均無足與深辨者耳。〔三〕（《四庫全書總目》卷一百）

【注釋】

〔一〕【著錄】《遂初堂書目》兵家類有諸葛亮《將苑》，諸葛亮《十六條》。

《宋史》卷二百七：「諸葛亮《將苑》一卷，《兵書手訣》一卷，《文武奇編》一卷，《武侯八陣圖》一卷，《鬼谷天甲兵書常禳術》三卷。」

《玉海》卷一百四十：「《中興書目》：《將苑》一卷，凡五十篇，論為將之道。《隋志》：《諸葛亮兵法》五卷。《崇文目》：《兵機法》五卷。《通典》：《諸葛亮兵法》曰：『山陵之戰，不仰其高。水上之戰，不逆其流。草上之戰，不涉其深。平地之戰，不逆其虛。』此兵之利也，故戰鬥之利，唯氣與形也。蘇氏曰：『諸葛亮與魏角戰，曰：知有所甚愛，知有所不足愛，可以用兵矣。』故夫善將者，以其所不足愛者養其所甚愛者，士之不能皆銳，馬之不能皆良，器械之不能皆利，固也，處之而已矣。兵之有上中下也，是兵之有三權也。孫臏有言曰：『以君下駟，與彼上駟；取君上駟，與彼中駟；取君中駟，與彼下駟。』此兵說也，非馬說也。下之不足以與其上也，吾既知之矣，吾既棄之矣。中之不足以與吾上，下之不足以與吾中，吾不既再勝矣乎？得之多於棄也，吾斯從之矣。彼其上之有三權也。三權也者，以一而致三者也。管仲曰：『攻堅則瑕者堅，攻瑕則堅者瑕。嗚呼！不從其瑕，而攻之天下，皆強敵也。漢高帝之憂在項籍耳云云。』子西論亮為後主寫《申》《韓》《管子》《六韜》，曰：學者責孔明不以經術輔導少主，乃用《六韜》《管子》《申》《韓》之書，吾謂不然。人君不問撥亂守文，要以智略為先。後主寬厚仁義衿量有餘，而權略智謀是其所短，當時識者咸以為憂。《六韜》述兵權奇計，《管子》貴輕重，慎權衡，申子覈名實，韓子引繩墨，切事情，施之後主，正中其病矣。藥無善惡，要以對病為妙。萬金良藥，與疾不相值，亦復何補哉？」

〔二〕【史源】焦竑《國史經籍志》卷四下兵家類（《明代書目題跋叢刊》上冊第352頁），但未見《兵機法》。

〔三〕【序跋】《諸葛忠武書引》云：「按陳壽《志》所載諸葛氏集二十四篇，《開府》《作牧》等書具存目錄，而裴松之注時引亮集云云，至蘇東坡、葉水心迺有不見全書之歎，則侯集之亡久矣。追惋散軼，彌深黤漢。近歲婁東王問伯重

輯《武侯全書》，匪特在侯不容少此，至於弘濟世業，勸獎忠孝，鬱為大觀，而世多不見，見亦不賞。嗟夫！枕中鴻寶，帳內《論衡》，豈可為不知者道哉！今余是編，實本問伯，更張位置，僅三之一，增損事辭，殆十之九。蓋因合刻而自成別本，匪掩前書而故立同異也。互考當自悉之，又味傳言好為梁父吟，不言自作，若今所傳「步出齊城門」，意義庸淺，奚取而好吟之？《黃陵廟記》亦絕不類當時語氣，別有附乙，以竢明者。又按：傳封武鄉侯，諡忠武，而後人止稱武侯，不解何義？因題其端曰《諸葛忠武侯書》，言書不言集，不忘原集也。原集既亡，安得云全？而取贋悶真，疑誤後學，如《新書》《將苑》等類，則匪必陳裴不載，問伯不取，而始辨也，是用商之同志，寧毀毋濫云。萬曆己未夏至，楊時偉識。」

【整理與研究】聶鴻音《諸葛亮將苑考補》認為，宋人託名諸葛亮所著的《將苑》凡 50 章，存世本最早不過明代。英國國家圖書館收藏的一個西夏文譯本殘卷在一定程度上反映了該書初編時的面貌。這個譯本缺少「東夷」「南蠻」「西戎」三章，為當初的翻譯底本殘佚，其餘部分表明早期的《將苑》只有 42 章，今本多出的八章為後人增補。西夏譯者的翻譯手法在已知的文獻中最為靈活，譯文並不像佛經譯本那樣嚴守原文語句，但整體意思的表達簡明無誤。（《文獻》2018 年第 1 期）田曉霈《西夏文將苑整理與研究》認為，《將苑》相傳是蜀漢名臣諸葛亮所著一部論「為將之道」的兵學書籍，自宋初首見著錄，現存最早漢文本為明代刻本。西夏時期党項民族為吸收中原王朝先進文化而翻譯了大量漢文經典，其中便包括兵書《將苑》，因此西夏譯本《將苑》當為現存最早的《將苑》版本，現收錄於英藏黑水城文獻。夏譯本《將苑》在翻譯手法上獨具一格，不似儒家經典逐字逐句而譯，而是採其大旨，著意變通，對漢文本進行大幅刪削，改編成文。研究西夏人的改譯之處可以發現如下特點，首先，西夏雖未出現水軍建制，但卻對「水軍」及「水戰」有較為深刻的關注，其次，西夏對軍事情報及軍隊法制格外重視。（河北大學 2017 年碩士論文）

今按，張天夫注譯《諸葛亮〈將苑〉注譯》（陝西人民出版社 1987 年版），諸葛亮撰《〈將苑〉：中國第一將領聖經》（廣西人民出版社 2007 年版），索寶祥、李丕金合撰《〈將苑〉為道叢關》（軍事科學出版社 2009 年版），此三書均認為此書為諸葛亮的著作，殊為無識。

52. 心書一卷

舊本題諸葛亮撰。

書中皆言為將用兵之法。陶宗儀《說郛》作《新書》。明弘治間，關西劉讓錄之於木，始改名《心書》，附以《出師》二表。嘉靖中，夔人張銳重刊，增入夔門圖。前載讓序〔一〕，後有郎鄉進士寇韋跋〔二〕，皆以為真出於亮。〔三〕

考五十篇內之文，大都竊取孫子書，而附以迂陋之言，至不足道。蓋妄人所偽作，又出於《將苑》之後也。〔四〕（《四庫全書總目》卷一百）

【注釋】

〔一〕**【劉讓序】**諸葛武侯，王佐也，自三代以下一人而已……彼於蒞政之餘，行師之際，推廣為將用兵之法，編名曰《心書》，條分縷析，言約意盡，是非臆度揣摩之說，其經綸運用之妙，皆自肺腑中流出者也。（下略）（《四庫全書存目叢書》子部第 30 冊第 591～593 頁）

〔二〕**【跋】**《四庫全書存目叢書》本跋為黃邦彥所作。（子部第 30 冊第 610～612 頁）

〔三〕**【引用】**《欽定執中成憲》卷六：《心書》諸葛亮曰：「知人之性最難，美惡既殊，情貌不一，有溫良而為詐者，有外恭而內欺者，有外勇而內怯者，有盡力而不忠者，不可不察。」又曰：「勿以身貴而賤人，勿以獨見而違眾，勿以巧佞而為忠信。」又曰：「為將之道，軍井未汲，將不言渴，軍米未炊，將不言饑，軍火未然，將不言寒，軍幕未施，將不言困。」又曰：「知人之道，間之以是非，而觀其志，窮之以辭辯，而觀其變，諮之以計謀，而觀其識，告之以艱難，而觀其勇，臨之以利，而觀其廉，期之以事，而觀其信。」又曰：「用人之道，尊之以爵，瞻之以財，則士無不奮矣。接之以禮，勵之以信，則士無不忠矣。恩意不倦，法若畫一，則士無不服矣。先之以身，後之以人，則士無不勇矣。小善必錄，小功必賞，則士無不勸矣。」

〔四〕**【辨偽】**《少室山房筆叢》卷十五：「武侯《十六策》亦偽撰者。近世有武侯《心書》，亦《通考》所無者，尤偽。」

53. 兵要望江南詞一卷

是書詳述兵家占候，凡三十二門，各以《望江南詞》括之。《崇文總目》題武安軍左押衙易靜撰，蓋唐人也。晁公武《讀書志》則稱舊題黃石公以授張良〔一〕，其妄殆不待辨。此本又題唐李靖撰〔二〕。

案段安節《樂府雜錄》〔三〕,《望江南詞》本李德裕〔四〕為亡妓謝秋娘作,則其調起於中唐。世傳《海山記》隋煬帝作,實出偽託。靖在唐初,安得預製是詞?推厥所由,蓋以《望江南》調始德裕,德裕實封衛國公。言兵者多稱靖,靖亦封衛國公。此書以《望江南》談兵,遂合兩衛公而一之耳。

末附李淳風《占風法》、諸葛亮《氣候歌》,前有梁禎明三年安邱劉郜序,均詞意凡鄙,亦偽託也。〔五〕(《四庫全書總目》卷一百)

【注釋】

〔一〕【史源】《讀書志後志》卷二:「《兵要望江南》一卷。右題云黃石公以授張良者,按其書雜占行軍吉凶,寓聲於《望江南詞》,取其易記憶。《(崇文)總目》云:武安軍左押衙易靜撰。蓋唐人也。」《通志》卷六十八:「《神機武略兵要望江南詞》一卷,易靜撰。」《宋史》卷二百七:「易靜《神機武略歌》一卷,《行軍占風氣》一卷,《軍占要略》二卷。」

〔二〕【著錄】《四庫全書存目叢書》影印北京圖書館藏明萬曆十年保定府刻本《李衛公望江南集》,其作者著錄為「李靖」(子部第 30 冊第 613 頁)。前有李靖序,略云:「靖今自黃帝為始,以晉漢書撮取諸家兵道要妙。」末署「貞觀七年中秋前一日三原李靖序」。今按,李靖(571~649),唐陝西三原人。才兼文武,封衛國公。著兵書《六軍鏡》三卷,今佚。

〔三〕【樂府雜錄】唐段安節撰。善音律,能自度曲,故是書述樂府之法甚悉。書中稱僖宗幸蜀,又序稱「洎從離亂,禮寺隳頹,篳簴既移,警鼓莫辨」,是成於唐末矣。惟樂曲諸名不及郭茂倩《樂府詩集》之備,與王灼《碧雞漫志》亦互有同異,蓋茂倩書備古題之目,灼書上溯宋詞之源,而此書所列,則當時被之管絃者,詳略不同,職是故也。(《四庫全書總目》卷一一三)

〔四〕【李德裕】(787~850),字文饒,唐趙郡人。李吉甫之子。有《會昌一品集》三十五卷。事蹟具傅璇琮《李德裕年譜》(齊魯書社 1984 年版)。

〔五〕【整理與研究】《兵要望江南》詞集的作者,學界有很多種說法,今人多以為是晚唐人易靜。蔣雯《從〈兵要望江南〉的押韻特徵看作者所屬時代》認為,通過對 720 首詞進行分析,最終可得 719 個韻段。通過做詞譜,觀察用韻情況,歸納押韻特徵,並與同時期的韻文材料比較,可將其作者所屬時代,晚推至宋。(《合肥師範學院學報》2010 年第 5 期)

54. 管子二十四卷

舊本題管仲〔一〕（？～前 645）撰。

劉恕《通鑑外紀》引《傅子》曰：「管仲之書，過半便是後之好事者所加，乃說管仲死後事，《輕重篇》尤復鄙俗。」〔二〕葉適《水心集》亦曰：「《管子》非一人之筆，亦非一時之書，以其言毛嬙、西施、吳王好劍推之，當是春秋末年。」〔三〕今考其文，大抵後人附會多於仲之本書。其他姑無論，即仲卒於桓公之前，而篇中處處稱桓公。其不出仲手，已無疑義矣。〔四〕

書中稱《經言》者九篇，稱《外言》者八篇，稱《內言》者九篇，稱《短語》者十九篇，稱《區言》者五篇，稱《雜篇》者十一篇，稱《管子解》者五篇，稱《管子輕重》者十九篇。意其中孰為手撰，孰為記其緒言如語錄之類，孰為述其逸事如家傳之類，孰為推其義旨如箋疏之類，當時必有分別。觀其五篇明題《管子解》者，可以類推。必由後人混而一之，致滋疑竇耳。

晁公武《讀書志》曰：「劉向所校本八十六篇，今亡十篇。」考李善注陸機《猛虎行》曰：「江遂《文釋》引《管子》云：『夫士懷耿介之心，不蔭惡木之枝。惡木尚能恥之，況與惡人同處。』今檢《管子》近亡數篇，恐是亡篇之內而遂見之。」〔五〕則唐初已非完本矣。明梅士享所刊，又復顛倒其篇次。如以《牧民解》附《牧民篇》下，《形勢解》附《形勢篇》下之類，不一而足。彌為竄亂失真。

此本為萬曆壬午（1582）趙用賢所刊，稱由宋本翻雕〔六〕。前有紹興己未（1139）張嶪後跋云：「舛脫甚眾，頗為是正。」用賢序又云：「正其脫誤者，逾三萬言。」則屢經點竄，已非劉向所校之舊，然終愈於他氏所妄更者，在近代猶善本也。

舊有房玄齡（578～648）注，晁公武以為尹知章所託〔七〕。然考《唐書‧藝文志》，玄齡注《管子》不著錄，而所載有尹知章注《管子》三十卷。則知章本未託名，殆後人以知章人微，玄齡名重，改題之以炫俗耳。案：《舊唐書》，知章，絳州翼城人，神龍初，官太常博士。睿宗即位，拜禮部員外郎，轉國子博士。有《孝經注》《老子注》，今並不傳。惟此注藉玄齡之名以存。其文淺陋，頗不足採。

然蔡絛《鐵圍山叢談》，載蘇軾、蘇轍同入省試，有一題，軾不得其出處，轍以筆一卓，而以口吹之，軾因悟出《管子注》〔八〕。則宋時亦採以命題試士

矣。且古來無他注本，明劉績所補注，亦僅小有糾正，未足相代，故仍舊本錄之焉。〔九〕（《四庫全書總目》卷一百一）

【注釋】

〔一〕【作者研究】梁啟超撰《管子評傳》（《諸子集成》本）。

〔二〕【史源】劉恕《通鑑外紀》卷一：「《傅子》云：『管仲之書，過半便是後之好事所加，乃說管仲死後事，其《輕重篇》尤復鄙俗。』孔穎達曰：『世有《管子》書，或是後人所錄，故知《六韜》稱三皇，《周禮》稱三皇五帝，及管氏書皆雜孔子後人之語，校其歲月，非本書也。先秦之書存於今者，《周書》《老子》《曾子》《董子》《慎子》《鄧析子》《尹文子》《孫子》《吳子》《尉繚子》，皆不言三皇、五帝、三王，《論語》《墨子》稱三代，《左氏傳》《國語》《商子》《孟子》《司馬法》《韓非子》《燕丹子》稱三王，《穀梁傳》《荀卿子》《鬼谷子》《亢倉子》稱五帝，《亢倉子》又稱明皇聖帝。』孔穎達云：『《穀梁傳》漢初始作，不見經文，故多妄言。』陸德明云：『穀梁赤乃後代傳聞。』案：漢、隋、唐書無《亢倉子》。《新唐書·藝文志》云：『天寶元年詔號《亢桑子》為《洞靈真經》，求之不獲，襄陽處士王士元謂莊子作《庚桑子》，太史公列子作《亢倉子》，其實一也，取諸子文義類者補其亡。』封演云：『王巨源採《莊子·庚桑楚》篇義，補葺分為九篇，云其先人於山中得古本，奏上之，敕付學士詳議，疑不實，竟不施行。今《亢桑子》三卷是也。惟《文子》《列子》《莊子》《呂氏春秋》《五經緯》始稱三皇，《鶡冠子》稱九皇。』案：《文子》稱墨子，而《列子》稱魏文侯，《墨子》稱吳起，皆周安王時人，去孔子沒百年矣。《藝文志》：『《鶡冠子》一篇，楚人居深山，以鶡為冠。』唐世嘗辨此書後出，非古《鶡冠子》。今書三卷十五篇，稱劇辛，似與呂不韋皆秦始皇時人，其文淺意陋，非七國時書。《藝文志》云：文子，老子弟子，孔子並時，非也。莊子又在列子後，與文、列皆寓言，誕妄不可為據。秦漢學者，宗其文詞富美，論議辯博，故競稱三皇五帝，而不究古無其人，仲尼未嘗道也。漢夏侯勝、眭孟之徒，以道術立名，其所述著無讖一言。劉向父子校定九流，亦無讖錄，故知讖緯起於哀平間，假託鬼神，妄稱祥瑞，王莽好符命，光武以圖讖興，俗儒趨時，其學遂盛，乃云孔子既敘《六經》，恐後世不能稽同其意，別立緯讖，而《春秋元命包》稱公輸班、墨翟，又言益州（今屬四川）。案：班翟在仲尼之後，漢武帝始置益州。《春秋讖》云：『堯使共工理水。』《詩讖》云：『蚩尤敗，然後堯受命。』前後顛倒，咸與經傳不合，故

名儒以為祆妄亂中庸之典。司馬遷、孔安國皆仕漢武帝，遷據《穀梁傳》《荀卿子》等稱五帝，不敢信《文》《列》《莊子》《呂氏春秋》稱三皇，見百家，言黃帝，《左氏傳》傳言高陽、高辛氏，《書》始堯舜，而當時大儒董仲舒亦云，推神農為九皇，改號軒轅，謂之黃帝，因存帝顓頊、帝嚳、帝堯、帝舜為五帝，遷故作《五帝本紀》，孔安國為博士，考正古文，獨見《周禮》，據外史掌三皇五帝之書，《左傳》云：『左史倚相能讀三墳、五典、八索、九邱。』史克曰：『少皞氏有不才子郯子，曰我高祖少皞，摯之立也。』安國以《周禮》為古文，而不知《周禮》經周末、秦、漢增損，偽妄尤多，故《尚書序》云：『伏犧、神農、黃帝之書謂之三墳，少昊、顓頊、高辛、唐虞之書謂之五典。』孔穎達云：『三墳之書，在五典之上，數與三皇相當，墳又大名，與皇義相類，故云三皇之書。』堯舜典是二帝之典，推此而上，則五帝當五典。三墳五典，已經芟夷，存者二典而已。《書緯》云：帝嚳以上樸略難傳，唐虞以來煥炳可法，禪讓之首，至周五代，此皆無所稽據，穿鑿妄說耳。史克又云縉雲氏，郯子又云共工氏，豈皆帝乎？論者以《世本》《帝系》《大戴禮》《五帝德》《家語》《宰我問》與《史記》本紀同以黃帝為五帝，則三皇乃少一人，故《甄耀度》以燧人，《白虎通》以祝融，或以共工同犧農為三皇。鄭玄注《中侯救省圖》，引《運斗樞》以伏犧、女媧、神農為三皇，軒轅、少昊、高陽、高、辛、陶唐、有虞六代為五帝，德合北辰，得天皇之氣者皆稱皇，協五帝座星者皆稱帝，故三皇三而五帝六也。梁武帝以伏犧、神農、燧人為三皇，黃帝、少皞、顓頊、帝嚳、帝堯為五帝，而曰舜非三王亦非五帝，與三王為四代而已。鄭及諸儒自相譏病其指不通。《世本》經秦歷漢儒者改易，《大戴禮》出於《世本》，《家語》王肅私定，以難鄭玄，故有冉有問孔子三皇五帝不用五刑。案：孔子時未有語三皇五帝言者，皆周末秦已後偽書耳。馬昭云：『《家語》，王肅增加，非鄭玄所見。』孔穎達云：王肅欲《家語》與經傳符同，故彊為之辭，冀合其說，所言雖同司馬遷，而不足為遷之助。」

〔三〕【辨偽】宋葉適《習學記言》卷四十五「管子」條：「《管子》非一人之筆，亦非一時之書。莫知誰所為，以其言毛嬙、西施，吳王好劍推之，當是春秋末年。又持滿定傾不為人客等語，亦種、蠡所遵用也。其時固有師傳，而漢初學者講習尤著。賈誼、晁錯以為經本，故司馬遷謂『讀管氏書，詳哉其言之也』。篇目次第，最為整比，乃漢世行書。至成、哀間，向歆論定群籍，古文大盛，學者雖疑信未明，而管氏、申、韓由此稍絀矣。然自昔相承，直云此

是齊桓、管仲相與謀議，唯諾之辭，余每惜晉人集諸葛亮事，而今不存。使管子施設果傳於世，士之淺心既不能至周、孔之津涯，隨其才分，亦足與立。則管仲所親嘗經紀者，豈不足為之標指哉！惟夫山林處士，妄意窺測，藉以自名，王術始變，而後世信之，轉相疏剔，幽蹊曲徑，遂與道絕。而此書方為申韓之先驅，軼斯之初覺，民罹其禍，而不蒙其福也，哀哉！然則管仲所行，安得為晏子所非乎？齊卒以此亡，若管仲果行之，而乃以此霸，又可信乎？孔子以小器卑管仲，責其大者可也，使其果猥瑣為市人，不肯為之術，孔子亦不暇責矣。故管子之尤謬妄者，無甚於《輕重》諸篇。」

司馬按，宋袁燮《絜齋集》卷七《讀管子》與此完全相同。館臣將葉適之文誤作袁燮之文，輯佚時不慎竄入偽文。筆者擬另文討論。

〔四〕【辨偽】王應麟《漢書藝文志考證》卷六：「石林葉氏曰：其間頗多與《鬼谷子》相亂，《管子》自序其事，亦泛濫不切，疑皆戰國策士相附益。蘇氏《古史》謂多申韓之言，非管子之正也。甚者以智欺其民，以術傾鄰國，有不貲之寶，石壁菁茅之謀，使管仲而信然，尚何以霸哉？」馮友蘭認為：「先秦諸子書，大都是一個學派的著作總集。管子是一個實際的政治家，並不代表一個學派。這部書並不是某一個學派的著作的總集，而是許多學派的著作的總集。所以這部書跟《墨子》等書比較起來，有性質的不同。《管子》可能是齊國稷下學者的著作總集。」白奚撰《稷下學研究》（三聯書店 1998 年版）。

〔五〕【史源】《文選》卷二十八陸士衡《猛虎行》：「渴不飲盜泉水，熱不息惡木陰。惡木豈無枝，志士多苦心。」《尸子》曰：「孔子至於勝母，莫矣而不宿；過於盜泉，渴矣而不飲，惡其名也。」江邃《文釋》云：「管子曰：『夫士懷耿介之心，不蔭惡木之枝。惡木尚能恥之，況與惡人同處。』今檢《管子》近亡數篇，恐是亡篇之內，而邃見之。」（《繹史》卷四十四之一、陳厚耀《春秋戰國異辭》卷十五所引皆同。）

〔六〕【版本】瞿氏鐵琴銅劍樓藏宋刊本《管子》最為善本，《四部叢刊》本即據此影印。今按，潘景鄭《陳碩甫手校本管子》云：「《管子》宋本凡二：一為紹興二十二年瞿源蔡潛道宅刊十三行二十三字本；一為隆興二年張嵲序十二行二十四字本。蔡本舊藏吾邑任蔣橋顧竹君家，原缺卷十三至十九。」（《著硯樓讀書記》第 309 頁）陳奐跋明萬曆十年趙用賢刊本：「北宋《管子》向藏黃蕘翁家，舊缺自十三卷之十九卷，影抄補足。蕘翁歿，其書盡歸汪君閬源家。己丑九月，王懷祖先生囑抄，乃向汪氏借錄。奐對勘之餘，作《辨誤》一卷，

與《雜志》複者削之，得六十餘則。因自過錄於明刻劉績本。明刻錯誤極多，乃知宋本之足貴。今為蘭鄰先生之屬，錄於此本，其誤希少，蓋此本亦胎於善本者矣。」郭培元識語曰：「明趙用賢刊《管子》，其時在萬曆十年，乃趙留意二十年始得善本校刊者。校印中博考群書，改動處達三萬餘言，可見用力之偉，後人引為定本，良有因也。」（《芷蘭齋書跋初集》第 112〜118 頁）又按，《管子集校》的《序錄》詳論版本。

〔七〕【辨偽】《郡齋讀書志》卷十一：《管子》二十四卷。右劉向所定，凡八十六篇，今亡十篇。世稱齊管仲撰。杜佑《指略序》云：「唐房玄齡注。其書載管仲將沒，對桓公之語，疑後人續之。而注頗淺陋，恐非玄齡，或云尹知章也。」管仲九合諸侯，以尊王室，而三歸反坫，僭擬邦君，是以孔子許其仁，而陋其不知禮。議者以故謂仲但知治人而不知治己。予讀仲書，見其謹政令，通商機均力役，盡地利，既為富強，又頗以禮義廉恥化其國俗。如《心術》《白心》之篇，亦嘗側聞正心誠意之道。其能一匡天下，致君為五伯之盛，宜矣。其以汰侈聞者，蓋非不知之，罪在於志意易滿，不能躬行而已。孔子云爾者，大抵古人多以不行禮為不知禮，陳司敗譏昭公之言亦如此。然則其為書固無不善也，後之欲治者庶幾之，猶可以制四夷而安中國，學者何可忽哉！因為是正其文字而辨其間訓云。

今按，尹知章（？〜718），唐絳州翼城（今屬山西）人。卒年五十餘，門人為之立碑頌德。

〔八〕【史源】《鐵圍山叢談》卷二。

〔九〕【整理與研究】《管子》一書文義奧賾，向稱難讀，古來無他注本，唐代始有尹知章注本，明代劉績續有補注。清朝考證之學勃興，乾嘉諸老中如王念孫《讀書雜志》有《管子》校理之記錄，洪頤煊撰《管子義證》八卷（傳經堂本），晚清戴望撰《管子校正》二十四卷（《諸子集成》本），宋翔鳳撰《管子識誤》一卷（原刻本），張佩綸撰《管子學》（影印原稿本）。王欣夫發現戴望《管子校正》「竟宋、明不分，移甲作乙，紛紜迷離，不可究詰，深有校而不正之歎」。（《蛾術軒篋存善本書錄》第 1586〜1589 頁）郭沫若、聞一多、許維遹撰《管子集校》（科學出版社 1956 年版，另有《新編諸子集成》本）。羅根澤撰《管子探源》（中華書局 1931 年版），胡家聰撰《管子新探》（中國社會科學出版社 1995 年版），黎翔鳳撰《管子校注》（中華書局 2004 年版），萬英敏、龍婷婷合撰《管子管理哲學思想研究》（經濟日報出版社 2017 年版），

耿振東撰《管子學史》（商務印書館 2018 年版），戰化軍撰《管子其人其書及管氏家族研究》（齊魯書社 2019 年版），郭麗撰《管子版本研究通論》（齊魯書社 2019 年版），張豔麗撰《管子思想研究通論》（齊魯書社 2019 年版），孫繼成、楊紀榮合撰《管子境外研究通論》（齊魯書社 2019 年版），姜濤撰《管子匯校集釋》（山東人民出版社 2019 年版），魏承思撰《管子解讀：領導的智慧》（上海人民出版社 2020 年版），蔡保興撰《管子治國思想研究》（中國社會科學出版社 2020 年版）。

55. 商子五卷

舊本題秦商鞅〔一〕（約前 390～前 338）撰。鞅事蹟具《史記》。鞅封於商，號商君。

故《漢志》稱《商君》二十九篇。《三國志・先主傳注》亦稱《商君書》。其稱《商子》，則自《隋志》始也。陳振孫《書錄解題》云：「《漢志》二十九篇，今二十八篇，已亡其一。」晁公武《讀書志》則云：「本二十九篇，今亡者三篇。」《讀書志》成於紹興二十一年（1151），既云已闕三篇。《書錄解題》成於宋末，乃反較晁本多二篇。蓋兩家所錄，各據所見之本，故多寡不同歟？此本自更法至定分，目凡二十有六，似即晁氏之本。然其中第十六篇、第二十一篇又皆有錄無書，則並非宋本之舊矣。《史記》稱讀鞅《開塞》書，在今本為第七篇，文義甚明。而司馬貞作《索隱》，乃妄為之解，為晁公武所譏。知其書唐代不甚行，故貞不及睹。又《文獻通考》引《周氏涉筆》，以為鞅書多附會後事，疑取他詞，非本所論著〔二〕。然周氏特據文臆斷，未能確證其非。

今考《史記》稱秦孝公卒，太子立，公子虔之徒告鞅欲反，惠王乃車裂鞅以徇。則孝公卒後，鞅即逃死不暇，安得著書？如為平日所著，則必在孝公之世，又安得開卷第一篇即稱孝公之諡？殆法家者流掇鞅餘論，以成是編，猶管子卒於齊桓公前，而書中屢稱桓公耳。諸子之書，如是者多。既不得撰者之主名，則亦姑從其舊，仍題所託之人矣。〔三〕（《四庫全書總目》卷一百一）

【注釋】

〔一〕【作者研究】麥孟華撰《商君評傳》（《諸子集成》本），鄭良樹撰《商君評傳》（南京大學出版社 2002 年版）。

〔二〕【史源】《文獻通考》卷二百十二《周氏涉筆》曰：「《商鞅書》亦多附會後事，擬取他辭，非本所論著也。其精確切要處，《史記》列傳包括已盡，今所存大

抵泛濫淫辭，無足觀者，蓋有地不憂貧，有民不憂弱，凡此等語，殆無幾也。此書專以誘耕、督戰為根本。今云使商無得糴，農無得糶。農無糶，則竄惰之農勉。商無糴，則多歲不加樂。夫積而不糶不耕者，誠困矣，力田者何利哉？暴露如邱山，不時焚燒，無所用之。《管子》謂積多而食寡，則民不力，不知當時何以為餘粟地也。貴酒肉之價重，其租令十倍，其樸則商估少，而農不酤，然則酒肉之用廢矣。凡《史記》所不載，往往為書者所附合，而未嘗通行者也。秦方興時，朝廷官爵豈有以貨財取者，而賣權者以求貨，下官者以冀遷，豈孝公前事耶？」

〔三〕【整理與研究】清嚴萬里校正五卷本，向推善本（光緒二年浙江書局本）。朱師轍撰《商君書解詁》（中華書局 1956 年版），蔣禮鴻撰《商君書錐指》（中華書局 1986 年版），王時潤撰《商君書集解》（廣益書局 1936 年版），東籬子解譯《商君書全鑒》（中國紡織出版社 2020 年版）。

56. 韓子二十卷〔一〕

周韓非〔二〕（約前 280～前 233）撰。

《漢書·藝文志》載《韓子》五十五篇，張守節《史記正義》引阮孝緒《七錄》載《韓子》二十卷，篇數、卷數皆與今本相符。惟王應麟《漢藝文志考〔證〕》作五十六篇〔二〕，殆傳寫字誤也。其注不知何人作。考元至元三年（1266）何犿本稱：「舊有李瓚注，鄙陋無取，盡為削去（云云）。」則注者當為李瓚。然瓚為何代人〔三〕，犿未之言。王應麟《玉海》已稱《韓子注》不知誰作，諸書亦別無李瓚注《韓子》之文，不知犿何所據也。犿本僅五十三篇，其序稱內佚《姦劫》一篇、《說林下》一篇及《內儲說下·六微》內「似煩」以下數章。

明萬曆十年（1582），趙用賢購得宋槧，與犿本相校，始知舊本《六微篇》之末尚有二十八條，不止犿所云數章。《說林下篇》之首尚有「伯樂教二人相踶馬」等十六章，諸本佚脫其文，以《說林上篇》「田伯鼎好士章」逕接此篇。《蠱有蛔章·和氏篇》之末自「和雖獻璞而未美，未為玉之害也」以下脫三百九十六字。《姦劫篇》之首自「我以清廉事上」以上脫四百六十字，其脫葉適在兩篇之間，故其次篇標題與文俱佚。傳寫者各誤以下篇之半連於上篇，遂求其下篇而不得，其實未嘗全佚也。

　　今世所傳又有明周孔教所刊大字本，極為清楷。其序不著年月，未知在用賢本前後。考孔教舉進士在用賢後十年，疑所見亦宋槧本，故其文均與用賢本同，無所佚闕。今即據以繕錄，而校以用賢之本。

　　考《史記》非本傳稱，非見韓削弱，數以書諫韓王，韓王不能用。悲廉直不容於邪枉之臣，觀往者得失之變，故作《孤憤》《五蠹》《內外儲說》《說林》《說難》十餘萬言。又云人或傳其書至秦，秦王見其《孤憤》《五蠹》之書。則非之著書，當在未入秦前。《史記·自敘》所謂韓非囚秦，《說難》《孤憤》者，乃史家駁文，不足為據。今書冠以《初見秦》，次以《存韓》，皆入秦後事，雖似與《史記》自敘相符，然《傳》稱韓王遣非使秦，秦王悅之，未信用。李斯、姚賈害之，下吏治非。李斯使人遺之藥，使自殺，計其間未必有暇著書。且《存韓》一篇，終以李斯駁非之議，及斯上韓王書。其事與文，皆為未畢。疑非所著書本各自為篇，非歿之後，其徒收拾編次，以成一帙。故在韓、在秦之作，均為收錄。並其私記未完之稿，亦收入書中。名為非撰，實非非所手定也。以其本出於非，故仍題非名，以著於錄焉。〔四〕（《四庫全書總目》卷一百一）

【注釋】

〔一〕【書名】韓非本稱韓子，這部書也本稱《韓子》。在唐朝，韓愈也稱韓子。唐朝人為了避免混亂，韓非改稱韓非子，這部書也改稱《韓非子》。（《中國哲學史史料學》第 59 頁）

〔二〕【作者研究】施覺懷撰《韓非評傳》（南京大學出版社 2002 年版）。

〔三〕【史源】《漢藝文志考證》卷六。

〔四〕【李瓚】宗閔之子也。李宗閔，太和中為相。

〔五〕【整理與研究】王先慎撰《韓非子集解》（中華書局 1998 年版），陳啟天撰《韓非子校釋》（上海書店 1996 年《民國叢書》本），陳奇猷撰《韓非子集釋》（上海人民出版社 1984 年版）、《韓非子新校注》（上海古籍出版社 2000 年版）。梁啟雄撰《韓子淺解》（中華書局 1960 年版），注釋簡要，可作讀本用。王兆麟撰《韓非子新探》（中國書籍出版社 2019 年版），謝無量撰《韓非子研究》（北京理工大學出版社 2020 年版），周勳初撰《韓非子校注》修訂本（鳳凰出版社 2020 年版）。

57. 齊民要術十卷

後魏賈思勰撰。思勰，始末未詳〔一〕。惟知其官為高平太守而已。

自序稱：「起自耕農，終醯醢，資生之樂，靡不畢書，凡九十二篇。」今本乃終於《五穀果蓏非中國物者》。自序又稱：「商賈之事，闕而不錄。」今本《貨殖》一篇乃列於第六十二，莫知其義。中第三十篇為《雜說》，而卷端又列雜說數條，不入篇數。一名再見，於例殊乖。其詞亦鄙俗不類，疑後人所竄入。然陳振孫《書錄解題》稱其「治生之道，不仕則農」為名言，正見於卷端《雜說》中，則宋本已有之矣。思勰序不言作注，亦不云有音。今本句下之注，有似自作，然多引及顏師古者。考《文獻通考》載李燾《孫氏齊民要術音義解釋序》曰：「賈思勰著此書，專主民事。又旁摭異聞，多可觀，在農家最嶢然出其類。奇字錯見，往往艱讀。今運使、秘丞孫公為之音義，解釋略備。其正名小物，蓋與揚雄、郭璞相上下，不但借助於思勰也。」〔二〕則今本之注，蓋孫氏之書，特《宋·藝文志》不著錄，其名不可考耳。董穀《碧里雜存》〔三〕以注中一石當今二斗七升之文，疑其與魏時長安童謠「百升飛上天」句不合。案：斛律光，齊人，非魏人，此語殊誤。蓋未知注非思勰作也。〔四〕

錢曾《讀書敏求記》云：「嘉靖甲申（1524），刻《齊民要術》於湖湘，首卷簡端《周書》曰云云，原係細書夾註，今刊作大字。毛晉《津逮秘書》亦然。」今以第二篇至六十篇之例推之，其說良是。蓋唐以前書，文詞古奧，校勘者不盡能通。輾轉訛脫，因而訛異，固亦事所恒有矣。〔五〕（《四庫全書總目》卷一百二）

【注釋】

〔一〕【作者研究】郭文韜撰《賈思勰評傳》（南京大學出版社 2001 年版）。據推測，賈思勰的生卒年約在 488～556 年之間。

〔二〕【史源】《文獻通考》卷二百十八引，又見王承略教授《李燾學行詩文輯存》第 139 頁。

〔三〕【碧里雜存】明董穀撰。是書雜記瑣聞，多齊東之語。甚至以禮部壁上所見「讀書須努力，寫字莫糊塗」之句，為雜之少陵集中，亦不可辨，尤不可解也。（《四庫全書總目》卷一百四十三）今按，董穀字碩甫，浙江海鹽人。正德丙子舉人，授安義知縣，改漢陽。

〔四〕【辨偽】萬股鼎、西山武一認為，《雜說》是唐代人加入的。詳見《賈思勰評傳》第 104～110 頁。

〔五〕【整理與研究】陸心源《儀顧堂題跋》卷六《原本王禎農書跋》云：「徵引古書，多本《齊民要術》，而不著所出，已開明人剽竊之習。惟《要術》久無善本，訛脫幾不可讀，當藉此書校正之。」（第 80 頁）《齊民要術》徵引古籍164 種，因此乾嘉諸老無不下工夫讀《齊民要術》，以便尋找文獻證據。涵芬樓 1922 年將《齊民要術》列入《四部叢刊》。石聲漢先生撰《齊民要術今釋》《從〈齊民要術〉看中國古代的農業科學知識》（科學出版社 1957 年版），李長年撰《齊民要術研究》（農業出版社 1959 年版），繆啟愉撰《齊民要術校釋》（中國農業出版社 1982 年第一版、1998 年第二版）、《齊民要術導讀》（巴蜀書社 1982 年版）。日本學者對《齊民要術》作過較多研究，並成立了專門的「技術史研究會」。1929 年小出滿二發表《齊民要術版本考》，1944 年西山武一正式提出「賈學」，1957〜1959 年出版《校訂譯注齊民要術》上下兩冊，1978 年天野元之助發表《後魏賈思勰〈齊民要術〉之研究》。歐美學者也很重視《齊民要術》，已經被翻譯成英文和德文。李小平撰《齊民要術雙音詞研究》（南京大學出版社 2015 年版），孫金榮撰《齊民要術研究》（中國農業出版社 2015 年版），繆啟愉、繆桂龍撰《齊民要術》（北京圖書館出版社 2017 年版），蔡英明、蔡中撰《〈齊民要術〉與現代農業果菜技術創新》（中國農業科學技術出版社 2017 年版），王樂義、信俊仁撰《〈齊民要術〉與蔬菜產業發展》（中國農業科學技術出版社 2017 年版），胡國慶撰《〈齊民要術〉與現代農業區劃》（中國農業科學技術出版社 2017 年版），信善林、孔雪華撰《〈齊民要術〉與林果栽培》（中國農業科學技術出版社 2017 年版），郭龍文、解延年、郭聰撰《〈齊民要術〉與漁業生產》（中國農業科學技術出版社 2017 年版），薛彥斌、楊潔撰《〈齊民要術〉在中外農學史上的地位和貢獻研究》（中國農業科學技術出版社 2017 年版），李興軍撰《〈齊民要術〉之農學文化思想內涵研究及解讀》（中國農業科學技術出版社 2017 年版），孫有華、王煥新撰《〈齊民要術〉之飲食文化研究兼及「齊民大宴」製作》（中國農業科學技術出版社 2017 年版），楊錫林、葛汝鳳撰《〈齊民要術〉之農具沿革研究》（中國農業科學技術出版社 2017 年版），劉效武、陳偉華撰《〈齊民要術〉之語言特色研究》（中國農業科學技術出版社 2017 年版），孫仲春、葛懷聖、李瑞成《〈齊民要術〉成書歷史背景研究》（中國農業科學技術出版社 2017 年版），楊現昌撰《〈齊民要術〉之中外版本述略》（中國農業科學技術出版社 2017 年版），劉長政撰《〈齊民要術〉之疑難字詞研究及解析》（中國農業科學技術

出版社 2017 年版），朱振華撰《〈齊民要術〉之糧食作物名稱釋讀》（中國農業科學技術出版社 2017 年版），夏光順、李法增、劉西萍撰《〈齊民要術〉與現代畜牧業》（中國農業科學技術出版社 2017 年版），楊潔、薛彥斌撰《〈齊民要術〉的傳承與研究》（中國農業科學技術出版社 2017 年版），胡立業、魏棹撰《〈齊民要術〉與副業生產》（中國農業科學技術出版社 2017 年版），高玉婷撰《〈齊民要術〉語言釋考》（中國社會科學出版社 2020 年版），李潤生撰《〈齊民要術〉農業詞彙系統研究》（中華書局 2020 年版）。

58. 農書三卷附蠶書一卷

此書影宋抄本題曰陳旉（1076～？）撰。《宋史·藝文志》亦同。陳振孫《書錄解題》作西山隱居全真子陳雩撰，未詳何人〔一〕。《永樂大典》所載則作陳敷。考《漢郊祀歌》朱明旉與，顏師古注曰：「旉，古敷字。」《永樂大典》蓋改古文從今文。陳氏作雩，則字形相近而誤也。

首有自序，佚其前二頁〔二〕。末有洪興祖後序及旉自跋。興祖序稱：「西山陳居士，於『六經』、諸子百家之書，釋老氏、黃帝神農氏之學，貫穿出入，往往成誦。下至術數小道，亦精其能。平生讀書，不求仕進。所至即種藥治圃以自給。」又稱其紹興己巳（1149）年七十四，則南北宋間處士也。自跋稱：「此書成於紹興十九年（1149），真州雖曾刊行，而當時傳者失其真，首尾顛倒，意義不貫者甚多。又為或人不曉旨趣，妄自刪改，徒事締章繪句，而理致乖越。故取家藏副本，繕寫成帙，以待當世之君子，採取以獻於上。」則興祖所刊之本，有所點竄，旉蓋不以為然。其自序又稱：「此書非騰口空言、誇張盜名如《齊民要術》《四時纂要》迂疏不適用之比。」其自命殊高。

今觀其書，上卷泛言農事，中卷論養牛，下卷論養蠶。大抵泛陳大要，引經史以證明之。虛論多而實事少，殊不及《齊民要術》之典核詳明。遽詆前人，殊不自量。然所言亦頗有入理者。宋人舊帙，久無刊本，姑存備一家可也。〔三〕

末有《蠶書》一卷，宋秦湛撰。湛字處度，高郵人，秦觀之子也。所言蠶事頗詳。《宋志》與旉書各著錄，不知何人綴旉書後，合為一編。其說與旉書下篇可以互相補苴，今亦仍並錄之焉。（《四庫全書總目》卷一百二）

【注釋】

〔一〕【史源】《直齋書錄解題》卷十。

〔二〕【陳旉自序】孔子曰：「蓋有不知而作者，我無是也。多聞，擇其善者而從之；多見而識之，以言聞見，雖多必擇其善者，乃從而識其不善者也。若徒知之雖多，曾何足用？」文中子曰：「蓋有慕名掠美攘善矜能盜譽而作者，其取譏後世寧有已乎？若葛抱朴之論神仙，陶隱居之疏本草，其謬悠之說，荒唐之論，取誚後世，不可勝紀矣。」僕之所述，深以孔子「不知而作」為可戒，文中子「慕名而作」為可恥。與夫葛抱朴、陶隱居之述作，皆在所不取也。此蓋敘述先聖人仁民愛物之志，固非騰口空言，誇張盜名如《齊民要術》《四時纂要》迂疏不適用之比也，實有補於來世云爾。自念人微言輕，雖能為可信可用，而不能使人必信必用也。惟藉仁人君子能取信於人者，以利天下之心為心，庶能推而廣之，以行於此時，而利後世，少裨吾聖君賢相財成之道，輔相之宜，以左右斯民，則旉飲天和，食地德，亦少效物職之宜，不虛為太平之幸老爾。

今按，《四時纂要》唐韓鄂撰。按季節分月列舉農家應做事宜，凡 698 條，為當時實用性較強的農業生產、生活知識簡明彙編。現傳世本出於日本發現的朝鮮刻本。1981 年農業出版社出版《四時纂要校釋》。

〔三〕【整理與研究】萬國鼎撰《陳旉農書校注》（中國農業出版社 1965 年版），劉銘校撰《陳旉農書校釋》（中國農業出版社 2015 年版）。

59. 農桑輯要七卷

元世祖時官撰頒行本也。

前有至元十年（1273）翰林學士王磐序〔一〕，稱：「詔立大司農司，不治他事，專以勸課農桑為務。行之五六年，功效大著。農司著公又慮夫播植之宜，蠶繅之節，未得其術，於是徧求古今農家之書，刪其繁重，撮其切要，纂成一書，鏤為版本進呈，將以頒布天下（云云）。」案《元史》，司農設於至元七年（1270），分布勸農官，巡行郡邑，察舉農事成否，達於戶部，以殿最牧民長官〔二〕。史又稱世祖即位之初，首詔天下崇本抑末，於是頒《農桑輯要》之書於民〔三〕。均與王磐所言合。惟至元七年至十年，不足五六年之數。磐蓋據建議設官之始約略言之耳。焦竑《國史經籍志》、錢曾《讀書敏求記》皆作七卷，《永樂大典》所載僅有二卷，蓋編纂者所合併，非有闕佚。《永樂大典》又有至順三年（1330）印行萬部官牒。蘇天爵《元文類》又載有蔡文淵序一篇〔四〕，稱延祐元年（1314），仁宗特命刊版於江浙行省。明宗、文宗復申命頒布。蓋有元一代，以是書為經國要務也。

書凡分典訓、耕墾、播種、栽桑、養蠶、瓜菜、果實、竹木、藥草、孳畜
十門。大致以《齊民要術》為藍本，芟除其浮文瑣事，而雜採他書以附益之。
詳而不蕪，簡而有要，於農家之中，最為善本。當時著為功令，亦非漫然矣。
〔五〕（《四庫全書總目》卷一百二）

【注釋】

〔一〕【王磐序】見四庫本卷首。今按，王磐（1202～1293），字文炳，號鹿庵，河
北永年人。

〔二〕〔三〕【史源】《元史》卷九十三「農桑」。

〔四〕【蔡文淵序】農為天下之大本，有國家者所當先務。蓋宗廟之粢盛，軍國之
經用，生民之衣食，皆於是乎出。故古之王者親耕籍田，以為農先，俾人知
務本，盡力南畝，而基太平之治也。（《元文類》卷三十六）

〔五〕【整理與研究】石聲漢撰《農桑輯要校注》（中國農業出版社 1982 年版、中
華書局 2014 年版），繆啟愉撰《元刻〈農桑輯要〉校釋》（農業出版社 1988
年版），馬宗申撰《農桑輯要譯注》（上海古籍出版社 2010 年版）。

今按，《農桑輯要》中國元代初年司農司編纂的綜合性農書，成書於至
元十年（1273），是我國現存最早的一部政府編撰的農業生產指導書。共七卷
十篇。除了第一篇「典訓」是用「歷史資料」來說明農本思想，可作為「總
論」之外，剩餘的九篇，全都是技術資料：「耕墾」是土地整理利用總述；「播
種」是穀物、油料、纖維三類基本農作物的耕作栽培各論；「栽桑」「養蠶」
兩篇指導蠶絲生產；接著是「瓜菜」「果實」「竹木」「藥草」「孳畜」，最後附
有一章「歲用雜事」，即每月應做事項。我國北方一般旱農地區，農業和副業
生產所需的各方面和重要項目，已經大致包括無遺，是一部實用價值很高的
農書。

60. 農政全書六十卷

明徐光啟〔一〕（1562～1633）撰。光啟有《詩經六帖》，已著錄。

是編總括農家諸書〔二〕，裒為一集。凡《農本》三卷，皆經史百家有關民
事之言，而終以明代重農之典。次《田制》二卷，一為井田，一為歷代之制。
次《農事》六卷，自營制開墾以及授時占候，無不具載。次《水利》九卷，備
錄南北形勢，兼及灌溉器用諸圖譜。後六卷則為《泰西水法》。考《明史》光
啟本傳，光啟從西洋人利瑪竇學天文、曆算、火器，盡其術。崇禎元年（1628），

又與西洋人龍華民、鄧玉函、羅雅谷等同修《新法曆書》，故能傳得其一切捷巧之術，筆之書也。次為《農器》四卷，皆詳繪圖譜，與王楨之書相出入。次為《樹藝》六卷，分穀、蓏、蔬、果四子目。次為《蠶桑》四卷。又《蠶桑廣類》二卷。廣類者，木棉、麻苧之屬也。次為《種植》四卷，皆樹木之法。次為《牧養》一卷，兼及養魚、養蜂諸細事。次為《製造》一卷，皆常需之食品。次為《荒政》十八卷，前三卷為《備荒》，中十四卷為《救荒本草》，末一卷為《野菜譜》，亦類附焉。

其書本末咸該，常變有備。蓋合時令、農圃、水利、荒政數大端，條而貫之，匯歸於一。雖採自諸書，而較諸書各舉一偏者，特為完備。《明史》稱光啟編修《兵機》《屯田》《鹽筴》《水利》諸書，又稱其負經濟才，有志用世，於此書亦略見一斑矣。〔三〕（《四庫全書總目》卷一百二）

【注釋】

〔一〕【作者研究】方豪撰《徐光啟》（重慶勝利出版社 1944 年版），羅光撰《徐光啟傳》（臺灣傳記文學出版社 1960 年版），王重民撰《徐光啟》（上海人民出版社 1981 年版），梁家勉撰《徐光啟年譜》（上海古籍出版社 1981 年版，李天綱增補，上海古籍出版社，2011 年版），傳記文學雜誌社編《徐光啟傳》（傳記文學出版社 1982 年版），陳衛平、李春勇合撰《徐光啟評傳》（南京大學出版社 2006 年版）。

〔二〕【總括農家諸書】輯錄徵引有關農學文獻 225 種，系統總結了十七世紀以前我國農學的豐富經驗，是一部古代農學的百科全書。閔宗殿認為，《農政全書》對發展我國農學的貢獻有二：系統總結了南方稻田的旱作技術，全面總結了棉花和番薯的栽培經驗。

〔三〕【整理與研究】孫復撰《徐光啟和〈農政全書〉》（中華書局 1959 年版），康成懿撰《〈農政全書〉徵引文獻探原》（農業出版社 1960 年版），石聲漢先生撰《農政全書校注》（上海古籍出版社 1979 年版、中華書局 2020 年版）。

61. 黃帝素問二十四卷 〔一〕

唐王冰〔二〕（710～804）注。

《漢書·藝文志》載《黃帝內經》十八篇，無《素問》之名。後漢張機《傷寒論》引之，始稱《素問》。晉皇甫謐《甲乙經序》稱《針經》九卷、《素問》九卷，皆為《內經》。與《漢志》十八篇之數合，則《素問》之名起於漢、

晉間矣，故《隋書・經籍志》始著錄也。然《隋志》所載只八卷，全元起所注已闕其第七。

冰為寶應中人，乃自謂得舊藏之本，補足此卷。宋林億等校正，謂《天元紀大論》以下，卷帙獨多，與《素問》餘篇絕不相通，疑即張機《傷寒論序》所稱《陰陽大論》之文，冰取以補所亡之卷。理或然也。其《刺法論》《本病論》則冰本亦闕，不能復補矣。冰本頗更其篇次，然每篇之下必注全元起本第幾字，猶可考見其舊第〔三〕。所注排抉隱奧，多所發明。其稱大熱而甚寒之不寒，是無水也；大寒而甚熱之不熱，是無火也。無火者不必去水，宜益火之源以消陰翳；無水者不必去火，宜壯水之主以鎮陽光。遂開明代薛己諸人探本命門之一法，其亦深於醫理者矣。

冰名見《新唐書・宰相世系表》，稱為京兆府〔四〕參軍，林億等引《人物志》謂冰為太僕令，未知孰是。然醫家皆稱王太僕，習讀億書也。其名，晁公武《讀書志》作王砅〔五〕。《杜甫集》有《贈重表侄王砅詩》，亦復相合。然唐、宋《志》皆作冰，而世傳宋槧本亦作冰字，或公武因杜詩而誤歟？〔六〕（《四庫全書總目》卷一百三）

【注釋】

〔一〕【書名】《四庫全書》題作《黃帝內經素問》。

〔二〕【王冰】字仲邱，自號啟玄子。注《黃帝素問》二十四卷，又注《靈樞經》九卷，撰《攝生纂錄》一卷、《天元玉策》三十卷、《素問六氣玄珠密語》十卷。

今按，元戴良《九靈山房集》卷二十七《滄洲翁傳》：「《天元玉冊元誥》十卷，不知何人所作。歷漢至唐，諸藝文志俱不載錄。其文自與《內經》不類，非戰國時書。其間有『天真皇人，昔書其文，若道正無為，先天有之，太易無名，先於道生』等語，皆老氏遺意，意必老氏之徒所著。大要推原五運六氣、上下臨御、主客勝復、政化淫正，及三元、九宮、太乙、司政之類，殊為詳明，深足以羽翼《內經》。《六微旨》《五常政》等篇，太元君扁鵲為之注，猶郭象之於南華，非新學之所易曉觀。其經注一律，似出一人之手。謂扁鵲為黃帝時人，則其書不古；謂扁鵲為秦越人，則傳中無太玄君之號。醫門效託，率多類此。《玄珠密語》十卷乃啟玄子所述。其自序謂得遇玄珠子而師事之，與我啟蒙，故自號啟玄子，蓋啟問於玄珠也。目曰《玄珠密語》，乃玄珠子密而口授之言也。及考王氏《素問序》，乃云辭理秘密難粗論述者，別撰《玄珠》以陳其道，二序政自相戾意者。玄珠之名，

取諸蒙莊子所謂『黃帝遺玄珠，使罔象得之』之語，則師事玄珠子，而號啟玄者皆妄也。宋高保衡等校正內經乃云：詳王氏《玄珠》，世無傳者。今之《玄珠》乃後人附託之文耳。雖非王氏之書，亦於《素問》十九卷、二十四卷頗有發明。余嘗合《素問》觀之，而《密語》所述乃六氣之說，與高氏所指諸卷全不侔，疑必刊傳者所誤也。原其所從，蓋攟摭《內經》六微旨及至真要等五篇，洎《天元玉冊》要言，而附會雜說，其諸紀運休祥之應未必可徵，實偽書也。苟啟玄別撰果見於世，又豈止述氣運一端而已。覽者取其長而去其短可也。」

〔三〕【校正黃帝內經素問序】及隋楊上善纂而為《太素》，時則有全元起者始為之《訓解》，闕第七一通。迄唐寶應中，太僕王冰篤好之，得先師所藏之卷，大為次注，由是三皇遺文爛然可觀。

〔四〕【京兆府】唐府名。武德元年（618）置雍州。開元元年（713）改京兆府，治長安。

〔五〕【史源】《郡齋讀書志》卷十五。

〔六〕【整理與研究】山東中醫學院、河北醫學院合編《黃帝內經素問校釋》（人民衛生出版社 1982 年版），郭藹春撰《黃帝內經素問校注語譯》（天津科學技術出版社 1981 年版），郭靄春撰《黃帝內經素問校注》（人民衛生出版社 2013 年版、中國中醫藥出版社 2020 年版），張燦玾撰《黃帝內經素問語釋》（山東科學技術出版社 2017 年版），牛淑平撰《黃帝內經素問校詁研究》（北京科學技術出版社 2017 年版），錢超塵、錢會南撰《金刻本黃帝內經素問校注考證》（學苑出版社 2017 年版），郭朝印撰《黃帝內經素問精義》（中醫古籍出版社 2017 年版），王育林、翟雙慶主編《黃帝內經素問纂義》（學苑出版社 2018 年版），徐文兵補校《重廣補校黃帝內經素問》（人民衛生出版社 2019 年版），蘇穎撰《黃帝內經素問直譯》（中國中醫藥出版社 2020 年版）。

62. 靈樞經十二卷

案：晁公武《讀書志》曰：王冰謂《靈樞》即《漢志》《黃帝內經》十八卷之九，或謂好事者於皇甫謐所集《內經倉公論》中抄出之，名為古書，未知孰是。〔一〕又李濂《醫史》載元呂復《群經古方論》曰：「《內經》《靈樞》，漢、隋、唐《志》皆不錄。隋有《針經》九卷，唐有靈寶注《黃帝九靈經》十二卷而已。或謂王冰以《九靈》更名為《靈樞》，又謂《九靈》尤詳於針，故皇甫

謐名之為《針經》。苟一經而二名，不應《唐志》別出《針經》十二卷。」〔二〕
是《靈樞》不及《素問》之古，宋、元人已言之矣。

近時杭世駿《道古堂集》亦有《靈樞經跋》曰：「《七略》《漢·藝文志》：
《黃帝內經》十八篇，皇甫謐以《針經》九卷、《素問》九卷合十八篇當之。
《隋書·經籍志》：《針經》九卷，《黃帝九靈》十二卷。是《九靈》自《九靈》，
《針經》自《針經》，不可合而為一也。王冰以《九靈》名《靈樞》，不知其何
所本。余觀其文義淺短，與《素問》之言不類，又似竊取《素問》而鋪張之，
其為王冰所偽託可知。後人莫有傳其書者。至宋紹興中，錦官史崧乃云家藏
舊本《靈樞》九卷，除已具狀經所屬申明外，準使府指揮依條申轉運司，選官
詳定，具書送秘書省國子監。是此書至宋中世而始出，未經高保衡、林億等
校定也。其中《十二經水》一篇，黃帝時無此名，冰特據身所見而妄臆度之
（云云）。」其考證尤為明晰。〔三〕

然李杲精究醫理，而使羅天益作《類經》，兼採《素問》《靈樞》，呂復亦
稱善學者當與《素問》並觀，其旨義互相發明。蓋其書雖偽，而其言則綴合古
經，具有源本，譬之梅賾古文，雜採逸書，聯成篇目。雖牴牾罅漏，贋託顯
然，而先王遺訓，多賴其搜輯以有傳，不可廢也。〔四〕

此本前有紹興乙亥（1155）史崧序，稱「舊本九卷八十一篇，增修《音釋》
附於卷末」。又目錄首題鼇峰熊宗立點校重刊，末題原二十四卷今並為十二卷。
是此本為熊氏重刊所併。呂復稱史崧並是書十二卷，以復其舊，殆誤以熊本
為史本歟？（《四庫全書總目》卷一百三）

【注釋】

〔一〕【史源】《郡齋讀書志》卷十五。

〔二〕【史源】孫承澤《春明夢餘錄》卷五十七。

〔三〕【考證】陸心源《儀顧堂題跋》卷七《靈樞經跋》：「《靈樞》即《針經》，見於
《漢·藝文志》。皇甫謐《甲乙經序》並非後出。靈寶注以針有九名，改為九
靈。又以十二經絡分為十二卷。王砅又因九靈之名而改為靈樞。其名益雅，
其去古益遠，實一書也。請列五證以明之。（下略）」（第83～84頁）

〔四〕【整理與研究】河北醫學院編《靈樞經校釋》（人民衛生出版社1982年版），
郭靄春撰《黃帝內經靈樞經校注語譯》（天津科學技術出版社1989年版），
陳忠仁撰《靈樞經直譯》（中醫古籍出版社2001年版），沈澍家撰《靈樞經詳
注集釋》（學苑出版社2002年版），於莉英撰《四庫全書〈黃帝內經·靈樞

經〉校注本》（江蘇科技出版社 2008 年版），吳顥昕編著《靈樞經白話解讀》（湖南科學技術出版社 2010 年版），田代華、劉更生撰《靈樞經校注》（人民軍醫出版社 2011 年版），劉衡如校《靈樞經校勘本》（人民衛生出版社 2013年版），任廷革主編《任應秋講〈黃帝內經靈樞經〉》（中國中醫藥出版社 2014年版），朱燕中撰《本輸針灸〈靈樞經〉學用解難》（遼寧科學技術出版社 2015年版），張秀琴校注《靈樞經》（中國醫藥科技出版社 2019 年版），陳賢平撰《南宋本〈靈樞經〉校勘注釋》（上海科學普及出版社 2019 年版），胥榮東撰《靈樞經講解》（中國科學技術出版社 2020 年版）。

63. 難經本義二卷

周秦越人撰，元滑壽（1304～1386）注。越人即扁鵲，事蹟具《史記》本傳。壽字伯仁，《明史·方技傳》稱為許州（今河南許昌）人，寄居鄞縣〔一〕。案：朱右《攖寧生傳》曰：「世為許州襄城大家，元初，祖父官江南，自許徙儀真，而壽生焉。」又曰：「在淮南曰滑壽，在吳曰伯仁氏，在鄞越曰攖寧生。」〔二〕然則許乃祖貫，鄞乃寄居，實則儀真人也。壽卒於明洪武中，故《明史》列之《方技傳》。然戴良《九靈山房集》有懷滑攖寧詩曰：「海日蒼涼兩鬢絲，異鄉飄泊已多時。欲為散木留官道，故託長桑說上池。蜀客著書人豈識，韓公賣藥世偏知。道途同是傷心者，只合相從賦黍離。」〔三〕則壽亦抱節之遺老，託於醫以自晦者也。是書首有張翥〔四〕序，稱「壽家去東垣近，早傳李杲之學」〔五〕。《攖寧生傳》則稱：「學醫於京口王居中，學針法於東平高洞陽。」考李杲足跡未至江南，與壽時代亦不相及。翥所云云，殆因許近東垣。附會其說歟？

《難經》八十一篇，《漢·藝文志》不載，隋、唐《志》始載《難經》二卷，秦越人著，吳太醫令呂廣嘗注之。則其文當出三國前。廣書今不傳，未審即此本否？然唐張守節注《史記·扁鵲列傳》所引《難經》悉與今合。則今書猶古本矣。其曰《難經》者，謂經文有疑，各設問難以明之。其中有此稱經云，而《素問》《靈樞》無之者，則今本《內經》傳寫脫簡也。其文辨析精微，詞致簡遠，讀者不能遽曉。故歷代醫家多有注釋。壽所採摭凡十一家，今惟壽書傳於世。

其書首列《匯考》一篇，論書之名義源流。次列《闕誤總類》一篇，記脫文誤字。又次《圖說》一篇，皆不入卷數。其注則融會諸家之說，而以己意折

衷之。辯論精覈，考證亦極詳審。《攖寧生傳》稱：「《難經》本《靈樞》《素問》之旨，設難釋義。其間榮衛〔六〕部位，臟府脈法，與夫經絡腧穴，辨之博矣，而闕誤或多，愚將本其旨義，注而讀之。」即此本也。壽本儒者，能通解古書文義，故其所注，視他家所得為多云。〔七〕（《四庫全書總目》卷一百三）

【注釋】

〔一〕【史源】《明史》卷二百九十九。

〔二〕【史源】程敏政《明文衡》卷五十九。

〔三〕【九靈山房集】戴良撰。戴良世居金華山下，自號九靈山人，故以名其集。通行有《四部叢書》影印明正統十年（1445）戴統刻本、《叢書集成》本等。

〔四〕【張翥】（1287～1368），字仲舉，號蛻庵。有《蛻庵集》傳世。

〔五〕【張翥《難經本義序》】醫之為道聖矣，自神農氏，凡草木金石可濟。夫夭死札瘥，悉列諸經，而《八十一難》，自秦越人，推本軒岐、鬼臾區之書，發難析疑，論辯精詣，鬼神無遁情，為萬世法，其道與天地並立，功豈小補也哉！

〔六〕【榮衛】沈曾植《榮衛並以氣言》云：榮，大血脈管也。衛，微絲管也。大血脈管即《內經》絡脈，微絲管即《內經》孫絡，其循肌理以案之，則衛淺而榮深也。榮衛並以氣言，後人專以屬氣，因而專以血屬榮，謬矣。（《海日樓題跋》第 161 頁）

〔七〕【整理與研究】周發撰《難經本義校注》（河南科學技術出版社 2015 年版）

64. 甲乙經八卷 〔一〕

晉皇甫謐（215～282）撰。謐有《高士傳》，已著錄。

是編皆論針灸之道。《隋書·經籍志》稱《黃帝甲乙經》十卷，注曰音一卷，梁十二卷。不著撰人姓名。考此書首有謐自序稱：「《七略》《藝文志》：《黃帝內經》十八卷，今有《針經》九卷，《素問》九卷，二九十八卷，即《內經》也。又有《明堂孔穴》《針灸治要》，皆黃帝、岐伯選事也。三部同歸，文多重複，錯互非一。甘露中，吾病風，加苦聾，百日方治，案：此四字文義未明，疑有脫誤，今仍舊本錄之，謹附識於此。要皆淺近，乃撰集三部，使事類相從。刪其浮詞，除其重複，至為十二卷案：至字文義未明，亦疑有誤。（云云）。」是此書乃裒合舊文而成，故《隋志》冠以黃帝。然刪除謐名，似乎黃帝所自作，則於文為謬。《舊唐書·經籍志》稱《黃帝三部針經》十三卷，始著謐名。然較梁本多一卷，其並音一卷計之歟？《新唐書·藝文志》既有《黃帝

甲乙經》十二卷，又有皇甫謐《黃帝三部針經》十三卷。兼襲二《志》之文，則更舛誤矣。

書凡一百一十八篇。內《十二經脈絡脈支別篇》《疾形脈診篇》《針灸禁忌篇》《五臟傳病發寒熱篇》《陰受病發痹篇》《陽受病發風篇》各分上下。《經脈篇》《六經受病發傷寒熱病篇》各分上、中、下。實一百二十八篇。句中夾註，多引楊上達《太素經》、孫思邈《千金方》、王冰《素問注》、王惟德《銅人圖》，參考異同。其書皆在謐後。蓋宋高保衡、孫奇、林億等校正所加，非謐之舊也。考《隋志》有《明堂孔穴》五卷，《明堂孔穴圖》三卷，《唐志》有《黃帝內經明堂》十三卷，《黃帝十二經脈明堂五臟圖》一卷，《黃帝十二經明堂偃側人圖》十二卷，《黃帝明堂》三卷，又楊上善《黃帝內經明堂類成》十三卷，楊元孫《黃帝明堂》三卷。今並亡佚，惟賴是書存其精要。且節解章分，具有條理，亦尋省較易。至今與《內經》並行，不可偏廢，蓋有由矣。〔二〕

（《四庫全書總目》卷一百三）

【注釋】

〔一〕【書名】庫書題作《針灸甲乙經》。

〔二〕【整理與研究】周琦校注《針灸甲乙經》（中國醫藥科技出版社 2019 年版）。

65. 金匱要略論注二十四卷

漢張機（約 148～219）撰，國朝徐彬注。機字仲景，南陽（今屬河南）人。嘗舉孝廉。建安中官至長沙太守。

是書亦名《金匱玉函經》〔一〕，乃晉高平王叔和〔二〕所編次。陳振孫《書錄解題》曰：「此書乃王洙於館閣蠹簡中得之，曰《金匱玉函要略》，上卷論傷寒，中論雜病，下載其方，並療婦人，乃錄而傳之。今書以逐方次於證候之下，以便檢用。其所論傷寒，文多簡略，故但取雜病以下，止服食禁忌二十五篇二百六十二方，而仍其舊名（云云）。」〔三〕則此書叔和所編，本為三卷。洙抄存其後二卷，後又以方一卷，散附於二十五篇內。蓋已非叔和之舊。然自宋以來，醫家奉為典型，與《素問》《難經》並重。得其一知半解，皆可以起死回生，則亦岐、黃之正傳，和、扁之嫡嗣矣。

機所作《傷寒卒病論》，自金成無己之後，注家各自爭名，互相竄改。如宋儒之談錯簡，原書端緒，久已瞀亂難尋。獨此編僅僅散附諸方，尚未失其初旨，尤可寶也。漢代遺書，文句簡奧，而古來無注，醫家猝不易讀。

彬注成於康熙辛亥（1671），注釋尚為顯明。今錄存之，以便講肄。彬字忠可，嘉興人，江西喻昌之弟子，故所學頗有師承云。〔四〕（《四庫全書總目》卷一百三）

【注釋】

〔一〕【史源】《文獻通考》作《金匱玉函經》八卷。

〔二〕【考證】沈曾植云：「王叔和，相傳以為東晉人，今考之，非也。當是晉初人，非東晉人也。」（《海日樓札叢》第157頁）

〔三〕【史源】《直齋書錄解題》卷十三。

〔四〕【整理與研究】申洪硯撰《傷寒論金匱要略成書年代考證》（中醫古籍出版社2019年版），張麗豔主編《金匱要略精解》（遼寧大學出版社2019年版），楊雷利主編《圖解金匱要略》（黑龍江科學技術出版社2020年版），戴錦成主編《〈金匱要略〉詮釋與臨床》（福建科學技術出版社2020年版），李成衛主編《八步法學懂〈金匱要略〉》（中國醫藥科技出版社2020年版），郭靄春、王玉興撰《金匱要略校注語譯》（中國中醫藥出版社2020年版），龐鶴撰《金匱要略講稿》（中國中醫藥出版社2020年版）。

66. 傷寒論注十卷附傷寒明理論三卷論方一卷傷寒論十卷

《傷寒論》十卷，漢張機〔一〕（約148～219）撰，晉王叔和編，金成無己注。《明理論》三卷，《論方》一卷，則無己所自撰，以發明機說者也。叔和，高平人，官太醫令。無己，聊攝人，生於宋嘉祐、治平間。後聊攝地入於金，遂為金人。至海陵王正隆丙子，年九十餘尚存。見開禧元年（1205）歷陽張孝忠跋中。明吳勉學刻此書，題曰宋人，誤也。

《傷寒論》前有宋高保衡、孫奇、林億等校上序，稱：「開寶中節度使高繼沖〔二〕曾編錄進上。其文理舛錯，未能考正。國家詔儒臣校正醫書，今先校定仲景《傷寒論》十卷，總二十二篇，合三百九十七法，除重複，定有一百一十三方，案：一十三，原本誤作一十二，今改正。今請頒行。」又稱：「自仲景於今八百餘年，惟王叔和能學之（云云）。」而明方有執作《傷寒論條辨》，則詆叔和所編與無己所注，多所改易竄亂，並以《序例》一篇為叔和偽託而刪之。

國朝喻昌作《尚論篇》，於叔和編次之舛、序例之謬及無己所注、林億等所校之失，攻擊尤詳，皆重為考定，自謂復長沙之舊本。其書盛行於世，而王氏、成氏之書遂微。然叔和為一代名醫，又去古未遠，其學當有所受。無己於

斯一帙，研究終身，亦必深有所得。似未可概從屏斥，盡以為非。夫朱子改《大學》為一經十傳，分《中庸》為三十三章，於學者不為無裨。必以為孔門之舊本如是，則終無確證可憑也。今《大學》《中庸》列朱子之本於學官，亦列鄭玄之本於學官，原不偏廢，又烏可以後人重定此書，遂廢王氏、成氏之本乎？

　　無己所作《明理論》凡五十篇，又《論方》二十篇，於君臣佐使之義，闡發尤明。嚴器之序稱：「無己撰述傷寒義，皆前人未經道者。指在定體分形析證，若同而異者明之，似是而非者辨之。釋戰慄有內外之診，論煩躁有陰陽之別。讞語鄭聲，令虛實之灼知。四逆與厥，使淺深之類明（云云）。」其推挹甚至。張孝忠跋亦稱：「無己此二集自北而南，先以紹興庚戌得《傷寒論注》十卷於醫士王光廷家。後守荊門，又於襄陽訪得《明理論》四卷，因為刊版於郴山。」則在當時固已深重其書矣。（《四庫全書總目》卷一百三）

【注釋】

〔一〕【作者研究】鄭建明撰《張仲景評傳》（南京大學出版社 2001 年版）。

〔二〕【高繼沖】（938 或 943～973），五代荊南國君。公元 962～963 年在位。

〔三〕【整理與研究】朱祐武撰《宋本傷寒論匯校》（湖南科學技術出版社 1982 年版），范登脈撰《宋本傷寒論匯校》（中國紡織出版社 2020 年版），錢超塵撰《宋本傷寒論文獻史論》（學苑出版社 2015 年版），鄒勇主編《傷寒論鏡鑒》（科學技術文獻出版社 2020 年版）。

67. 肘後備急方八卷

　　晉葛洪〔一〕（約 281～341）撰。洪字稚川，句容（今屬江蘇鎮江市）人。元帝為丞相時，辟為掾。以平賊功，賜爵關內侯，遷散騎常侍。自乞出為句漏令，後終於羅浮山，年八十一。事蹟具《晉書》本傳。

　　是書初名《肘後卒救方》。梁陶弘景〔二〕補其闕漏，得一百一首，為《肘後百一方》。金楊用道又取唐慎微《證類本草》諸方附於《肘後隨證》之下，為《附廣肘後方》。元世祖至元間，有烏某者得其本於平鄉郭氏，始刻而傳之。段成己為之序〔三〕，稱葛、陶二君共成此編，而不及楊用道。此本為明嘉靖中襄陽知府呂容所刊，始並列葛、陶、楊三序於卷首〔四〕。書中凡楊氏所增，皆別題「附方」二字，列之於後，而葛、陶二家之方則不加分析，無可辨別。案《隋書‧經籍志》：「葛洪《肘後方》六卷，梁二卷，陶弘景《補闕肘後百一

方》九卷，亡。」《宋史‧藝文志》止有葛書而無陶書。是陶書在隋已亡，不應元時復出。又陶書原目九卷，而此本合楊用道所附，只有八卷，篇帙多寡，亦不相合。疑此書本無《百一方》在內，特後人取弘景原序冠之耳。

　　書凡分五十一類，有方無論，不用難得之藥，簡要易明。雖頗經後來增損，而大旨精切，猶未盡失其本意焉。〔五〕（《四庫全書總目》卷一百三）

【注釋】

〔一〕【作者研究】匡亞明、盧央撰《葛洪評傳》（南京大學出版社 2006 年版），劉
　　　　固盛等撰《陶弘景論集》（華中師範大學出版社 2003 年版）。臺北天一出版
　　　　社編有《葛洪傳記資料》。

〔二〕【陶弘景】王家葵撰《陶弘景叢考》（齊魯書社 2003 年版），鍾國發撰《陶弘
　　　　景評傳》（南京大學出版社 2005 年版）。

〔三〕【肘後備急方序】見四庫本卷首。

〔四〕【三序】皆不見於四庫本卷首。

〔五〕【整理與研究】古求知等撰《肘後備急方校注》（中醫古籍出版社 2015 年版），
　　　　沈澍農撰《肘後備急方校注》（人民衛生出版社 2016 年版），劉小斌、魏永明
　　　　撰《肘後備急方全本校注與研究》（廣東科技出版社 2018 年版），梅全喜《葛
　　　　洪〈肘後備急方〉研究》（中國中醫藥出版社 2018 年版）。

68. 千金要方九十三卷

　　唐孫思邈〔一〕（541～682）撰。思邈，華原（今陝西耀縣）人。《唐書‧隱逸傳》稱：「其少時，周洛州刺史獨孤信稱為聖童。及長，隱居太白山。隋文帝（541～604）輔政，以國子博士徵，不起。」〔二〕則思邈生於周朝，入隋已長。然盧照鄰《病梨樹賦序》稱：「癸酉歲於長安見思邈，自雲開皇辛酉歲生，今年九十二。」〔三〕則思邈生於隋朝。照鄰乃思邈之弟子，記其師言，必不妄。惟以《隋書》考之，開皇紀號凡二十年，止於庚申，次年辛酉，已改元仁壽，與史殊不相符。又由唐高宗咸亨四年癸酉上推九十二年，為開皇二年壬寅（582），實非辛酉。干支亦不相應。然自癸酉上推九十三年，正得開皇元年辛丑（583）。蓋《照鄰集》傳寫訛異，以辛丑為辛酉，以九十三為九十二也。史又稱思邈卒於永淳元年（682），年百餘歲。自是年上推至開皇辛丑（581），正一百二年，數亦相合。則生於後周，隱居不仕之說，為史誤審矣。

　　思邈嘗謂：「人命至重，貴於千金。一方濟之，德逾於此。」故所著方書以「千金」名。凡診治之訣，針灸之法，以至導引、養生之術，無不周悉。猶慮有闕遺，更撰《翼方》輔之。考晁、陳諸家著錄，載《千金方》《千金翼方》各三十卷。錢曾《讀書敏求記》所載卷數亦同。又謂宋仁宗命高保衡、林億等校正刊行，後列《禁經》二卷。合二書計之，止六十二卷。此本增多三十一卷，疑後人並為一書，而離析其卷帙。葉夢得《避暑錄話》稱：「思邈作《千金前方》時已百餘歲，妙盡古今方書之要。獨傷寒未之盡，似未盡通仲景之言，故不敢深論。後三十年，案：百餘歲及後三十年之說，皆因仍舊誤，今姑仍原本錄之。作《千金翼》，論傷寒者居半，蓋始得之。其用志精審不苟如此（云云）。」〔四〕則二書本相因而作，亦相濟為用，合之亦未害宏旨也。〔五〕

　　《太平廣記》載思邈曾救昆明池龍，得龍宮仙方三十首，散入《千金方》各卷之中〔六〕。蓋小說家附會之談，固無足深辨焉。〔七〕（《四庫全書總目》卷一百三）

【注釋】

〔一〕【作者研究】錢超塵等撰《孫思邈研究集成》（中醫古籍出版社 2006 年版），干祖望先生撰《孫思邈評傳》（南京大學出版社 1995 年版）。今按，干書第六章第四、五節辨偽部分極為精確（第 254～2269 頁）。

〔二〕【史源】《舊唐書》卷一百九十一。

〔三〕【史源】《盧昇之集》卷一。

〔四〕【史源】《避暑錄話》卷上。

〔五〕【千金翼方】為《備急千金要方》的補編，故稱「翼方」。收方劑二千餘首。《千金翼方》有 1955 年人民衛生出版社影印本。朱邦賢撰《千金翼方校注》（上海古籍出版社 1996 年版）。今按，或謂《千金翼方》非孫思邈所著。干祖望《孫思邈年譜》將此書繫於 681 年條下（見《孫思邈評傳》第 396 頁）。

〔六〕【史源】《太平廣記》卷二十一。

〔七〕【整理與研究】李景榮等撰《備急千金要方校釋》（人民衛生出版社 1997 年版），高文柱撰《備急千金要方校注》（學苑出版社 2016 年版）。

　　　今按，日本米澤市立圖書館藏宋刊本《千金要方》，被確認為「日本重要文化財」（《日本藏漢籍珍本追蹤紀實》第 292 頁）。

69. 本草綱目五十二卷

明李時珍〔一〕(1518~1593)撰。時珍字東璧,蘄州(今湖北蘄春)人。官楚王府奉祠正。事蹟具《明史‧方技傳》。

是編取神農以下諸家本草,薈萃成書,復者芟之,闕者補之,訛者糾之,凡二十六部,六十二類,一千八百八十二種。每藥標正名為綱,附釋名為目,次以集解、辨疑、正誤,次以氣味、主治附方。其分部之例,首水火,次土,次金石,次草穀菜果木,次服器,次蟲鱗介禽獸,終之以人。前有圖三卷。又序例二卷,百病主治藥二卷,於陰陽標本君臣佐使之論,最為詳析。考諸家本草,舊有者一千五百一十八種,時珍所補者又三百七十四種。搜羅群籍,貫串百氏。自謂歲歷三十,書採八百餘家,稿凡三易,然後告成者,非虛語也。

其書初刻於萬曆間,王世貞為之序〔二〕。其子建元又獻之於朝,有《進疏》一篇冠於卷首〔三〕。至國朝順治間,錢塘吳毓昌重訂付梓〔四〕,於是業醫者無不家有一編。《明史‧方技傳》極稱之,蓋集本草之大成者無過於此矣。〔五〕
(《四庫全書總目》卷一百四)

【注釋】

〔一〕【作者研究】李裕等撰《李時珍和他的科學貢獻》(湖北科學技術出版社 1985年版),錢遠銘等在撰《李時珍研究》(廣東科技出版社 1984 年版),錢毅撰《李時珍與本草綱目》(上海人民出版社 1973 年版),齊苔撰《李時珍與本草綱目》(中華書局 1982 年版),唐明邦先生撰《李時珍評傳》(南京大學出版社 1991 年版),王劍撰《李時珍學術研究》(中醫古籍出版社 1996 年版),錢超塵等撰《李時珍研究集成》(中醫古籍出版社 2003 年版),史世勤等整理《李時珍全集》(湖北教育出版社 2004 年版)。

〔二〕【王世貞序】……楚蘄陽李君東璧,一日過予弇山園謁予,留飲數日……解其裝,無長物,有《本草綱目》數十卷。謂予曰:「時珍,荊楚鄙人也。幼多羸疾,質成鈍椎;長耽典籍,若啖蔗飴,遂漁獵群書,搜羅百氏,凡子史經傳,聲韻農圃,醫卜星相,樂府諸家,稍有得處,輒著數言。古有《本草》一書,自炎皇及漢、梁、唐、宋,下迨國朝,注解群氏舊矣。第其中舛繆差訛遺漏不可枚數,乃敢奮編摩之志,僭纂述之權。歲歷三十稔,書考八百餘家,稿凡三易。復者芟之,闕者緝之,訛者繩之。舊本一千五百一十八種,

今增藥三百七十四種，分為一十六部，著成五十二卷。雖非集成，亦粗大備，僭名曰《本草綱目》，願乞一言，以託不朽。」予開卷細玩，每藥標正名為綱，附釋名為目，正始也；次以集解、辯疑、正誤，詳其土產形狀也；次以氣味、主治、附方，著其體用也。上自墳典，下及傳奇，凡有相關，靡不備採。如入金谷之園，種色奪目；如登龍君之宮，寶藏悉陳；如對冰壺玉鑒，毛髮可指數也。博而不繁，詳而有要，綜覈究竟，直窺淵海。茲豈僅以醫書觀哉！實性理之精微，格物之通典，帝王之秘籙，臣民之重寶也。（下略）

〔二〕【進疏】仍冠於四庫本卷首。

〔三〕【史源】見於四庫本卷首。

〔四〕【整理與研究】在南京的私人刻書家胡承龍的刻印下，在李時珍死後的第 3 年（1596 年），《本草綱目》出版，是為金陵本，刻印精良，被後世奉為祖本。公元 1603 年，江西本《本草綱目》問世，這是第一次翻刻本。《本草綱目》在國內至今有 60 多種版本。公元 1606 年《本草綱目》首先傳入日本，1647 年波蘭人彌格來中國，將《本草綱目》譯成拉丁文流傳歐洲，後來又先後譯成日、朝、法、德、英、俄等文字。劉衡如、劉山永撰《本草綱目》新校注本（華夏出版社 1998 年版），唐明邦先生撰《本草綱目導讀》（巴蜀書社 1989 年版），王鍵主編《本草綱目易知錄》（北京科學技術出版社 2019 年版），張文傑編著《彩色圖解本草綱目》（廣東科技出版社 2019 年版），劉衡如、劉山永、錢超塵、鄭金生編著《本草綱目研究》（華夏出版社 2019 年版），鄭金生、張志斌《〈本草綱目〉引文溯源》（龍門書局 2019 年版），張清編著《〈本草綱目〉養生智慧》（天津科學技術出版社 2019 年版）。

70. 景岳全書六十四卷

明張介賓〔一〕（1563～1640）撰。

是書首為《傳忠錄》三卷，統論陰陽六氣及前人得失；次《脈神章》三卷，錄診家要語；次為《傷寒典》《雜證謨》《婦人規》《小兒則》《痘疹詮》《外科鈐》，凡四十一卷，又《本草正》二卷，採藥味三百種，以人參、附子、熟地、大黃為「藥中四維」，更推人參、地黃為「良相」，大黃、附子為「良將」；次《新方》二卷、《古方》九卷，皆分八陣：曰補，曰和，曰寒，曰熱，曰固，曰因，曰攻，曰散，又別輯《婦人小兒痘疹外科方》四卷終焉。

其命名皆沿明末纖佻之習，至以傷寒為典，雜證為謨，既僭經名，且不符字義，尤為乖謬。其持論則謂金、元以來河間劉守真立諸病皆屬於火之論，丹溪朱震亨立「陽有餘陰不足」及「陰虛火動」之論，後人拘守成方，不能審虛實，寒涼攻伐，動輒貽害，是以力救其偏。謂人之生氣以陽為主，難得而易失者惟陽，既失而難復者亦惟陽，因專以溫補為宗，頗足以糾鹵莽滅裂之弊，於醫術不為無功。至於沿其說者，不察證候之標本，不究氣血之盛衰，概補概溫，謂之王道，不知誤施參、桂，亦足戕人。則矯枉過直，其失與寒涼攻伐等矣。大抵病情萬變，不主一途，用藥者從病之宜，亦難拘一格。必欲先立一宗旨，以統括諸治，未有不至於偏者。

元許衡〔二〕《魯齋集》有《論梁寬甫病證書》曰：「近世諸醫，有主易州張氏者，有主河間劉氏者。張氏用藥，依準四時陰陽而增損之，正《內經》四氣調神之義。醫而不知此，妄行也。劉氏用藥，務在推陳致新，不使少有拂鬱，正造化新新不停之義。醫而不知此，無術也。然而主張氏者或未盡張氏之妙，則瞑眩之劑，終不敢投，至失幾後時而不救者多矣。主劉氏者或未悉劉氏之蘊，則劫效目前，陰損正氣，貽禍於後日者多矣。能用二家之長，而無二家之弊，則治庶幾乎？」〔三〕其言至為明切。

夫扶陽抑陰，天之道也。然陰之極至於「龍戰」，陽之極亦至於「亢龍」，使六陰盛於《坤》，而一陽不生於《復》，則造化息矣。使六陰盛於《乾》，而一陰不生於《姤》，則造化亦息矣。《素問》曰：「亢則害，承乃制。」聖人立訓，其義至精。知陰陽不可偏重，攻補不可偏廢，庶乎不至除一弊而生一弊也。〔四〕（《四庫全書總目》卷一百四）

【注釋】

〔一〕【張介賓】字會卿，號景岳，山陰（今浙江紹興）人。醫學思想上張景岳屬溫補學派，喜用熟地和溫補方藥，人稱「張熟地」。

〔二〕【許衡】（1209～1281），字仲平，號魯齋。懷州河內（今河南沁陽）人。事蹟具《元史》本傳。袁國藩有《元許魯齋評述》（臺灣商務印書館 1972 年版）。

〔三〕【史源】《魯齋遺書》卷八《與李才卿等論梁寬甫病症書》。

〔四〕【整理與研究】清葉桂、陳念祖撰《景嶽全書發揮·景岳新方砭》（人民衛生出版社 2017 年版）。王玉興主編《景岳全書精編》（中國中醫藥出版社 2015 年版）。

71. 周髀算經二卷音義一卷

案《隋書·經籍志》天文類，首列《周髀》一卷，趙嬰注。又一卷，甄鸞重述。《唐書·藝文志》，李淳風釋《周髀》二卷，與趙嬰、甄鸞之注，列之天文類。而歷算類中復列李淳風注《周髀算經》二卷。蓋一書重出也。

是書內稱：「周髀長八尺，夏至之日，晷一尺六寸。」〔一〕蓋髀者，股也，於周地立八尺之表，以為股，其影為句，故曰「周髀」。其首章周公與商高問答，實句股之鼻祖。故《御製數理精蘊》載在卷首而詳釋之，稱為成周六藝之遺文〔二〕。榮方問於陳子以下，徐光啟謂為千古大愚。今詳考其文，惟論南北影差，以地為平遠，復以平遠測天，誠為臆說。然與本文已絕不相類，疑後人傳說而誤入正文者。如《夏小正》之經傳參合，傅崧卿未訂以前，使人不能讀也。其本文之廣大精微者，皆足以存古法之意，開西法之源。如書內以璇璣一晝夜環繞北極一周而過一度，冬至夜半璇璣起北極下子位，春分夜半起北極左卯位，夏至夜半起北極上午位，秋分夜半起北極右酉位，是為璇璣四遊所極，終古不變。以七衡六間測日躔發斂，冬至日在外衡，夏至日在內衡，春、秋分在中衡。當其衡為「中氣」，當其間為「節氣」，亦終古不變。古「蓋天」之學，此其遺法。蓋「渾天」如毬，寫星象於外，人自天外觀天。「蓋天」如笠，寫星象於內，人自天內觀天，笠形半圓，有如張蓋，故稱「蓋天」。合地上地下兩半圓體，即天體之渾圓矣。其法失傳已久，故自漢以迄元、明皆主渾天。明萬曆中，歐邏巴人入中國，始別立新法，號為精密。然其言地圓，即《周髀》所謂地法覆槃，滂沱四隤而下也。其言南北里差，即《周髀》所謂北極左右，夏有不釋之冰，物有朝生暮獲；中衡左右，冬有不死之草，五穀一歲再熟，是為寒暑推移，隨南北不同之故。及所謂春分至秋分，極下常有日光，秋分至春分，極下常無日光，是為晝夜永短，隨南北不同之故也。其言東西里差，即《周髀》所謂東方日中，西方夜半；西方日中，東方夜半。晝夜易處，如四時相反，是為節氣合朔，加時早晚，隨東西不同之故也。又李之藻以西法制《渾蓋通憲》〔三〕，展晝短規使大於赤道規，一同《周髀》之展外衡使大於中衡。其《新法〔曆〕〔算〕書》〔四〕述第谷以前西法，三百六十五日四分日之一，每四歲之小餘成一日，亦即《周髀》所謂三百六十五日者三，三百六十六日者一也。西法出於《周髀》，此皆顯證。特後來測驗增修，愈推愈密耳。《明史》曆志，謂堯時宅西居昧谷，疇人子弟散入遐方，因而傳為西學者，固有由矣。

　　此書刻本脫誤，多不可通。今據《永樂大典》內所載，詳加校訂，補脫文
一百四十七字，改訛舛者一百一十三字，刪其衍復者十八字。舊本相承，題
云漢趙君卿注。其自序稱爽以暗蔽，注內屢稱「爽或疑焉」、「爽未之前聞」，
蓋即君卿之名。然則隋、唐《志》之趙嬰，殆即趙爽之訛歟？注引「靈憲」、
「乾象」，則其人在張衡、劉洪後也。舊有李籍《音義》，別自為卷。今仍其
舊。書內凡為圖者五，而失傳者三，訛舛者一。謹據正文及注為之補訂。古者
九數惟《九章》《周髀》二書流傳最古〔五〕，訛誤亦特甚。然溯委窮源，得其
端緒，固術數家之鴻寶也。〔六〕（《四庫全書總目》卷一百六）

【注釋】

〔一〕【史源】《周髀算經》卷上之二：「周髀長八尺，夏至之日，晷尺六寸。」注
　　　云：「晷，影也，此數望之，從周城之南一千里也，而周官測景尺有五寸，蓋
　　　出周城南一千里也。」今按，髀，古代測量日影的表。

〔二〕【御製數理精蘊·數理本原】粵稽上古，河出圖，洛出書，八卦是生，九疇是
　　　敘，數學亦於是乎肇焉。蓋圖書應天地之瑞，因聖人而始出。數學窮萬物之
　　　理。《周官》以六藝教士，數居其一。周髀商高之說可考也。秦、漢而後，代
　　　不乏人，如洛下閎、張衡、劉焯、祖沖之之徒，各有著述。唐、宋設明經算
　　　學科，其書頒在學宮，令博士弟子肄習，是知算數之學，實格物致知之要務
　　　也。

〔三〕【渾蓋通憲圖說】明李之藻撰。

〔四〕【新法算書】明大學士徐光啟、太僕寺少卿李之藻、光祿寺卿李天經及西洋
　　　人龍華民、鄧玉函、羅雅谷、湯若望等所修西洋新曆也。

〔五〕【成書年代】儘管人們通常認為《周髀算經》是最古的數學經典著作，但是
　　　我們所能給出的該書確切的最早年代卻比《九章算術》晚二百年左右。（《中
　　　華科學文明史》第 2 冊第 8 頁）今按，四庫本《周髀算經》卷端著錄為：「漢
　　　趙君卿注，周甄鸞重述，唐李淳風注釋。」

〔六〕【整理與研究】《宋刻算經六種》（文物出版社 1980 年版），錢寶琮點校《算
　　　經十種》（中華書局 1963 年版），清顧觀光撰《周髀算經校勘記》（上海古籍
　　　出版社 1996 年版），曲安京撰《周髀算經新議》（陝西人民出版社 2002 年
　　　版），程貞一、聞人軍譯《周髀算經譯注》（上海古籍出版社 2012 年版），江
　　　曉原撰《周髀算經新論譯注》（上海交通大學出版社 2015 年版），（日）川邊

信一著，徐澤林、劉麗芳譯注《周髀算經圖解譯注》（上海交通大學出版社
2015 年版）。

72. 新儀象法要三卷

宋蘇頌（1020～1101）撰。頌字子容，南安（今福建泉州市）人，徙居丹徒（今
江蘇鎮江市）。慶曆二年（1042）進士。官至右僕射兼中書門下侍郎，累爵趙郡公。
事蹟具《宋史》本傳。〔一〕

是書為重修渾儀而作，事在元祐間。而尤袤《遂初堂書目》稱為《紹聖
儀象法要》。《宋藝文志》有《儀象法要》一卷，亦注云紹聖中編。蓋其書成於
紹聖初也。案本傳稱：「時別製渾儀，命頌提舉。頌既邃於律算，以吏部令史
韓公廉有巧思，奏用之，授以古法，為臺三層。上設渾儀，中設渾象，下設司
辰，貫以一機。激水轉輪，不假人力。時至刻臨，則司辰出告星辰躔度所次。
占候測驗，不差晷刻。晝夜晦明，皆可推見。前此未有也。」〔二〕葉夢得《石
林燕語》亦謂：「頌所修製之精，遠出前古，其學略授冬官正袁惟幾，今其法
蘇氏子孫亦不傳（云云）。」〔三〕案書中有官局生袁惟幾之名，與《燕語》所記
相合。其說可信，知宋時固甚重之矣。

書首列《進狀》一首。上卷自渾儀至水趺共十七圖。中卷自渾象至冬至
曉中星圖共十八圖。下卷自儀象臺至渾儀圭表共二十五圖，圖後各有說。蓋
當時奉敕撰進者。其列機衡制度、候視法式甚為詳悉。〔四〕

南宋以後，流傳甚稀。此本為明錢曾所藏，後有「乾道壬辰九月九日吳
興施元之刻本於三衢坐嘯齋」字兩行。蓋從宋槧影摹者。元之字德初，官至
司諫，嘗注蘇詩行世。此書卷末天運輪等四圖及各條所附一本云云，皆元之
據別本補入，校核殊精。而曾所抄尤極工致。其撰《讀書敏求記》，載入是書，
自稱圖樣界畫，不爽毫髮，凡數月而後成。楮墨精妙絕倫，不數宋本。良非誇
語也。

我朝儀器精密，復絕千古。頌所創造，宜無足輕重，而一時講求製作之
意，頗有足備參考者。且流傳秘冊，閱數百年而摹繪如新，是固宜為寶貴矣。
〔五〕（《四庫全書總目》卷一百六）

【注釋】

〔一〕【史源】汪藻《浮溪文粹》卷八《蘇魏公文集序》。

〔二〕【史源】《宋史》卷三百四十。

〔三〕【史源】《石林燕語》卷九。

〔四〕【評論】李約瑟云：「書中關於鐘的描述在計時歷史上非常重要。」（《中華科
　　　　學文明史》第 2 冊第 89 頁）

〔五〕【整理與研究】管成學撰《蘇頌與〈新儀象法要〉研究》（吉林文史出版社 1991
　　　　年版），陸敬嚴、錢學英撰《新儀象法要譯注》（上海古籍出版社 2007 年版）。

73. 曉庵新法六卷

　　國朝王錫闡〔一〕（1628～1682）撰。闡字寅旭，號餘不，又號曉庵，又號天
同一生，吳江人。

　　是書前一卷述句股割圓諸法，後五卷皆推步、七政交食、凌犯之術。觀
其自序〔二〕，蓋成於明之末年，故以崇禎元年（1628）戊辰為曆元，以南京應
天府為里差之元。其分周天為三百八十四，更以分弧為逐限，以加減為從消。
創立新名，雖頗涉臆撰，然其時徐光啟等纂修新法，聚訟盈庭，錫闡獨閉戶
著書，潛心測算，務求精符天象，不屑屑於門戶之分。

　　鈕琇《觚剩》〔三〕稱其精究推步，兼通中西之學，遇天色晴霽，輒登屋臥
鴟吻間，仰察星象，竟夕不寐，蓋亦覃思測驗之士。梅文鼎《勿庵曆書記》
曰：「從來言交食，只有食甚分數，未及其邊。惟王寅旭則以日月圓體分為三
百六十度，而論其食甚時所虧之邊，凡幾何度。今為推演，其法頗為精確。」
又稱：「近代曆學，以吳江為最，識解在青州之上（云云）。」案：青州謂薛鳳祚，
鳳祚益都人，為青州屬邑故也。其推挹錫闡甚至。迨康熙中，《御製數理精蘊》亦多
採錫闡之說。

　　蓋其書雖疏密互見，而其合者不能廢也。書中於法有未備者，每稱別見
補遺。然此本止於六卷，實無所謂補遺者，意其有佚篇歟？（《四庫全書總目》卷
一百六）

【注釋】

〔一〕【作者研究】陳美東等主編《王錫闡研究文集》（河北科學技術出版社 2000 年
　　　　版）。

〔二〕【自序】見四庫本卷首。

〔三〕【觚剩】清鈕琇撰。琇字玉樵，吳江人。康熙壬子拔貢生，歷官至陝西知府。
　　　　是編成於康熙庚辰，皆記明末國初雜事，隨所至之地，錄其見聞。（《四庫全
　　　　書總目》卷一百四十四）

74. 曆算全書六十卷

國朝梅文鼎〔一〕（1633～1721）撰。文鼎字定九，宣城（今屬安徽）人。篤志嗜古，尤精曆算之學。康熙四十一年（1702），大學士李光地嘗以其《曆學疑問》進呈〔二〕。會聖祖仁皇帝南巡，於德州（今屬山東）召見，御書「積學參微」四字賜之。以年老遣歸。嗣詔修《樂律曆算書》下江南總督，徵其孫瑴成入侍，及《律呂正義》書成，復驛致命校勘。後年九十餘，終於家。特命織造曹俯，為經紀其喪。至今傳為稽古之至榮。

所著曆算諸書，李光地嘗刻其七種。餘多晚年纂述，或已訂成帙，或略具草稿。魏荔彤求得其本，以屬無錫楊作枚校正。作枚遂附以己說，並為補所未備而刊行之。凡二十九種，名之曰《曆算全書》。然序次錯雜，未得要領。謹重加編次，以言曆者居前，而以言算者列於後。首曰《曆學疑問》，論曆學古今疏密，及中西二法與回回曆之異同。即嘗蒙聖祖仁皇帝親加點定者，謹以冠之簡編；次曰《曆學疑問補》，亦雜論曆法綱領；次曰《曆學問答》，乃與一時公卿大夫以曆法往來問答之詞；次曰《弧三角舉要》，乃用渾象表弧三角之形式；次曰《環中黍尺》，乃與弧三角以量代算之法；次曰《歲周地度合考》，乃考高卑歲實，及西國年月地度弧角里差；次曰《平立定三差說》，推七政贏縮之故；次曰《冬至考》，用統天、大明、授時三法，考春秋以來冬至；次曰《諸方日軌》，乃以北極高二十度至四十二度各地日軌，各按時節為立成表；次曰《五星紀要》，總論五星行度；次曰《火星本法》，專論火星遲疾；次曰《七政細草》，載推步日月五星法，及恒星交宮過度之術；次曰《揆日候星紀要》，列直隸、江南、河南、陝西四省表景，並三垣列宿經緯，定為立成表；次曰《二銘補注》，乃所解《仰儀銘》及《簡儀銘》；次曰《曆學駢枝》，乃所注《大統曆法》；次曰《交會管見》，乃以交食方位向稱南北東西者，改為上下左右；次曰《交食蒙求》，乃推算法數；次曰《古算衍略》，次曰《籌算》，次曰《筆算》，次曰《度算釋例》，俱為步算之根源；次曰《方程論》，次曰《句股闡微》，次曰《三角法舉要》，次曰《解割圜之根》，次曰《方圓冪積》，次曰《幾何補編》，次曰《少廣拾遺》，次曰《塹堵測量》。皆以推闡算法，或衍《九章》之未備，或著今法之面形，或論中西形體之變化，或釋弧矢、句股、八線之比例。蓋曆算之術，至是而大備矣。

我國家修明律數，探賾索隱，集千古之大成。文鼎以草野書生，乃能覃思切究，洞悉源流。其所論著，皆足以通中西之旨，而折今古之中〔三〕。自

郭守敬〔四〕以來罕見其比。其受聖天子特達之知，固非偶然矣。(《四庫全書總目》卷一百六)

【注釋】

〔一〕【作者研究】李儼撰《梅文鼎年譜》，商鴻逵撰《梅定九年譜》，二譜可互相補正。李迪、郭世榮撰《清代著名天文數學家梅文鼎》(上海科學技術文獻出版社 1988 年版)，李迪撰《梅文鼎評傳》(南京大學出版社 2006 年版)，韓琦整理《梅文鼎全集》(黃山書社 2019 年版)。

〔二〕【李光地序】《曆學疑問》，梅子定九之所著也。先生於是學覃思博考四十年餘，凡所撰述滿家，自專門者不能殫覽也。余謂先生宜撮其指要，束文伸義，章縫之士得措心焉。夫列代史志，掀及律曆，則幾而不視，況一家之書哉？先生肯余言，以受館之暇，為之論百十篇而託之。

〔三〕【評論】錢大昕《與戴東原書》：「足下盛稱婺源江氏（永）推步之學，不在宣城（梅文鼎）下……宣城能用西學，江氏則為西人所用而已。」(《潛研堂文集》卷三十三) 今按，梅文鼎被稱為「國朝算學第一人」。

〔四〕【郭守敬】(1231～1316)，元代傑出的科學家。陳美東撰《郭守敬評傳》(南京大學出版社 2003 年版)。

75. 九章算術九卷

謹案：《九章算術》，蓋《周禮》保氏之遺法，不知何人所傳。《永樂大典》引《古今事通》曰：「王孝通言周公制禮有《九章》之名。其理幽而微，其形秘而約。張蒼刪補殘闕，校其條目，頗與古術不同（云云）。」今考書內有「長安上林」之名，上林苑在武帝時，蒼在漢初，何緣預載？知述是書者，在西漢中葉後矣。〔一〕

舊本有注，題曰劉徽所作。考《晉書》稱魏景元四年（263）劉徽注《九章》，然中所云晉武庫銅斛，則徽入晉之後，又有增損矣。又有注釋，題曰李淳風所作。考《唐書》稱淳風等奉詔注《九章算術》，為《算經十書》〔二〕之首，國子監置算學生三十人，習《九章》及《海島算經》，共限三歲。蓋即是時作也。

北宋以來，其術罕傳。自沈括《夢溪筆談》以外，士大夫少留意者，書遂幾於散佚。洎南宋慶元中，鮑澣之始得其本於楊忠輔家，因傳寫以入秘閣。然流傳不廣，至明又亡。故二、三百年來，算術之家未有得睹其全者。惟分載於《永樂大典》者，依類裒輯，尚九篇具在。考鮑澣之後序，稱唐以來所傳舊

圖，至宋已亡。又稱盈不足方程之篇，咸闕淳風注文。今校其所言，一一悉合。知即慶元之舊本。蓋顯於唐，晦於宋，亡於明。而幸逢聖代表章之盛，復完於今。其隱其見，若有數默存於其間，非偶然矣。

謹排纂成編，並考訂訛異，各附案語於下方。其注中指狀表目，如朱實、青實、黃實之類，皆就圖中所列而言。圖既不存，則其注猝不易曉，今推尋注意，為之補圖，以成完帙。算數莫古於九數，九數莫古於是書。雖新法屢更，愈推愈密，而窮源探本，要百變不離其宗。錄而傳之，固古今算學之弁冕矣。〔三〕（《四庫全書總目》卷一百七）

【注釋】

〔一〕【成書年代】李約瑟云：「《九章算術》代表了一種比《周髀算經》更為先進的數學知識。要確定《九章》的年代也是很困難的，也許最安全的做法是把它當作秦代或西漢的作品，而在東漢有所補充，一直到 2 世紀和 3 世紀初的某個時候獲得現存的形式。」（《中華科學文明史》第 2 冊第 11 頁）

〔二〕【算經十書】漢、唐時十部算書的總稱，即《周髀算經》《九章算術》《孫子算經》《五曹算經》《夏侯陽算經》《張邱建算經》《海島算經》《五經算經》《綴術》《緝古算經》。1963 年中華書局出版錢寶琮校點本。

〔三〕【整理與研究】白尚恕撰《九章算術注釋》（科學出版社 1983 年版），胡皆漢撰《讀古算書〈九章算術〉隨想》（吉林科學技術出版社 2008 年版），郭書春撰《九章算術譯注》（上海古籍出版社 2009 年版），郭書春撰《九章算術新校》（中國科學技術大學出版社 2014 年版），曹純譯注《九章算術譯注》（上海三聯書店 2018 年版），郭書春解讀《九章算術》（科學出版社 2019 年版）。

76. 數學九章十八卷

宋秦九韶〔一〕（約 1209～約 1262）撰。九韶始末未詳。惟據原序，自稱其籍曰魯郡（今山東兗州）。然序題淳祐七年（1247），魯郡已久入於元。九韶蓋署其祖貫，未詳實為何許人也。

是書分為九類：一曰大衍，以奇零求總數，為九類之綱；二曰天時，以步氣朔晷影及五星伏見；三曰田域，以推方圓冪積；四曰測望，以推高深廣遠；五曰賦役，以均租稅力役；六曰錢穀，以權輕重出入；七曰營建，以度土功；八曰軍旅，以定行陣；九曰市易，以治交易。雖以「九章」為名〔二〕，而與古九章門目迥別。蓋古法設其術，九韶則別其用耳。

宋代諸儒，尚虛談而薄實用。數雖聖門六藝之一，亦鄙之不言。即有談數學者，亦不過推衍河洛之奇偶，於人事無關。故樂屢爭而不決，曆亦每變而愈舛。豈非算術不明，惟憑臆斷之故歟？數百年中，惟沈括究心是事。而自《夢溪筆談》以外，未有成書。

九韶當宋末造，獨崛起而明絕學。其中如大衍類蓍卦發微，欲以新術改《周易》揲蓍之法，殊乖古義。古曆會稽題數既誤，且為設問，以明大衍之理，初不計前後多少之曆過，尤非實據。天時類綴術推星，本非方程法，而術曰方程，復於草中多設一數，以合方程行列，更為牽合。所載皆平氣平朔，凡晷影長短，五星遲疾，皆設數加減，不過得其大概，較今之定氣定朔，用三角形推算者，亦為未密。然自秦、漢以來，成法相傳，未有言其立法之意者。惟此書「大衍術」中所載「立天元一」法，能舉立法之意而言之。其用雖僅一端，而以零數推總數，足以盡奇偶和較之變，至為精妙〔三〕。苟得其意而用之，凡諸法所不能得者，皆隨所用而無不通。後元**郭守敬**用之於弧矢，**李冶**用之於句股方圓，歐邏巴新法，易其名曰借根方，用之於九章八線。其源實開自九韶，亦可謂有功於算術者矣。至於田域、測望、賦役、錢穀、營建、軍旅、市易七類，皆擴充古法，取事命題。雖條目紛紜，曲折往復，不免瑕瑜互見，而其精確者居多。〔四〕

今即《永樂大典》所載，於其誤者正之，疏者辨之，顛倒者次第之，各加案語於下。庶得失不掩，俾算家有所稽考焉。〔五〕（《四庫全書總目》卷一百七）

【注釋】

〔一〕【作者研究】周瀚光等撰《秦九韶評傳》（南京大學出版社 1994 年版，附於《劉徽評傳》之後），吳文俊撰《秦九韶與〈數學九章〉》（北京師範大學出版社 1987 年版）。今按，周密《癸辛雜識續集》卷下「秦九韶」條，多記載其惡行。

〔二〕【書名】李迪云：「秦九韶所著之數學書，現在通稱《數書九章》，這根本不是秦九韶自己取的書名，而是逐漸演變而成的錯誤叫法。根據陳振孫的記載，真實的書名叫《數學大略》。」（《中國數學通史・宋元卷》第 98 頁）今按，陳振孫的記載叫《數術大略》。

〔三〕【評論】詳參《中國數學通史・宋元卷》第 99～110 頁。

〔四〕【評論】詳參《中國數學通史・宋元卷》第 110～132 頁。

〔五〕【版本】陸心源《儀顧堂題跋》卷八《原本數書九章跋》:「《數書九章》十八
卷，題曰魯郡秦九韶。舊抄本。《宋史・藝文志》不列其名，明《文淵閣書目》
始列於錄。以《永樂大典》本參校，分卷不同，編次亦異，皆館臣所更定，
《提要》所謂『疏者辨之，誤者正之，顛倒者次第之』是也。此則猶原本耳。
魯郡著舊望也。案：韶字道古，秦鳳間人，年十八，為義兵首，後寓湖州，
累官知瓊州，與吳履齋契合，為賈似道所陷，謫梅州而卒。周密《癸辛雜識》
敘其事甚詳，毀之者亦甚至。焦里堂力辨其誣。愚謂九韶既為履齋所重，為
似道所惡，必非無恥之徒。能於舉世不談算法之時，講求絕學，不可謂非豪
傑之士。」

77. 測圓海鏡十二卷

元李冶（1192～1279 或 1178～1265）撰。冶字（鏡）〔敬〕齋，欒城（今屬河北
石家莊市）人。金末登進士。入元官翰林學士。事蹟具《元史》本傳。〔一〕

其書以句股容圓為題，自圓心圓外縱橫取之，得大小十五形，皆無奇零。
次列識別雜記數百條，以窮其理。次設問一百七十則，以盡其用。探賾索隱，
參伍錯綜，雖習其法者，不能驟解，而其草則多言「立天元一」。按：立天元
一法，見於宋秦九韶《九章・大衍數》中〔二〕。厥後，《授時草》及《四元玉
鑒》〔三〕等書皆屢見之。而此書言之獨詳，其關乎數學者甚大。然自元以來，
疇人皆株守立成，習而不察，至明遂無知其法者。故唐順之與顧應祥書，謂
「立天元一」，漫不省為何語〔四〕。顧應祥演是書，為分類釋術，其自序亦云：
「立天元一，無下手之術。」則是書雖存，而其傳已泯矣。

明萬曆中，利瑪竇與徐光啟、李之藻等，譯為《同文算指》諸書，於古
《九章》皆有辨訂，獨於立天元一法，闕而不言。徐光啟於《句股義序》中引
此書，又謂欲說其義而未遑。是此書已為利瑪竇所見，而獨未得其解也。

迨我國家醇化翔洽，梯航鱗萃，歐邏巴人始以借根方法進呈，聖祖仁皇
帝授蒙養齋諸臣習之，梅瑴成乃悟即古立天元一法，於《赤水遺珍》中詳解
之〔五〕。且載西名阿爾熱巴拉，案：原本作阿爾熱巴達，謹據西洋借根法改正。
即華言**東來法**。知即冶之遺書流入西域，又轉而還入中原也。今用以**勘驗西
法**，一一吻合。瑴成所說，信而有徵。特錄存之，以為算法之秘鑰，且以見中
法、西法互相發明，無容設畛域之見焉。〔六〕（《四庫全書總目》卷一百七）

【注釋】

〔一〕【李冶】原名李治，因與唐高宗李治重名而改治為冶。冶字仁卿，號敬齋。詳見《李冶評傳》（《劉徽評傳》第 91～168 頁，南京大學出版社 1994 年版）。今按，施北研始考正為治字。原其致誤之由，實沿俗刻《中州集》之誤。（《海日樓札叢》第 127 頁「李仁卿書」條）

〔二〕【考證】錢大昕《跋秦九韶數學九章》：「此書有立天元一法，與李冶《測圓海鏡》所衍立天元一法本不甚同。且九韶自序末題題淳祐七年九月，而李氏書成於戊申歲，相去不過一年，其時南北隔絕，撰述無緣流通。李氏自言本於洞淵，則非得於九韶矣。或云敬齋用九韶法，豈其然乎？」（《潛研堂文集》卷三十）

〔三〕【四元玉鑒】《千頃堂書目》卷三：「朱世傑《四元玉鑒》二卷。」今按，《四元玉鑒》的主要成就是四元術，即四元高次方程組的建立和求解方法。該書是元代傑出數學家朱世傑最重要的著作，也是宋元數學發展的頂峰。（詳見孔國平《朱世傑評傳》，《劉徽評傳》第 281～285 頁，南京大學出版社 1994 年版）

〔四〕【立天元一】唐順之《荊川集》卷四《與顧箬溪中丞書》：「顧先王六藝之教既寝，而算書之傳於世者，往往出於六藝之士之所為，儒者絕不知其說，而知其說又多非儒者，是以其數存，其義隱矣。而藝士之著書者，又往往以秘其機為奇。所謂『立天元一』云爾，如積求之云爾者，雖算師亦多不省為何語。」今按，天元術是指把未知數作運算對象引入到數學中來，在達到成熟的時候，列方程時就用「立天元一為某某」，相當於現代的「設 x 為某某」。（《中國數學通史·宋元卷》，遼寧教育出版社 1990 年第 184 頁）

〔五〕【評論】《中華科學文明史》第 2 冊第 18 頁：「直到梅瑴成（1681～1763）在他的《赤水遺珍》中指出，中國自己的數學在 17 世紀以前早已有很大發展，由此中國代數學開始復蘇。」

〔六〕【整理與研究】白尚恕譯《測圓海鏡今譯》（山東教育出版社 1985 年版），孔國平撰《測圓海鏡導讀》（湖北教育出版社 1996 年版）。莫紹揆《對李冶〈測圓海鏡〉的新認識》認為，《測圓海鏡》不是一本討論天元術的書，與天元術有關的部分只是應用天元術以解勾股形罷了，其核心是其中的《識別雜記》部分，這裡有完整的定義，完善合適的公理，豐富多彩的定理，

已經建立了一個完善的公理系統，為我國數學開闢了一條公理推演的新路。（《自然科學史研究》1995 年第 1 期）《〈測圓海鏡〉識別雜記的驗證研究》認為，由於「圓城圖式」本身的性質，使得用不完全歸納法得出大量等量關係是非常有效的通過計算機輔助，重新驗證了知不足齋叢書本《測圓海鏡細草》中《識別雜記》部分，而且通過實驗，發現「拼湊」的正確率是相當高的。（《廣西民族大學學報》2006 年第 4 期）王瑞霞等《〈測圓海鏡〉與〈幾何原本〉著作體系比較研究》認為，《測圓海鏡》不僅是我國現存最早的一部以天元術為主要內容的著作，更在體系上獨具匠心，以演繹法著書。該文將《測圓海鏡》與《幾何原本》著作進行橫向有機比較，進而揭示了李冶在《測圓海鏡》體系上的獨創性和先進性。（《中國培訓》2017 年第 12 期）

78. 幾何原本六卷

西洋人歐幾里得撰，利瑪竇（1552～1610）譯，而徐光啟（1562～1633）所筆受也。歐幾里得，未詳何時人〔一〕。據利瑪竇序〔二〕云，中古聞士。

其原書十三卷，五百餘題，瑪竇之師丁氏為之集解，又續補二卷於後，共為十五卷，今止六卷者。徐光啟自序云：「譯受是書，此其最要者，遂刊之。」〔三〕

其書每卷有界說，有公論，有設題。界說者，先取所用名目解說之，公論者，舉其不可疑之理，設題則據所欲言之理，次第設之，先其易者，次其難者，由淺而深，由簡而繁，推之至於無以復加而後已。是為一卷。每題有法、有解、有論、有系。法言題用，解述題意，論則發明其所以然之理，系則又有旁通者焉。

卷一論三角形，卷二論線，卷三論圓，卷四論圓內外形，卷五、卷六俱論比例。其於三角、方圓、邊線、面積、體積比例變化相生之義，無不曲折盡顯，纖微畢露。光啟序稱其「窮方圓平直之情，盡規矩準繩之用」，非虛語也。又案：此書為歐邏巴算學專書，且瑪竇序云：「前作後述，不絕於世，至歐幾里得而為是書。」蓋亦集諸家之成，故自始至終，毫無疵纇。加以光啟反覆推闡，其文句尤為明顯。以是**弁冕西術**，不為過矣。〔四〕（《四庫全書總目》卷一百七）

【注釋】

〔一〕【歐幾里得】古希臘人。

〔二〕【利瑪竇序】四庫本卷首未載。

〔三〕【徐光啟《幾何原本序》】唐虞之世，自羲和治曆，暨司空、后稷、工虞典樂，五官者非度數不為功。《周官》六藝，數與居一焉，而五藝者不以度數從事，亦不得工也。襄、曠之於音，般、墨之於械，豈有他謬巧哉？精於用法爾已。故嘗謂三代而上為此業者盛有，元元本本，師傳曹習之學，而畢喪於祖龍之焰。漢以來多任意揣摩，如盲人射的，虛發無效，或依擬形似，如持螢燭象，得首失尾，至於今而此道盡廢，有不得不廢者矣。《幾何原本》者，度數之宗，所以窮方圓平直之情，盡規矩準繩之用也。利先生從少年時，論道之暇，留意藝學，且此業在波中，所謂師傳曹習者，其師丁氏，又絕代名家也，以故極精其說。而與不佞遊久，講談餘晷，時時及之，因請其象數諸書，更以華文，獨謂此書未譯，則他書俱不可得論，遂共翻其要，約六卷。既平業，而復之由顯入微，從疑得信，蓋不用為用，眾用所基，真可謂萬象之形圉，百家之學海。雖實未竟，然以當他書既可得而論矣。私心自謂，不意古學廢絕二千年後，頓獲補綴唐虞三代之闕典遺義，其裨益當世定復不小，因偕二三同志，刻而傳之。先生曰：「是書也，以當百家之用度，幾有羲和、般墨其人乎？猶其小者，有大用於此，將以習人之靈才，令細而確也。」余以為小用大用，實在其人。如鄧林伐材，棟樑榱桷，恣所取之耳。顧惟先生之學，略有三種，大者修身事天，小者格物窮理，物理之一端，別為象數，一一皆精實典要，洞無可疑，其分解擘析，亦能使人無疑，而余乃亟傳其小者，趨欲先其易信，使人繹其文，想見其意理，而知先生之學可信不疑，大概如是，則是書之為用更大矣。

〔四〕【整理與研究】（古希臘）歐幾里得著，章洞易譯《幾何原本》（天津科學技術出版社 2020 年版）。按，譯本甚多，不備述也。莫德主編《歐幾里得幾何原本研究》（內蒙古人民出版社 1992 年版），莫德、朱恩寬主編《歐幾里得幾何原本研究論文集》（內蒙古文化出版社 1995 年版）。

79. 步天歌七卷

陳振孫《書錄解題》曰：「《步天歌》一卷，未詳撰人，二十八舍歌也。《三垣頌》《五星陵犯賦》附於後。或曰唐王希明撰，自號丹元子。」鄭樵《通志‧天文略》則曰：「隋有丹元子，隱者之流也，不知名氏，作《步天歌》。王希明纂漢、晉志以釋之。《唐書》誤以為王希明。」案：樵《天文略》全採此

歌，故推之甚至。然丹元子為隋人，不見他書，不知樵何所據。使果隋時所作，不應李淳風不知其人，《隋書·經籍志》中竟不著錄，至《唐書》乃稱王希明也。疑以傳疑，闕所不知可矣。

其書以紫微、太微、天市分上、中、下三垣宮〔一〕，仍以四方之星分屬二十八舍〔二〕。皆以七字為句，條理詳明，歷代傳為佳本。本朝御製及欽定天文儀象諸書〔三〕，咸採錄之。復有專刻官本。考度繪圖，測驗星躔，一一吻合。

此本圖度未工，句多增減。所注占語，亦未詳出自誰手，未為善本。又《唐志》《文獻通考》並稱一卷，而此本乃有七卷，其為後人所竄亂審矣。鄭樵亦稱世有數本，不勝其訛，此或即其一也。〔四〕（《四庫全書總目》卷一百七）

【注釋】

〔一〕【步天歌】東方——角（室女 α）：兩星南北正直著，中有平道上天田。總是黑星兩相連，別有一烏名進賢。平道右畔獨淵然，最上三星周鼎形。角下天門左平星，雙雙橫於庫樓上。庫樓十星屈曲明，樓中五柱十五星。三三相著如鼎形，其中四星別名衡，南門樓外兩星橫。

亢（室女 κ）：四星恰如彎弓狀，大角一星直上明。折威七子亢下橫，大角左右攝提星。三三相似如鼎形，折威下左頓頑星。兩個斜安黃色精，頑下二星號陽門，色若頓頑直下蹲。

氐（天秤 α²）：四星似斗側量米，天乳氐上黑一星。世人不識稱無名，一個招搖梗河上。梗河橫列三星狀，帝席三黑河之西。亢池六星近攝提，氐下眾星騎官出。騎官之眾二十七，三三相連十欠一。陣車氐下騎官次，騎官下三車騎位。天輻兩星立陣傍，將軍陣裏振威霜。

房（天蠍 π）：四星直下主明堂，鍵閉一黃斜向上。鉤鈐兩個近其傍，罰有三星植鍵上，兩咸夾罰似房狀。房下一星號為日，從官兩個日下出。

心（天蠍 σ）：三星中央色最深，下有積卒共十二。三三相聚心下是。

尾（天蠍 μ¹）：九星如鉤蒼龍尾，下頭五點號龜星，尾上天江四橫是。尾東一個名傅說，傅說東畔一魚子。龜西一室是神宮，所以列在后妃中。

箕（人馬 γ）：四星形狀如簸箕，箕下三星名木杵，其前一黑是糠皮。

北方——斗（人馬 φ）：六星其狀似北斗（大熊座），魁上建星三相對。天弁建上三三九，斗下圓安十四星。雖然名鱉（南冕座）貫索（北冕座）形，天雞建背雙黑星。狗國四方雞下生。天籥柄前八黃精，天淵十星鱉東邊，更有兩狗斗魁前。農家丈人狗下眠，天淵十黃狗色玄。

牛（摩羯β）：六星近在河岸頭，頭上雖然有兩角，腹下從來欠一腳。牛下九黑是天田，田下三三九坎連。牛上直建三河鼓，鼓上三星號織女。左旗右旗各九星，河鼓兩畔右邊明。更有四黃名天桴，河鼓直下如連珠，羅堰三烏牛東居。漸臺四星似口形，輦道東足連五丁。輦道漸臺在何許，欲得見時近織女。

女（寶瓶ε）：四星如箕主嫁娶，十二諸國在下陳。先從越國向東論，東西兩周次二秦。雍州南下雙雁門，代國向西一晉伸。韓魏各一晉北輪，楚之一國魏西屯。楚城南畔獨燕軍，燕西一郡是齊鄰。齊北兩邑平原君，欲知鄭在越下存。十六黃星細區分，五個離珠女上星。敗瓜珠上瓠瓜生，兩個各五瓠瓜明。天津九個彈弓形，兩星入牛河中橫。四個奚仲天津上，七個仲側扶筐星。

虛（寶瓶β）：上下各一如連珠，命祿危非虛上呈。虛危之下哭泣星，哭泣雙雙下壘城。天壘團圓十三星，敗臼四星城下橫。臼西三個離瑜明。

危（寶瓶α）：三星不直舊先知，危上五黑號人星。人畔三四杵臼形，人上七烏號車府。府上天鉤九黃晶，鉤上五鴉字造父。危下四星號墳墓，墓下四星斜虛梁。十個天錢梁下黃，墓傍兩星能蓋屋，身著黑衣危下宿。

室（飛馬α）：兩星上有離宮出，遶室三雙有六星。下頭六個雷電形，壘壁陣次十二星。十二兩頭大似升，陣下分布羽林軍。四十五卒三為群，壁西四星多難論。子細歷歷看區分，三粒黃金名鈇鉞。一顆真珠北落門，門東八魁九個子，門西一宿天綱是。電傍兩星土功吏，騰蛇室上二十二。

壁（飛馬γ）：兩星下頭是霹靂，霹靂五星橫著行。雲雨次之口四方，壁上天廄十圓黃。鈇鑕五星羽林傍。

西方——奎（仙女η）：腰細頭尖似破鞋，一十六星遶鞋生。外屏七烏奎下橫，屏下七星天溷明。司空左畔土之精，奎上一宿軍南門。河中六個閣道形，附路一星道傍明。五個吐花王良星，良星近上一策名。

婁（白羊β）：三星不勻近一頭，左更右更烏夾婁。天倉六個婁下頭，天庾四星倉東腳。婁上十一將軍侯。

胃（白羊41）：三星鼎足河之次，天廩胃下斜四星。天囷十三如乙形，河中八星名太陵。陵北九個天船名，陵中積屍一個星，積水船中一黑精。

昴（金牛η）：七星一聚實不少，阿西月東各一星。月下五黃天陰名，陰下六烏芻稿營。營南十六天苑形，河裏六星名捲舌，舌中黑點天讒星，礪石舌傍斜四丁。

畢（金牛ε）：恰似爪叉八星出，附耳畢股一星光。天街兩星畢背傍，天節耳下八烏幢。畢上橫列六諸王，王下四皂天高星。節下團圓九州城。畢口斜對五車（御夫座）口，車有三柱任縱橫。車中五個天潢精，潢畔咸池三黑星。天關一星車腳邊，參旗九個參車間。旗下直建九斿連，斿下十三烏天園，九斿天園參腳邊。

觜（獵戶λ¹）：三星相近作參蕤，觜上坐旗真指天。尊卑之位九相連，司怪曲立坐旗邊，四鴉大近井鉞前。

參（獵戶ζ）：總有十星觜相侵，兩肩雙足三為心。伐有三星足裏深，玉井四星右足陰。屏星兩扇井南襟，軍井四星屏上吟。左足下四天廁臨，廁下一物天屎沉。

南方——井（雙子μ）：八星橫列河中淨，一星名鉞井邊安，兩河各三南北正，天樽三星井上頭。樽上橫列五諸侯，侯上北河西積水。欲覓積薪東畔是。鉞下四星名水府，水位東邊四星序。四瀆橫列南河裏，南河下頭是軍市。軍市團圓十三星，中有一個野雞精。孫子丈人市下列，各立兩星從東說。闕邱二個南河東，邱下一狼光蒙茸。左畔九個彎弧弓，一矢擬射頑狼胸。有個老人南極中，春秋出入壽無窮。

鬼（巨蟹θ）：四星冊方似木櫃，中央白者積屍氣。鬼上四星是爟位，天狗七星鬼下是。外廚六間柳星次，天社六個弧東倚，社東一星是天紀。

柳（長蛇δ）：八星曲頭垂似柳，近上三星號為酒，享宴大酺五星守。

星（長蛇α）：七星如鉤柳下生，星上十七軒轅形。軒轅（獅子座）東頭四內平，平下三個名天相，相下稷星橫五靈。

張（長蛇μ）：六星似軫在星旁，張下只是有天廟。十四之星冊四方，長垣少微雖向上。星數欹在太微傍，天尊一星直上黃。

翼（舉爵ε）：二十二星大難識，上五下五橫著行，中心六個恰如張。更有六星在何許，三三相連張畔附，必若不能分處所。更請向前看記取，五個黑星翼下頭，欲知名字是東甌。

軫（烏鴉γ）：四星似張翼相近，中央一個長沙子。左轄右轄附兩星，軍門兩黃近翼是。門下四個土司空，門東七烏青邱子。青邱之下名器府，器府之星三十二。以上便為太微宮，黃道向上看取是。

【三垣】即紫微垣、太微垣、天市垣。古人在黃河流域常見的北天上空，以北極星為標準，集合周圍其他各星，合為一區，名曰紫微垣。在紫微垣外，在星、張、翼、軫以北的星區是太微垣。

〔二〕【二十八舍】即二十八宿，是古人對環繞黃道和赤道附近一周天的二十八個恒星星座的總稱。這二十八宿由西向東排列，好似一根環帶，其排列順序為：

東方蒼龍：角、亢、氐、房、心、尾、箕

南方朱雀：井、鬼、柳、星、張、翼、軫

西方白虎：奎、婁、胃、昴、畢、觜、參

北方玄武：斗、牛、女、虛、危、室、壁

二十八宿起源問題曾經是古天文學史上一個有爭議的重大問題。不僅古代華夏民族有二十八宿，我國境內的少數民族如彝族也有，古代印度、阿拉伯、埃及等國也有類似二十八宿的體系。二十八宿究竟起源於何國？19 世紀下半葉在歐洲學術界展開過激烈的爭論，後來日本人也加入了論戰，一時爭論紛紜。竺可楨在 1944 年 5 月在《思想與時代》月刊第 34 期上發表《二十八宿起源之時代與地點》一文，詳盡而充分地論證了二十八宿起源於中國。1978 年我國考古工作者在湖北隨縣戰國初年的曾侯乙墓發現了一個漆箱，箱蓋上繪有完整的二十八宿圖，兩旁是青龍和白虎兩種神獸的圖像。由此我們可以斷定：至遲在公元前五世紀，二十八宿體系已經完成了。（詳見《文史知識》1987 年第 6 期）

〔三〕【評論】《御製曆象考成》上編卷十六云：「隋丹元子作《步天歌》，敘三垣、二十八宿，共一千四百六十七星，為觀象之津梁，然尚未有各星經緯度數。自唐宋而後，諸曆家以儀象考測，始有各星入宿去極度數，視古加密矣。」

〔四〕【史源】明王英明《曆體略》卷中云：「丹元子，隋人，隱者之流，不著名氏，作《步天歌》。句中有圖，言下成象，或約或多，無掛無漏，不言休咎，而頗便習誦，仰觀向藏，靈臺擁為秘笈，名曰《鬼料竅》。近世相傳，然無善本，茲從先生訂正，庶鮮魚魯之訛焉。」今按，一般認為此書成書於唐代李淳風之後，約為公元七世紀後期。詞句簡潔生動，條理清晰，便於普及天文知識。又按，錢大昕《竹汀先生日記鈔》卷一云：「丹元子係唐人。」（第 3 頁）

【整理與研究】周曉陸撰《步天歌研究》（中國書店 2004 年版）。

80. 太玄經十卷

漢揚雄〔一〕（前53～後18）撰，晉范望注。

《漢書‧藝文志》稱揚雄所序三十八篇，《太玄》十九。其本傳則稱太玄、三方、九州、二十七部、八十一家、二百四十三表、七百二十九贊，分為三卷，曰一、二、三，與《太初曆》相應。又稱有首、衝、錯、測、攡、瑩、數、文、掜、圖、告十一篇，皆以解剝玄體，離散其文，章句尚不存焉。與《藝文志》十九篇之說，已相違異。桓譚《新論》則稱《太玄經》三篇，《傳》十二篇，合之乃十五篇，較本傳又多一篇。案：阮孝緒稱《太玄經》九卷，雄自作章句。《隋志》亦載雄《太玄經章句》九卷。疑《漢志》所云十九篇，乃合其章句言之。今章句已佚，故篇數有異。至桓譚《新論》，則世無傳本〔二〕，惟諸書遞相援引，或訛十一為十二耳。以今本校之，其篇名、篇數一一與本傳皆合，固未嘗有脫佚也。

注其書者，自漢以來，惟宋衷、陸績最著。至晉范望，乃因二家之注，勒為一編。雄書本擬《易》而作，以「家」準卦，以「首」準象，以「贊」準爻，以「測」準象，以「文」準《文言》，以「攡」、「瑩」、「掜」、「圖」、「告」準《繫詞》，以「數」準《說卦》，以「衝」準《序卦》，以「錯」準《雜卦》，全仿《周易》。古文經傳各自為篇，望作注時，析《玄首》一篇，分冠八十一家之前，析《玄測》一篇，分繫七百二十九贊之下，始變其舊，至今仍之。其書《唐‧藝文志》作十二卷，《文獻通考》則作十卷，均名曰《太玄經注》。此本十卷，與《通考》合，而卷端標題則稱「晉范望字叔明解贊」。考《玄測》第一條下有附注曰：「此是宋、陸二家所注，即非范望注也。蓋范望採此注意，自經解贊，儒有近習，罔知本末，妄將此注陞於『測曰』之上，以雜范注，混亂義訓。今依范望正本移於『測曰』之下，免誤學者。已下七百二十九測注並同（云云）。」考望自序亦稱「因陸君為本，錄宋所長，捐其所短，並首一卷，本經之上，散測一卷，注文之中，訓理其義，以測為據」。然則望所自注，特其贊詞，其他文則酌取二家之舊，故獨以解贊為文。今概稱望注，要其終而目之耳。

卷端列陸績《述玄》一篇，據陳振孫《書錄解題》為範本所舊有。又列王涯《說玄》五篇，又列《釋文》一卷，則不知何人附入。其《太玄》圖旁，范望序末及《玄首》《玄測》之首尾，凡《附記》九條，卷末又有一跋，均不署名氏。考序後《附記》，稱近時林瑀。瑀與賈昌朝同時，則此九條當出北宋人

手。又王涯《說玄》之末附題一行云：「右迪功郎充兩浙東路提舉茶監司幹辦公事張寔校勘。」則《附記》或出於寔歟？〔三〕其《釋文》一卷亦不著名氏。考鄭樵《通志》：「《太玄經釋文》一卷，亦林瑀撰。」疑寔刊是書時，並以涯之《說》、瑀之《釋文》冠於編首也。〔四〕（《四庫全書總目》卷一百八）

【注釋】

〔一〕【作者研究】王青教授《揚雄年譜》附錄於《揚雄評傳》（南京大學出版社 2000 年版）之末。鄭萬耕教授撰《揚雄及其太玄》（巴蜀書社 2018 年版）。

〔二〕【版本】此書有《道藏》本。盧文弨有校本。今有孫逢翼輯本（載《四部備要》）、嚴可均輯本（載《全上古三代秦漢三國六朝文》）和黃霖等點校本（上海人民出版社 1977 年版）。

〔三〕【考證】錢大昕《答盧學士書》：「讀閣下所校《太玄經》云：『向借得一舊本，似北宋刻，末署右迪功郎充兩浙東路提舉茶監司幹辦公事張寔校勘。』大昕案：宋時寄祿官分左右，唯東都元祐、南渡紹興至乾道為然，蓋以進士出身者為左，任子為右也。而建炎初，避思陵嫌名，始改句當公事為幹辦公事，此結銜有『幹辦』字，則是南宋刻，非北宋刻矣。」（《潛研堂文集》卷三十四）

〔四〕【整理與研究】晉范望注本為現存的最早注本。宋司馬光撰《太玄經集注》，清陳本禮撰《太玄闡秘》。日人鈴木由次郎撰《太玄易的研究》（明德出版社 1964 年版）。今人鄭萬耕撰《太玄校釋》（北京師範大學出版社 1989 年版、中華書局 2017 年版），劉韶軍撰《太玄研究》（武漢出版社 1991 年版）、《太玄經校注》（華中師範大學出版社 1996 年版），問永寧教授撰《太玄與易學史存稿》（商務印書館 2017 年版，其中有 11 篇論文討論《太玄》）。問永寧《太玄是一部「謗書」——「刺莽說」新證》結合西漢末年盛行的五德終始之說，以《太玄》傳文為根據，認為《太玄》確實是刺莽之作，刺莽說在《太玄》中可以找到內證。（《周易研究》2005 年第 6 期）

81. 皇極經世書十二卷

宋邵子（1011～1077）撰。

據晁說之所作《李之才傳》，邵子數學本於之才〔一〕，之才本於穆修，修本於種放，放本陳摶。蓋其術本自道家而來。當之才初見邵子於百泉，即授以義理、物理、性命之學。《皇極經世》蓋即所謂物理之學也。其書以元經會、

以會經運、以運經世，起於堯帝甲辰，至後周顯德六年己未。凡興亡治亂之跡，皆以卦象推之。厥後王湜作《易學》〔二〕，祝泌作《皇極經世解起數訣》，張行成作《皇極經世索隱》，各傳其學。

《朱子語錄》嘗謂：「自《易》以後，無人做得一物如此整齊，包括得盡。」又謂：「康節《易》看了，都看別人的不得。」其推之甚至。然《語錄》又謂：「《易》是卜筮之書，《皇極經世》是推步之書。《經世》以十二刊卦管十二會，繃定時節，卻就中推吉凶消長，與《易》自不相干。」又謂：「康節自是《易》外別傳。」〔三〕

蔡季通之數學，亦傳邵氏者也，而其子沈作《洪範皇極內篇》則曰：「以數為象，則畸零而無用（《太玄》是也）；以象為數，則多耦而難通（《經世》是也）。」〔四〕是朱子師弟於此書，亦在然疑之間矣。

明何瑭〔五〕議其天以日月星辰，變為寒暑晝夜，地以水火土石，變為風雨露雷，涉於牽強。又議其乾不為天而為日，離不為日而為星，坤反為水，坎反為土，與伏羲之卦象大異。至近時黃宗炎〔六〕、朱彝尊〔七〕攻之尤力。夫以邵子之占驗如神，則此書似乎可信。而此書之取象配數，又往往實不可解。據王湜《易學》所言，則此書實不盡出于邵子。流傳既久，疑以傳疑可矣。

至所云：「學以人事為大。」〔八〕又云：「治生於亂，亂生於治。聖人貴未然之防，是謂《易》之大綱。」〔九〕則粹然儒者之言，非術數家所能及。斯所以得列於周、程、張、朱間歟？（《四庫全書總目》卷一百八）

【注釋】

〔一〕邵伯溫《易學辨惑》云：「先君受《易》於青社李之才，字挺之，為人倜儻不群。師事汶陽穆修伯長，性嚴急，少不如意，或至呵叱。挺之左右承順，如事父兄，略無倦意。登科任孟州司戶。挺之坦率，不事儀矩，太守范忠獻公以此頗不悅。後忠獻建節移鎮延安，郡僚多送至境外，挺之但別於近郊。眾或讓之，挺之曰：『異時送太守止於是，且情文貴稱范公，實不我知，而出疆遠送非情，豈敢以不情事范公？』未幾，忠獻責守安陸，過洛三城，故吏無一人往者，獨挺之檄往省之，忠獻始稱歎，遂受知焉。又嘗為衛州共城令。先君築室蘇門山百源之上，時丁先祖母李夫人喪，布衣蔬食，三年躬以養先祖。挺之聞先君好學苦心志，自造其廬，問先君曰：『子何所學？』先君曰：『為科舉進取之學耳。』挺之曰：『科舉之外有義理之學，子知之乎？』先君曰：『未也，願受教。』挺之曰：『義理之外有物理之學，子知之乎？』先君

曰：『未也，願受教。』『物理之外有性命之學，子知之乎？』先君曰：『未也，
願受教。』於是先君傳其學。挺之簽書澤州判官，聽公事。澤州人劉羲叟晚
出其門，受曆法，亦為知名士。《易》學則唯先君得之也。」

〔二〕【易學】宋王湜撰。該書提要詳見《四庫全書總目》卷一〇八。

〔三〕【史源】《文獻通考》卷二百十《朱子語錄》。今按，唐明邦先生認為：「《四
庫全書》將此書列入數術類，並不恰當。它的根據在於朱熹說過，《皇極經
世》是『推步之書』、『《易》外別傳』。這樣將《皇極經世》同古代星相、命
理、堪輿、六壬、奇門遁甲之類的著作歸入一類，大大曲解了它的思想文化
價值，以至今人對它產生極大的誤會，以為根據這部書可以推測未來，推斷
個人吉凶禍福。」（《邵雍評傳》第92～93頁）

〔四〕【史源】蔡沈《洪範皇極內篇》卷二《皇極內篇中》。

〔五〕【何瑭】號柏齋，懷慶（今屬河南）人。事蹟具《明史・儒林傳》。著有《醫
學管見》。

〔六〕【史源】黃宗炎《周易尋門餘論》卷上：「邵堯夫撰《皇極經世》十二卷，以
謂天地之氣化陰陽之消息，皆可以數推之，其理其數咸本於易。噫！此何說
也？其所稱元會運世，實效揚雄之方州部家也。《皇極經世》則一一與之相
反，蓋稱名也大，取類也小，言直而誕，事儉而顯，使潔淨精微之學化為粗
鄙狂妄之竇矣。學者其毋耳食焉。」

〔七〕【史源】《曝書亭集》卷三十五《道傳錄序》：「至於錄周子而捨《太極圖說》，
錄邵氏而不過信《皇極經世書》，尤見卓識，予故序之，有罪我者不復辨也。」

〔八〕【史源】《皇極經世書》卷十四：「學以人事為大。今之經典，古之人事也。」

〔九〕【史源】《皇極經世書》卷十三：「《復》次《剝》，明治生於亂乎？《姤》次
《夬》，明亂生於治乎？時哉時哉，未有《剝》而不《復》，未有《夬》而不
《姤》者。防乎其防，邦家其長，子孫其昌，是以聖人貴未然之防，是謂《易》
之大綱。」

82. 唐開元占經一百二十卷

唐瞿曇悉達撰。

《唐書・藝文志》載一百十卷。《玉海》引《唐志》亦同，又注云：《國史
志》四卷，《崇文目》三卷。此本一百二十卷，與諸書所載不符，當屬後人分
卷之異。自一卷天占至一百十卷星圖，均占天象。自一百十一卷八穀占至一

百二十卷龍魚蟲蛇占，均占物異。或一百十卷以前為悉達原書，故與《唐志》及《玉海》卷數相符。其後十卷，後人以雜占增附之歟？

卷首標銜，悉達曾官太史監事。考《玉海》，開元六年（718）詔瞿曇悉達譯《九執曆》，則悉達之為太史監，當在開元初。卷首又標奉敕撰，而奉敕與成書年月皆無可考，惟其中載歷代曆法止於唐《麟德曆》，且云李淳風見行《麟德曆》。考唐一行〔一〕以開元九年（721）奉詔創《大衍曆》，以開元十七年（729）頒之，其時《麟德曆》遂不行，此書仍云見行《麟德曆》，知其成於開元十七年以前矣。

所言占驗之法，大抵術家之異學，本不足存。惟其中卷一百四、一百五全載《麟德》《九執》二曆。《九執曆》不載於《唐志》，他書亦不過標撮大旨。此書所載，全法具著，為近世推步家所不及窺。又《玉海》載《九執曆》以開元二年（714）二月朔為曆首。今考此書，明云今起明慶二年（657）丁巳歲案：改顯慶為明慶，蓋避中宗諱。二月一日以為曆首，亦足以訂《玉海》所傳之誤。至《麟德曆》雖載《唐志》，而以此書校之，多有異同。若推入蝕限術、月食所在辰術、日月蝕分術諸類，《唐志》俱未之載。又此書載章歲、章月、半總、章閏、閏分曆、周月法、弦法、氣法、曆法諸名，與《新唐書》所載全不合。其相合者，惟辰率、總法等目。蓋悉達所據當為《麟德曆》，見行本《唐志》遠出其後，不無傳聞異詞。是又可訂史傳之訛，有裨於考證不少矣。

又徵引古籍，極為浩博。如《隋志》所稱緯書八十一篇，此書尚存其七八，尤為罕覯。然則其術可廢，其書則有可採也。〔二〕卷首有萬曆丁巳（1617）張一熙識語，謂是書歷唐迄明，約數百年，始得之挹玄道人。鉤沈起滯，非偶然已。（《四庫全書總目》卷一百八）

【注釋】

〔一〕【一行】（673或683～727），唐魏州昌樂（今河南南樂）人。古代著名科學家，精於天文曆法，奉命改造新曆，又造渾天儀。著有《開元大衍曆》五十三卷、《大日經疏》二十卷、《大日經義解》十四卷。

〔二〕【《唐開元占經》卷首序】緯書之學，盛於西漢，自光武嚴禁不行，故歷代弘儒未及盡睹，至唐瞿曇悉達奉敕以成《占經》一百二十卷，探集緯書七十餘種，可謂無遺珠矣。然歷來禁秘，不第宋、元，即我明鉅公皆未之見，今南北靈臺亦無藏本。吾弟好讀乾象，又喜佞佛，以布施裝金，而得此書於古佛腹中，可謂雙濟其美。無但不知藏之何代何人，而今一旦洩露其關係，諒必

匪輕。吾欲弟列之架上，何如藏古佛腹中時也。後之覽者，可不知苟重云。
時萬曆丁巳孟秋上澣，兄明哲書於流雲館中。

83. 易林〔一〕十六卷〔二〕

漢焦延壽撰。延壽字贛，梁人。昭帝時由郡吏舉小黃令。京房師之，故
《漢書》附見於房傳。黃伯思《東觀餘論》以為名贛，字延壽，與史不符。又
據後漢小黃門譙君碑，稱贛之後裔，疑贛為譙姓。然史傳無不作焦，漢碑多
假借通用，如歐陽之作歐羊者，不一而足，亦未可執為確證。至舊本《易林》
首有費直之語，稱王莽時建信天水焦延壽。其詞蓋出偽託，鄭曉嘗辨之審矣。
〔三〕

贛嘗從孟喜問《易》，然其學不出於孟喜，《漢書‧儒林傳》記其始末甚
詳。蓋《易》於象數之中別為占候一派者，實自贛始。所撰有《易林》十六
卷，又《易林變占》十六卷，並見《隋志》。《變占》久佚，惟《易林》尚存。
其書以一卦變六十四，六十四卦之變共四千九十有六。各繫一詞，皆四言韻
語。考《漢‧藝文志》所載《易》十三家，蓍龜十五家，不及焦氏。《隋‧經
籍志》始著錄於五行家，唐王俞始序〔四〕而稱之。似乎後人所附會。故鄭曉
《古言》疑其「《明夷》之《咸林》」，似言成帝時事。「《節》之《解林》」，
似言定陶傅太后事。皆在延壽後。顧炎武《日知錄》亦摘其可疑者四五條〔五〕，
然二家所云某林似指某事者，皆揣摩其詞。炎武所指「彭離濟東，遷之上庸」
者，語雖出《漢書》，而事在武帝元鼎元年（前116），不必《漢書》始載。又
《左傳》雖西漢未立學官，而張蒼等已久相述說。延壽引用《傳》語，亦不
足致疑。惟「長城既立，四夷賓服，交和結好，昭君是福」四句，則事在元
帝竟寧元年（前33）。名字炳然，顯為延壽以後語。然李善注《文選》任昉《竟
陵王行狀》引《東觀漢記》曰：「沛獻王輔永平五年秋，京師少雨，上御雲
臺，詔尚席取卦具，自卦以《周易卦林》占之。其繇曰：『螘封穴戶，大雨
將集。』明日大雨，上即以詔書問輔曰：『道寧有是耶？』輔上言曰：案《易》
卦《震》之《蹇》，蟻封穴戶，大雨將集。《蹇》，《艮》下《坎》上，《艮》為
山，坎為水，出雲為雨，蟻穴居而知雨，將雲雨，蟻封穴，故以蟻為興文（云
云）。」今書《蹇》繇，實在《震林》。則書出焦氏，足為明證。昭君之類，
或方技家輾轉附益，竄亂原文，亦未可定耳。《崇文總目》言其推用之法不
傳，而黃伯思記王俶占，程迥記宣和、紹興二占，皆有奇驗，則其術尚有知

之者。惟黃伯思謂《漢書》稱延壽《易》分六十四卦更值日用事者，乃變占法，非《易林》法〔六〕。薛季宣《易林序》則謂《易林》正用值日法，辨伯思之說為謬，並為圖例以明之，其說甚辨。今錄季宣序與王俞序以存一家之言。俞序本名《大易通變》，與諸本不同，疑為後來卜筮家所改，非其舊也。此書隋、唐、宋《志》俱作十六卷，故季宣序稱每卷四林，六十四變。今一本作四卷，不知何時所併。無關宏旨，今亦姑仍之焉。

　　案：《漢書·儒林傳》曰：「孟喜受《易》於田王孫，得《易》家候陰陽災變書。詐言田生且死時，枕喜膝獨傳。同門梁邱賀疏通證明之，曰田生絕於施仇手中。時喜歸東海，安得此事？焦延壽案：原文無焦字，蓋承上而言，今節錄其文，故補此字，使姓名完具。嘗從孟喜問《易》，京房以為延壽即孟氏學。翟牧白生不肯仞，皆曰非也。劉向校書，以為諸《易》家說，皆祖田何、楊叔、丁將軍，大義略同，惟京氏為異黨。延壽獨得隱士之說，託之孟氏，不相與同。然則陰陽災異之說，始於孟喜，別得書而託之田王孫。焦延壽又別得書而託之孟喜。其源實不出於經師。朱彝尊《經義考》備列焦、京二家之書，蓋欲備《易》學宗派，不得不爾。實則以《隋志》列五行家為允也。今退置術數類中，以存其真。〔七〕（《四庫全書總目》卷一百九）

【注釋】

〔一〕【書名】四庫本作《焦氏易林》。

〔二〕【著錄】殿本《四庫全書總目》作四卷。

〔三〕【考證】余嘉錫對此段文字有詳細的考辨，詳見《四庫提要辯證》第742～748頁。

〔四〕【王俞序】大凡變化象數，莫逃乎《易》。惟人之情偽，最為難知。筮者尚占，憂者與處。贛明且哲，乃留其術。聖唐會昌景寅歲。

〔五〕【考證】《日知錄》卷十八「易林」條：「《易林》疑是東漢以後人撰，而託之焦延壽者。延壽在昭宣之世，其時《左氏》未立學官。今《易林》引《左氏》語甚多，又往往用《漢書》中事，如曰：『彭離濟東，遷之上庸。』事在武帝元鼎元年。曰：『長城既立，四夷賓服。交和結好，昭君是福。』事在元帝竟寧元年。曰：『火入井口，楊芒生角。犯歷天門，窺見太微。』登上玉床似用李尋傳語。曰：『新作初陵，逾陷難登。似用成帝，起昌陵事。』又曰：『劉季發怒，命滅子嬰。』又曰：『大蛇當路，使季畏懼。』則又非漢人所宜言也。」

今按，余嘉錫認為《易林》實為崔篆所撰（詳見《四庫提要辯證》第748～758頁）。日人鈴木由次郎撰《關於〈焦氏易林〉的作者》，根據黃伯思《東觀餘論》有關的記錄，根據所用的古韻等資料，認為當為焦贛字延壽所作。他對胡適所作的「《易林》斷歸崔篆的判決書」進行了反駁。（《福井康順博士頌壽紀念東洋文化論集》，1960年）錢世明《易林通說·自跋》認為，此書作者不是焦延壽，成書時期是在莽新年間。

〔六〕【史源】見黃伯思《東觀餘論》卷下。

〔七〕【整理與研究】錢世明撰《易林通說》（華夏出版社1990～1994年版），徐傳武、胡真撰《易林彙校集注》（上海古籍出版社2012年版），湯太祥撰《〈易林〉與經學典籍關係及其人文價值研究》（安徽師範大學出版社2018年版）。

84. 京氏易傳三卷

漢京房（前77～前37）撰，吳陸績注。房本姓李，吹律自定為京氏，字君明，東郡頓邱（今河南清豐）人。受《易》於焦延壽。元帝時以言災異得幸，為石顯等所嫉，出為魏郡太守，卒以譖誅。事蹟具《漢書》本傳。績有《易解》，已著錄。

房所著有《易傳》三卷，《周易章句》十卷，《周易錯卦》七卷，《周易妖占》十二卷，《周易占事》十二卷，《周易守林》三卷，《周易飛候》九卷，又六卷，《周易飛候六日七分》八卷，《周易四時候》四卷，《周易混沌》四卷，《周易委化》四卷，《周易逆刺占災異》十二卷，《易傳積算法雜占條例》一卷。今惟《易傳》存。考《漢志》作十一篇，《文獻通考》作四卷，均與此本不同。然《漢志》所載古書，卷帙多與今互異，不但此編。《通考》所謂四卷者，以晁、陳二家書目考之，蓋以《雜占條例》一卷合於《易傳》三卷，共為四卷，亦不足疑。惟晁氏以《易傳》為即《錯卦》，《雜占條例》為即《逆刺占災異》，則未免臆斷無據耳。〔一〕

其書雖以《易傳》為名，而絕不詮釋經文，亦絕不附合《易》義。上卷、中卷以八卦分八宮，每宮一純卦統七變卦，而注其世應、飛伏、遊魂、歸魂諸例。下卷首論聖人作《易》揲蓍布卦，次論納甲法，次論二十四氣候配卦。

與夫天、地、人、鬼四《易》，父母、兄弟、妻子、官鬼等爻，龍德、虎形、天官、地官，與五行生死所寓之類，蓋後來錢卜之法，實出於此。故項安世謂以《京易》考之，世所傳「火珠林」即其遺法。以三錢擲之，兩背一面為

坼，兩面一背為單，俱面為交，俱背為重。此後人務趨捷徑以為卜肆之便，而本意尚可考。其所異者，不以交重為占，自以世為占，故其占止於六十四爻，而不能盡三百八十四爻之變。〔二〕張行成亦謂衞元嵩《元包》，其法合於「火珠林」〔三〕。「火珠林」之用，祖於京房。陸德明《經典釋文》乃於《周易》六十四卦之下悉注某宮一世、二世、三世、四世、遊魂、歸魂諸名，引而附合於經義，誤之甚矣。〔四〕（《四庫全書總目》卷一百九）

【注釋】

〔一〕胡玉縉云：「晁說誠臆斷，但晁謂《積算易傳》，此處文義混淆，殊未分析。」（《四庫全書總目提要補正》第 862 頁）

〔二〕【史源】項安世《項氏家說》卷二《京房易》法以八卦變六十四卦」。

〔三〕【火珠林】張行成云：「所謂八卦自用者，陰陽分為八位，各以一卦變七卦，自一世至五世遊魂歸魂，而卦體復各守本體，其一不變，故曰八卦自用其數也。今世卜筮所用『火珠林』即是此法，而其文不雅，先生著書，欲傳此一法於後世爾。」（《元包數總義》卷二）

〔四〕【整理與研究】郭彧撰《京氏易傳導讀》（中華書局 2003 年版），盧央撰《京氏易傳解讀》（九州出版社 2004 年版），許老居撰《京氏易傳發微》（臺北：新文豐出版股份有限公司 2007 年版）。

85. 正易心法一卷

舊本題宋麻衣道者撰。〔一〕

凡四十二章，章四句，句四言。又題「希夷先生受並消息」〔二〕。《文獻通考》載李潛序云：「得之廬山異人。」〔三〕馬端臨注曰：「或云許堅。」〔四〕又載張栻跋，亦信為陳摶所傳〔五〕。

惟《朱子語錄》曰：「此書詞意凡近，不類一二百年文字，如所謂雷自天下而發，山自天上而墜，皆無理之妄談。所謂一陽生於子月，而應於卯月，乃術家之小數。所謂由破體練之，乃成全體，則爐火之末技。所謂人間萬事，悉是假合，乃佛者之幻語。必近年術數末流，道聽途說，掇拾老、佛、醫、卜諸說之陋者，以成此書。後二年守南康，有前湘陰主簿戴師愈者求謁，即及《麻衣易》。因復扣之，宛然此老所作。欲馳報敬夫，敬夫已下世。時當塗守李侍郎壽翁雅好此書，亟以書來曰：即如君言，斯人而能為此書，亦吾所願見，幸為津致之。戴不久即死，而壽翁亦得請西歸矣。」〔六〕又曰：「《麻衣易》是戴

師愈所作，太平州刊本第二跋，即其人也。昨親見之，甚稱此《易》，以為得
之隱者。問之不肯明言其人。某適到其家，見有一冊雜錄，乃戴公自作，其言
皆與《麻衣易》說相類。及戴死，其子弟將所謂易圖來看，乃知真所自作也。」
〔七〕觀此二則，則是書之偽妄審矣。〔八〕（《四庫全書總目》卷一百十）

【注釋】

〔一〕【辨偽】胡渭《易圖明辨》卷十：「是書託名麻衣，序跋與書及注同出一手，
　　　其他躊駁之說無論，獨李壽翁所賞二語，貽誤學者不淺，然其言實出希夷。
　　　《觀物外篇》曰：『先天學心法也，圖雖無文，吾終日言而未嘗離乎是，亦即
　　　所謂羲皇心地上馳騁，不於周、孔腳跡下盤旋也。』麻衣，小說家以為即白
　　　閣僧相錢若水者，其人蓋孫君仿獐、皮處士之流，縱令是書真出麻衣，吾亦
　　　深惡而痛絕之，況戴師愈乎？」

〔二〕【史源】卷首題云：「希夷先生受並消息。」

〔三〕【李潛《麻衣道者正易心法序》】此書頃得之廬山一異人，或有疑而問者，余
　　　應之云：「何疑之有？顧其議論可也。」昔黃帝《素問》、孔子《易大傳》，世
　　　尚有疑之，嘗曰：「世固有能作《素問》者乎？固有能作《易大傳》者乎？雖
　　　非本真，是亦黃帝、孔子之徒也。」余於《正易心法》亦曰：「世固有能作之
　　　者乎？雖非麻衣，是乃麻衣之徒也。」胡不觀其文辭議論乎？一滴真金，源
　　　流天造，前無古人，後無來者，翩然於羲皇心地上馳騁，實物外真仙之書也。
　　　讀來十年，方悟浸漬，觸類以知《易》道之大如是也。得其人，當與共之。
　　　《正易心法》曰：「卦象示人，本無文字，使人消息，吉凶默會。《易》道不
　　　傳，乃有周、孔。周、孔孤行，《易》道復晦。」又曰：「《易》道彌滿，九流
　　　可入。當知活法，要須自悟。」又曰：「世俗學解，浸漬舊聞。失其本始，《易》
　　　道淺狹。」

〔四〕【史源】《文獻通考》於李潛《麻衣道者正易心法序》「此書頃得之廬山一異
　　　人」句下注：「或云許堅。」

〔五〕【張南軒跋】嗚呼！此真麻衣道者之書也。其說獨本於羲皇之畫，推乾坤之
　　　自然，考卦脈之流動，論反對變復之際，深矣！其自得者歟？希夷、隱君實
　　　傳其學。二公高視塵外，皆有長往不來之願，抑列禦寇、莊周之徒歟？

〔六〕【書《麻衣心易》後】《麻衣心易》，頃歲嘗略見之，固已疑其詞意凡近，不類
　　　一二百年前文字。今得黃君所傳，細讀之，益信所疑之不謬也。如所謂「雷
　　　自天下而發，山自天上而墜」之類，皆無理之妄談；所謂「一陽生於於月，

而應在卯月」之類，乃術家之小數；所謂「由破體煉之，乃成全體」，則爐火之末技；所謂「人間萬事，悉是假合」，又佛者之幻語耳。其他比比非一，不容悉舉。要必近年術數末流，道聽途說，綴拾老、佛、醫、卜諸說之陋者以成其書，而其所以託名於此人者。則以近世言象數者必宗邵氏，而邵氏之學出於希夷，於是又求希夷之所敬，得所謂麻衣者而託之。以為若是，則凡出於邵氏之流者莫敢議己，而不自知其說之陋，不足以自附於陳、邵之間也。夫麻衣，方外之士，其學固不純於聖賢之意，然其為希夷所敬如此，則其為說亦必有奇絕過人者，豈其若是之庸瑣哉！且五代、國初時人文字言語質厚沉實，與今不同，此書所謂「落處」、「活法」、「心地」等語皆出近年，且復不成文理，計其偽作，不過四五十年間事耳。然予前所見本有張敬夫題字，猶摘其所謂「當於羲皇心地上馳騁，莫於周、孔腳跡下盤旋」者，而與之辯，是亦徒費於辭矣。此直無理，不足深議，但當摘其謬妄之實而掊擊之耳。淳熙丁酉冬十一月五日書。（《文公易說》卷十七）

〔七〕【再跋《麻衣易說》後】子既為此說，後二年，假守南康，始至，有前湘陰主簿戴師愈者來謁，老且矍，使其婿自挾而前，坐語未久，即及《麻衣易說》，其言暗澀，殊無倫次。問其師傳所自，則曰得之隱者。問隱者誰氏，則曰彼不欲世人知其姓名，不敢言也。既復問之邦人，則皆曰書獨出戴氏，莫有知其所自來者。予省前語，雖益疑之，然亦不記前已見其姓名也。後至其家，因復扣之，則曰學《易》而不知此，則不明卦畫之妙，而其用差矣。予問所差謂何？則曰坎、兌皆水，而卦畫不同，若煮藥者，不察而誤用之，則失其性矣。予了其妄，因不復問，而見其幾間有所雜著書一編，取而讀之，則其詞語氣象，宛然《麻衣易》也。其間雜論細事，亦多有不得其說，而公為附託以欺人者。予以是始疑前時所料三五十年以來人者，即是此老。既歸，亟取觀之，則最後跋語固其所為，而一書四人之文，體制規模乃出一手，然後始益深信所疑之不妄。然是時戴病已昏，不久即死，遂不復可窮詰，獨得其《易圖》數卷閱之，又皆鄙陋瑣碎，穿穴無稽，如小兒嬉戲之為者，欲以其事馳報敬夫，則敬夫亦已下世，因以書語呂伯恭曰：「吾病廢有年，乃復為吏，然不為它郡，而獨來此，豈天固疾此書之妄，而欲使我親究其實邪？」時當塗守李壽翁侍郎雅好此書，伯恭因以予言告之。李亟以書來曰：「即如君言，斯人而能為此書，亦吾所願見也，幸為津致使其一來。」予適以所見聞報之，而李已得謝西歸，遂不復出，不知竟以予言為如何也。淳熙丁未初夏

四日，病中閒閱舊書，念壽翁、敬夫、伯恭皆不可復見，因並記此曲折以附其後，使覽者知予之論所以不同於二君子者，非苟然也。（《文公易說》卷十七、《易圖明辨》卷十、《御纂朱子全書》卷二十七、《晦庵集》卷八十一）

《文公易說》卷十七《偶讀謾記》：「如麻衣道者，本無言語，只因小說有陳希夷問錢若水骨法一事，遂為南康軍戴師愈者偽造《正易心法》之書以託之也。《麻衣易》予亦嘗辯之矣。然戴生樸陋，予嘗識之。其書鄙俚，不足惑人，此《子華子》者，計必一能文之士所作。其言精麗，過《麻衣易》遠甚。如論河圖之『二與四，抱九而上躋，六與八，蹈，一而下沉，五居其中，據三持七，巧亦甚矣』。唯其甚巧，所以知其非古書也。又以洛書為河圖，亦仍劉牧之謬，尤足以見其為近世之作。或云王銍性之、姚寬令威多作贋書，二人皆居越中，恐出其手。然又恐非其所能及。如《子華子》者，今亦未暇詳論其言之得失，但觀其書數篇，與前後三序，皆一手文字。其前一篇託為劉向，而殊不類向。它書後二篇乃無名氏、歲月，而皆託為之號，類若世之匿名書者。」

《文公易說》卷十七《答李椿》：「熹竊嘗聞之，侍郎知《易》學之妙，深造理窟，每恨不得執經請業，茲辱誨諭，警省多矣。《麻衣易說》，熹舊見之，嘗疑其文字言語，不類五代國初時體制，而其義理尤多淺俗，意恐只是近三五十年以來人收拾佛老術數緒，余所造嘗題數語於其後，以俟知者。及去年至此，見一戴主簿者名師愈，即今印本卷後跋之人，初亦忘其有此書，但每見其說《易》，專以麻衣為宗，而問其傳授來歷，則又秘而不言，後乃得其所著他書觀之，則其文體意象多與所謂《麻衣易說》者相似，而間亦多有附會假託之談，以是心始疑其出於此人，因復遍問邦人，則雖無能言其贋作之實者，然亦無能知其傳授之所從也，用此決知其為此人所造不疑，然是時其人已老病昏塞，難可深扣，又尋即物故，遂不復可致詰。但今考其書，則自麻衣本文及陳、李、戴注題，四家之文，如出一手，此亦其同出戴氏之一驗，而其義理則於鄙意尤所不能無疑。今以臺諭之及，當復試加考訂，他日別求教也。」

《文公易說》卷十七：「邵浩曰：『李壽翁最好，《麻衣易》與《關子明易》如何？』先生大笑曰：『偶然兩書皆是偽書，《關子明易》是阮逸作，陳無已集中說得分明。《麻衣易》乃是南康一戴主簿作。某知南康時尚見此人，已垂老，卻也讀書博。記某一日訪之，見它案上有一冊子，問是誰文字，渠云是某有見抄錄某借歸看，內中言語文勢大率與《麻衣易》相似，已自看破。

又因問彼處人《麻衣易》從何處傳來，皆云從前不曾見，只見戴主簿傳與人，又可知矣。仍是淺陋。內有山是天上物落在地上之說，此是何等語？它只見南康有落星寺，便為此說，若時復一兩個下來，世間人都被壓作粉碎，始得，遂大笑。又云後來戴主簿死了，某又就它家借得渠所作《易圖》看，皆與《麻衣易》言語相應，將逐卦來牽合取象畫成圖子，又好笑，《需卦》畫作共食之象，以《坎卦》中一畫作卓子，兩陰爻作飲食，《乾》三爻作三個人向之而食，《訟卦》則三人背飲食而坐，《蒙卦》以筆牽合六爻作小兒之象，大率可笑如此。某遂寫與伯恭，轉聞壽翁，時壽翁知太平，謂若如此戴簿，亦是明《易》人，卻作書來，託某津遣來太平相見，時戴已死。』又曰：『《麻衣易說》乃南康戴主簿作，嘗親見其人，稱此書得之隱者，問之不肯言其人，往訪其家，見案上雜錄一冊，乃戴手筆其言，皆與《易說》大略相類。及戴死，其子弟將所作《易圖》來看，乃知真戴作無疑。』《陰符經》恐是唐李佺所為，是他著意去做，學他古文何故？只因他說起遂行於世。某向以語伯恭，伯恭亦以為然。亦如《麻衣易》，只是戴氏自做自解，文字自可認。道夫曰：『向見南軒跋云，此真麻衣道者書也。』曰：『南軒看文字甚疏。』（楊道夫錄）向在南康，見四家《易》，如劉居士變卦，每變為六十四，卻是案古周三教，及劉虛谷皆亂道外，更有戴主簿傳得《麻衣易》，乃是戴公偽為之。嘗到其家，見其所作文，其體皆相同，南軒及李侍郎被他瞞，遂為之跋，某嘗作書辯之。」

〔八〕【辨偽】《直齋書錄解題》卷一：「《正易心法》一卷，舊稱麻衣道者授希夷先生。崇寧間，廬山隱者李潛得之，凡四十二章，蓋依託也。朱先生云：『南康戴主簿師愈撰。乃不唧𠺕底禪，不唧𠺕底修養法，〔不唧𠺕底〕日時法。』王炎曰：『洺山李壽翁侍郎喜論《易》，炎嘗問侍郎在當途板行麻衣新說如何？』李曰：『程沙隨見囑。』炎曰：『恐託名麻衣耳。以撲錢背面喻八卦陰陽純駁，此鄙說也。以泉雲雨為陽水，以澤為陰水，與夫子不合。』李曰：『然。然亦有兩語佳。』炎曰：『豈非學者當於羲、皇心地上馳騁，不當於周、孔腳跡下盤旋耶？然此二語亦非也。無周孔之辭，則羲皇心地學者何從探之？』李無語。李名椿。」

閻若璩《尚書古文疏證》卷五上：「《子夏易傳》十卷，今不傳，陳氏振孫以其經文、彖、象、爻辭相錯，正用王弼本，決非漢代古書，最妙。或曰唐張弧作也。余因思《關子明易傳》為阮逸偽作，《麻衣道者正易心法》為戴師愈偽作，皆歷有確據，而世之好異者，猶不能捨以從之，謂之何哉？」

程準序曰：「姑溪太守李公出《麻衣說》《關子明傳》，曰：『吾得二書，不敢私諸己，今用廣於人準，竊幸管窺，信神物也。公得其傳，行其道，又以傳於世，蓋將救《易》學之病，而還《易》之本旨，豈誦說云乎哉！』正易者，正謂卦畫，若今經書正文也。每章四句者，心法也。訓於其下，消息也。」

胡一桂曰：「《正易心法》四十二章，章四句，句四言，題希夷先生受並消息，李壽翁刊於當塗。乾道間，南康戴師愈孔文始為之跋以行，未可據也。」

明王鏊《震澤長語》卷上：麻衣《正易心法》四十二章，朱子謂其偽作，掇拾老、佛、醫、卜之說，其信然乎？然其立論亦甚奇，謂羲皇《易》道不立文字，使天下之人觀象而知吉凶，後世《易》道不傳，聖人不得已而有辭，學者一著於辭，便謂《易》止於是，於是周、孔孤行，不知有卦畫微旨，學《易》者當於羲皇心地上馳騁，無於周、孔注腳下盤旋。周、孔猶謂之注腳，而況後世之紛紛乎？今學者終年守傳注，猶不能明《易》，而欲單觀卦象，其亦難矣！

宋周必大《文忠集》卷五十五《書示臨川陳撝》：「臨川陳生以《易》卦推人休咎，來求一言，予於《易》固未能學，而休咎又非所問。案間偶有《正易心法》及《易索》兩書，遂以界之。《心法》出於麻衣道者，其傳則希夷先生也，讀之可以求天理；《易索》，吉之太和名士張汝明作，讀之可以知人事。二者苟盡心焉，於休咎乎何有？慶元己未六月辛未，平園老叟周某序。」

86. 古畫品錄一卷〔一〕

南齊謝赫（？～532）撰。赫不知何許人。姚最《續畫品錄》稱其「寫貌人物，不須對看，所須一覽，便歸操筆，點刷精研，意存形似，目想毫髮，皆無遺失，麗服靚妝，隨時變改，直眉曲鬢，與世競新。別體細微，多自赫始。委巷逐末，皆類效顰。至於氣韻精靈，未窮生動之致。筆路纖弱，不副雅壯之懷。然中興以來，象人為最」〔二〕。據其所說，殆後來院畫之發源。張彥遠《名畫記》又稱其有《安期先生圖》傳於代，要亦六朝佳手也〔三〕。

是書等差畫家優劣。晁公武《讀書志》謂分四品〔四〕，今考所列，實為六品。蓋《讀書志》傳寫之訛。大抵謂畫有六法，兼善者難，自陸探微以下，以次品第，各為序引，僅得二十七人，意頗矜慎。姚最頗詆其謬，謂如長康之

美，擅高往策，矯然獨步，終始無雙，列於下品，尤所未安。李嗣真〔五〕亦譏其黜衛進曹，有涉貴耳之論。然張彥遠稱：「謝赫評畫，最為允愜；姚李品藻，有所未安。」〔六〕則固以是書為定論。所言六法，畫家宗之〔七〕，亦至今千載不易也。（《四庫全書總目》卷一百十二）

【注釋】

〔一〕【卷首提要】《古畫品錄》，南齊謝赫撰。凡一卷，等差畫家之優劣，分為六品。晁氏《讀書志》謂分四品者誤也。大抵謂畫有六法，兼善者難，自陸探微以下，以次品第，各為序引，其意頗矜慎，得二十七人。陳姚最嘗譏其未允，謂如長康之美，擅高往策，矯然獨步，終始無雙，列於下品，尤所未安。李嗣真亦譏其黜衛進曹，有涉貴耳之論。然所言六法，畫家宗之，至今實千載不能易也。

〔二〕【史源】姚最《續畫品》「謝赫」條。

〔三〕【史源】張彥遠《歷代名畫記》卷七：「安期先生圖傳於代。」謝赫列名南齊二十八人之一。

〔四〕【史源】宋趙希弁《郡齋讀書後志》卷二雜藝術類：「《古畫品錄》一卷，右南齊謝赫撰。言畫有六法，分四品。」今按，六法，繪畫術語，或稱六品。《古畫品錄》總結前代畫法，提出品評繪畫六法，即氣韻生動，骨法用筆，應物象形，隨類賦彩，經營位置，傳移模寫，世稱「謝六法」，並以之定畫家參差。朱景玄《唐朝名畫錄》論畫以「神氣」與「形」兼重，品評以神、妙、能、逸為四品。

〔五〕【李嗣真】（？～696），字承胄。唐邢州人。著有《書後品》一卷、《續畫品錄》一卷。

〔六〕【史源】唐張彥遠《歷代名畫記》卷二《敘師資傳授南北時代》。

〔七〕【古畫品錄敘】夫畫品者，蓋眾畫之優劣也。圖繪者，莫不明勸誡，著升沉，千載寂寥，披圖可鑒。雖畫有六法，罕能盡該，而自古及今，各善一節。六法者何？一、氣韻生動是也，二、骨法用筆是也，三、應物象形是也，四、隨類賦彩是也，五、經營位置是也，六、傳移模寫是也。唯陸探微、衛協備該之矣。然跡有巧拙，藝無古今，謹依遠近，隨其品第，裁成序引，故此所述不廣其源，但傳出自神仙，莫之聞見也。

87. 書品一卷

梁庾肩吾（487～551）撰。肩吾字子慎，新野（今屬河南南陽市）人。起家晉安王國常侍，元帝時官至度支尚書（即禮部尚書）。事蹟具《梁書‧文學傳》。

是書載漢至齊、梁能真草者一百二十八人，分為九品，每品各繫以論，而以總序冠於前。考竇臮《述書賦》稱：「肩吾通塞，並乏天性。工歸文華，拙見草正。徒聞師阮，何至遼夐。使鉛刀之均鋒，稱並利而則佞（云云）。」〔一〕其於肩吾書學，不甚推許。又其論述作一條，稱庾「中庶品格，拘於文華」，則於是書亦頗致不滿。

然其論列，多有理致，究不失先民典型，如序稱：「尋隸體發源，秦時隸人下邳程邈所作，始皇見而重之，以奏事繁多，篆字難制，遂作此法，故曰『隸書』，今時『正書』是也。」〔二〕此足正歐陽修以八分為隸之誤。惟唐之魏徵，與肩吾時代邈不相及，並列其間，殊為顛舛，故王士禎《居易錄》詆毛晉刊本之訛〔二〕。又序稱一百二十八人，而書中所列實止一百二十三人，數亦不符，殆後人已有所增削。然張彥遠《法書要錄》全載此書，已同此本，並魏徵之謬亦同，則其來久矣。（《四庫全書總目》卷一百十二）

【注釋】

〔一〕【史源】《述書賦》卷上。

〔二〕【史源】《居易錄》卷二十五：「梁庾肩吾《書品》，今汲古閣刊本下之上凡二十人，而列魏徵第三，注元成二字於下，訛謬極矣。惜不得古本正也。」

88. 續畫品一卷

舊本題陳吳興姚最撰。今考書中稱梁元帝為湘東殿下，則作是書時，猶在江陵即位之前，蓋梁人而入陳者〔一〕。猶《玉臺新詠》作於梁簡文在東宮時，而今本皆題陳徐陵〔二〕耳。

其書繼謝赫《古畫品錄》而作，而以赫所品高下多失其實，故但敘時代，不分品目。所錄始於梁元帝，終於解蒨，凡二十人，各為論斷，中稽寶鈞、聶松合一論，釋僧珍、僧覺合一論，釋迦佛陀吉底、俱摩羅菩提合一論，凡為論十六則。

名下間有附注，如湘東殿下條注曰：「梁元帝初封湘東王，嘗畫芙蓉圖、醮鼎圖。」毛棱條下注曰：「惠秀侄尚。」似是最之本文。至張僧由條下注曰：「五代梁時吳興人。」則決不出最手，蓋皆後人所益也。

凡所論斷，多不過五六行，少或止於三四句，而出以儷詞，氣體雅俊，確為唐以前語，非後人所能依託也。(《四庫全書總目》卷一百十二)

【注釋】

〔一〕【考證】李裕民先生云：「姚最幼年在梁，後仕周、隋，從未入陳為官，舊本題『陳吳興姚最』，誤，《提要》曰『蓋梁人而入陳者』亦誤。」(《四庫提要訂誤》第 203 頁)

〔二〕【徐陵】(507～583)，字孝穆，南朝陳東海人。編有《玉臺新詠》。吳兆宜撰《徐孝穆集箋注》。

89. 貞觀公私畫史一卷

唐裴孝源撰。孝源里貫未詳。卷首有貞觀十三年 (639) 八月自序，結銜題中書舍人。案《唐書·藝文志》，有《裴孝源畫品錄》一卷，注曰中書舍人，與此序合。注又曰記貞觀、顯慶年事，而此書序中則稱：「大唐漢王元昌，每燕時暇日，多與其流商榷精奧，以予耿尚，嘗賜討論，遂命魏晉以來前賢遺跡所存，及品格高下，列為先後，起於高貴鄉公，終於大唐貞觀十三年秘府及佛寺並私家所蓄，共二百九十八卷，屋壁四十七所，為《貞觀公私畫錄》(云云)。」與注所言絕不相符。

考張彥遠《名畫錄》引孝源畫錄最多，皆此書所無，蓋孝源別有一書，記貞觀、顯慶間畫家品第，如謝赫《古畫品錄》之例，非此書也。又序稱高貴鄉公以下，而此本所列乃以宋陸探微為首，反居其前，疑傳寫之誤。又序稱止於貞觀十三年 (639)，而此本所列皆隋代收藏官本，其畫壁亦終於楊契丹〔一〕，均不可解。考其序末稱：「又集新錄官庫畫，總二百九十八卷。三百三十卷是隋室官庫，十三卷是左僕射蕭瑀〔二〕進，二十卷是楊素〔三〕家得，三十卷許善心〔四〕進，十卷高平縣行書佐張氏所獻，四卷褚安福進，近十八卷先在秘府，亦無所得人名，並有天和年月。其間有二十三卷恐非晉宋人真蹟 (云云)。」其文重沓不明，疑傳寫有誤。〔五〕推其大意，似尚有新錄，今佚之耳。書中皆前列畫名，後列作者之名，而以「梁太清目所有」、「梁太清目所無」分注於下。太清目既不可見，則考隋以前古畫名目者，莫古於是。是亦賞鑒家之祖本矣。(《四庫全書總目》卷一百十二)

【注釋】

〔一〕【楊契丹】隋代畫家。善畫佛道及人物故實。其畫「六法兼該，甚有骨氣」。

〔二〕【蕭瑀】（575〜648），字時文，後梁明帝子。唐武德年間拜內史令，總掌政
　　　務。後貶商州刺史。

〔三〕【楊素】（？〜606），字處道，隋弘農華陰人。時稱名將，然貪冒財貨。因功
　　　高位極，為隋煬帝所忌。

〔四〕【許善心】（558〜618），字務本，隋高陽人。許敬宗之父。著有《方物志》
　　　《靈異記》等。

〔五〕【考證】李裕民先生懷疑今傳本內容已有脫誤（《四庫提要訂誤》第 204 頁）。

90. 秘殿珠林二十四卷

乾隆九年（1744）奉敕撰。〔一〕

凡內府所藏書畫，關於釋典、道家者，並別為編錄，匯為此書。首戴三
朝宸翰、皇上御筆，次為歷代名人書畫，而附以印本、繡錦、刻絲之屬，次為
臣工書畫，次為石刻、木刻、經典、語錄、科儀及供奉經像。其次序，先釋後
道，用阮孝緒《七錄》例。案：《七錄》今不傳，其分類總目，載道宣《廣弘明集》中。
其記載，先書後畫，先冊，次卷，次軸，用賞鑒家著錄之通例，而於絹本、紙
本、金書、墨書、水墨畫、著色畫，一一分別，以及標題款識，印記題跋，高
廣尺寸，亦一一詳列，較之《鐵網珊瑚》之類，體例更詳焉。

考宣和畫學分六科，以佛道為第一科。案：事見趙彥衛《雲麓漫抄》。《宣和畫
譜》分十類，以道、為第一類。案：《畫學》稱佛道，蓋唐以來相沿舊語。《畫譜》作於林
靈素用事以後，方改僧為德士，故易其次為道釋。鄧椿《畫繼》分八目，亦以仙佛鬼神
為第一目，然均不別為一書。至書家著錄，則晉唐人所書經典，均雜列古法帖
真蹟之內，無所區分，其以書畫涉二氏者別為一書，實是編創始。蓋記載日衍
而日多，體例亦益分而益密，《七略》列《史記》於春秋家，列《離騷》於賦家。
後《史記》別為正史，《離騷》別為楚詞，文章流別，以漸而增，初附見而後特
書，往往如此，故諸家所錄，似諸史《藝文志》，以釋、道為子部之一類。是編
所錄，則似釋家之列三藏，道家之紀七籤，於四部之外，各自別行，古略今詳，
義各有當。聖人制作，或創或因，無非隨事而協其宜爾。（《四庫全書總目》卷一百
十三）

【注釋】

〔一〕此書實為張照等人編纂。崔富章教授認為此書殊嫌糅雜。

91. 石渠寶笈四十四卷

乾隆十九年（1754）奉敕撰。〔一〕

書評畫品，肇自六朝，張彥遠始匯其總，依據舊文，粗陳名目而已，不能盡見真蹟也。唐、宋以來，記載日夥，或精於賞鑒而限於見聞，或長於搜羅而短於識別，迄未能兼收眾美，定著一編，為藝林之鴻寶。我國家承平景運一百餘年，內府所收，既多人間所未睹，我皇上幾餘遊藝，妙契天工，又睿鑒所臨，物無匿狀，是以品評甲乙，既博且精，特命儒臣錄為新帙，以貯藏殿閣，依次提綱，以書冊、畫冊、書畫合冊、書卷、畫卷、書畫合卷、書軸、畫軸、書畫合軸分條列目，其箋素尺寸、印記姓名、賦詠跋識，與奉有御題御璽者，皆一一臚載，纖悉必詳，而三朝宸翰，皇上御筆，尤珍逾球璧，光燦儀璘，仰見未明勤政之餘，乙夜觀書之暇，松雲棟牖，穆穆凝神，所為頤養天和，怡情悅性者，不過遊心翰墨，寄賞丹青，與前代帝王務侈紛華靡麗之觀者，迥不侔也。〔二〕（《四庫全書總目》卷一百十三）

【注釋】

〔一〕此書實為張照、梁詩正等人編纂。

〔二〕【輯佚】《石渠寶笈》是我國古代書畫著錄史上的扛鼎之作，在藝術研究史中具有重要影響力。本文以輯補《全元文》為切入點，新輯二十九篇佚文可補《全元文》之缺。（都劉平《石渠寶笈的歷史文獻價值》，《中國書法》2018 年第 16 期）

92. 嘯堂集古錄二卷

宋王俅撰。俅字子弁，一作球字夔玉。米芾《畫史》又作夔石，未詳孰是。陳振孫《書錄解題》謂李邴〔一〕序只稱故人長儒之子，未詳其為何王氏。考邴序稱與長儒同鄉關，邴籍濟州任城，則俅為齊人可知。

是編錄古尊彝敦卣之屬，自商迄漢，凡數百種。摹其款識，各以今文釋之〔二〕。中有古印章數十，其一曰「夏禹」。元吾邱衍《學古編》謂係漢巫厭水災法印，世俗傳有渡水佩禹字法，此印乃漢篆，故知之。衍精於鑒古，當得

其實。衍又謂《滕公墓銘》「鬱鬱」作兩字書，與古法疊字止作二小畫者不同，灼知其偽。則是書固真贗雜糅。然所採摭，尚足資考鑒，不能以一二疵累廢之。蓋居千百年下，而辨別百年上之遺器，其物或真或不真，其說亦或確或不確。自《考古圖》以下，大勢類然，亦不但此書也。(《四庫全書總目》卷一百十五)

【注釋】

〔一〕【李邴】(1085～1146)，字漢老，任城(今山東濟寧)人。著有《草堂集》。

〔二〕【史源】《直齋書錄解題》卷三。

93. 考古圖十卷續考古圖五卷

宋呂大臨(1046～1093)〔一〕撰。大臨字與叔，藍田(今屬陝西西安市)人。元祐中官秘書省正字。事蹟附載《宋史・呂大防傳》。

案：陳振孫《書錄解題》載大臨《考古圖》十卷〔二〕。錢曾《讀書敏求記》則稱：「十卷之外尚有《續考》五卷，《釋文》一卷，乃北宋鏤版，得於無錫顧宸家。後歸泰興季振宜，又歸崑山徐乾學。曾復從乾學借抄，其圖亦令良工繪畫，不失毫髮。紙墨更精於槧本(云云)。」此本勘驗印記，即曾所手錄，以較世所行本，卷一多孔文父飲鼎圖一銘十四字，說五十一字，卷三《邿敦圖》多一蓋圖，卷四《開封劉氏小方壺圖》乃《秘閣方文方壺圖》，《秘閣方文方壺圖》乃開封劉氏小方壺圖，今本互相顛倒，卷六目錄多標題盤匜盂弩戈削一行，卷八多玉鹿盧劍具圖三說一百五十五字，又多白玉雲鉤、玉環、玉玦圖各一，卷九多京兆田氏鹿鐙圖一說四十七字，又犀鐙第二圖與今本迥別，又內藏環耳鼎多一蓋圖，卷十「新平張氏連環鼎壺」無「右所從得及度量銘識皆闕失無可考，惟樣存於此」二十字，又多廬江李氏鐎斗圖一，又獸爐第二圖後多說三十五字，又卷末多邛州天寧寺僧捧敕佩圖二說四十六字。卷首大臨自序〔三〕，本題曰「後記」，附載卷末。其餘字句行款之異同，不可縷舉，而參驗文義皆以此本為長。

《續圖》卷一，二十器；卷二，二十二器；卷三，二十六器；卷四，二十器；卷五，十二器，先後不以類從。蓋隨見隨錄，故第五卷所載獨少，或有銘而不摹其文，有文而不釋其讀者。其收藏名姓皆載圖說之首，云右某人所得，與前圖注姓名於標目下者例亦小殊。〔四〕《釋文》一卷，前有大臨題詞，取銘識古字以《廣韻》四聲部分編之。其有所異同者，則各為訓釋考證。疑字、象

形字、無所從之字，則附於卷末。大臨圖成於元祐壬申，在《宣和博古圖》之前，而體例謹嚴，有疑則闕，不似《博古圖》之附會古人，動成舛謬。其「郜敦」一條，胡安國注《春秋》「成周宣榭火」，乃引之詁經〔五〕，足知其說之可據。吾邱衍《學古編》稱此圖有黑白兩樣。案：黑字、白字皆指所刻款識。黑字者後有韻圖欠璊玉瓈，白字者博山爐上雞畫作人手。此本銘文作白字，然博山爐圖無所謂人手，亦無所謂雞。其釋文一卷，依韻排次，當即衍所謂韻圖。然八卷實有盧江李氏璊玉瓈，知衍所見之本亦不及此本之完善。錢曾稱為縹囊異物，洵不虛矣。惟《續圖》五卷，《書錄解題》所不載，吾邱衍《學古編》亦未言及，其中第二卷引呂與叔云云，又引《考古圖》云云，第三卷有紹興壬午（1162）所得之器云云，則其書在紹興三十二年（1162）之後，與大臨遠不相及。蓋南宋人續大臨之書而佚其名氏，錢曾並以為大臨作，蓋考之未審也。〔六〕

其釋文所舉諸器，皆在前十卷中。所釋「榭」字、「析」字之類，亦多與圖說相合。惟「弡」字圖說釋為「張」，與歐陽修《集古錄》同，而釋文則從闕疑，稍相牴牾。或大臨削改未竟，偶而駁文歟？至其題詞稱：古器銘識，不獨與小篆有異，有同一器、同一字，而筆劃多寡、偏旁位置不一者，如伯百父敦之「百」字、「寶」字、「蘄」字，叔高父簋之「簋」字，晉鼎之「作」字，其異器者如彝尊「壽」、「萬」等字，諸器筆劃皆有小異，知古字未必同文，至秦始就一律，故非小篆所能該。亦通論也。（《四庫全書總目》卷一百十五）

【注釋】

〔一〕【考證】呂大臨生卒年從李裕民先生之說（詳見《四庫提要訂誤》第212～213頁）。

〔二〕【史源】《直齋書錄解題》卷十。

〔三〕【考古圖記自序】莊周氏謂儒者逐跡喪真，學不善變，故為輪扁之說，刻狗之諭，重以漁父盜跖「詩禮發冢」之言，極其詆訾。夫學不知變，信有罪矣。變而不知止於中，其敝殆有甚焉。以學為偽，以智為鑿，以仁為姑息，以禮為虛飾，然不知聖人之可尊，先王之可法，克己從義，謂之失性，是古非今，謂之亂政，至於坑殺學士，燔爇典籍，盡愚天下之民而後慊。由是觀之，二者之學，其害孰多？堯、舜、禹、皋陶之言皆曰「稽古」，孔子自道亦曰「好古敏以求之」。所謂古者，雖先王之陳跡，稽之好之者，必求其所以跡也。制度法象之所寓，聖人之精義存焉。有古今之同，然百代所不得變者，豈刻狗、

輪扁之謂哉？漢承秦火之餘，上視三代，如更晝夜夢覺之變，雖遺編斷簡僅存二三，然世態遷移，人亡書殘，不復想見先王之緒餘，至人警欬，不意數千百年後，尊、彝、鼎、敦之器，猶出於山岩屋壁田畝壚墓間。形制文字，且非世所能知，況能知所用乎？當天下無事，時好事者畜之，徒為耳目奇異玩好之具而已。噫！天之果喪斯文也，則是器也胡為而出哉？予於士大夫之家所閱多矣，每得傳摹圖寫，寖盈卷軸，尚病寠褻未能深考，暇日論次成書，非敢以器為玩也，觀其器，誦其言，形容彷彿，以追三代之遺風，如見其人矣。以意逆志，或探其製作之原，以補經傳之闕亡，正諸儒之謬誤，天下後世之君子有意於古者亦將有考焉。

〔四〕【版本】潘景鄭《抄本續考古圖》：「呂大防《考古圖》，自宋以來不乏傳本，而呂大臨《續考古圖》一書藏家罕覯。於本清季陸氏十萬卷樓重得抄本重雕，其所遽者，即吾家湑喜齋本。」（《著硯樓讀書記》第 367 頁）

〔五〕【史源】宋胡安國《春秋傳》卷十八。

〔六〕【考證】《續考古圖》為趙九成所輯，《釋文》實趙九成所撰。（胡玉縉《四庫全書總目提要補正》第 899 頁）

〔七〕【整理與研究】廖蓮婷整理校點《考古圖》外五種（上海書店出版社 2016 年版）。李小旋《呂大臨〈考古圖〉研究》認為，《考古圖》集合大量古器物圖並加以考證，使得古器物與「三禮」制度得以聯繫，成功地透過實物考證古禮，不僅對宋代及後世的學術和政治產生了重大影響，更奠定了後來中國古器物研究的基礎。與此同時，這些圖在禮制之外還為當時的藝術生產提供了資源，促使古器物的形象在不同作品中的重現，從而影響了人們的視覺文化生活。（中央美術學院 2009 年碩士論文）

94. 宣和博古圖三十卷

案：晁公武《讀書志》稱，《宣和博古圖》為王楚撰〔一〕。而錢曾《讀書敏求記》稱元至大中重刻《博古圖》，凡臣王黼撰云云，都為削去，殆以人廢書。則是書實王黼（1079～1126）撰，「楚」字為傳寫之訛矣。曾又稱《博古圖》成於宣和年間，而謂之重修者，蓋以採取黃長睿《博古圖說》在前也。考陳振孫《書錄解題》曰：「《博古圖說》十一卷，秘書郎昭武黃伯思長睿撰，凡諸器五十九品，其數五百二十七，印章十七品，其數四十五。長睿沒於政和八年，其後修《博古圖》頗採用之，而亦有刪改（云云）。」〔二〕錢曾所說良信。

　　然考蔡絛《鐵圍山叢談》曰：「李公麟，字伯時，最善畫，性喜古，取生平所得及其聞睹者作為圖狀，而名之曰《考古圖》，及大觀初，乃仿公麟之《考古》，作《宣和殿博古圖》。」〔三〕則此書踵李公麟而作，非踵黃伯思而作〔四〕。且作於大觀初，不作於宣和中。絛，蔡京之子，所說皆其目睹，當必不誤。陳氏蓋考之未審。其時未有宣和年號，而曰《宣和博古圖》者，蓋徽宗禁中有宣和殿以藏古器書畫。後政和八年改元重和，右丞范致虛言犯遼國年號，案：遼先以「重熙」建元，後因天祚諱禧，遂追稱「重和」。徽宗不樂，遂以常所處殿名其年，且自號曰「宣和人」，亦見《鐵圍山叢談》〔五〕。則是書實以殿名，不以年號名。自洪邁《容齋隨筆》始誤稱政和、宣和間朝廷置書局以數十計，其荒陋可笑，莫若《博古圖》云云，錢曾遂沿以立說，亦失考也。絛又稱尚方所貯至六千餘數百器，遂盡見三代典禮文章，而讀先儒所講說，殆有可哂者。而洪邁則摘其父癸匜、周義母匜、漢注水匜、楚姬盤、漢梁山鋗及州吁高克諸條〔六〕，以為詬厲，皆確中其病，知絛說乃迴護時局，不為定評。

　　然其書考證雖疏，而形模未失，音釋雖謬，而字畫俱存，讀者尚可因其所繪，以識三代鼎彝之制、款識之文，以重為之核訂。當時蒐集之功亦不可沒。其支離悠謬之說，不足以當駁詰，置之不論不議可矣。（《四庫全書總目》卷一百十五）

【注釋】

〔一〕【史源】《郡齋讀書志》卷四。今按，余嘉錫認為此書實為王楚撰，而非王黼撰。（《四庫提要辯證》第 803～805 頁）

〔二〕【史源】《直齋書錄解題》卷八。

〔三〕【史源】《鐵圍山叢談》卷五。

〔四〕【考證】明文徵明《甫田集》卷二十一《書東觀餘論後》：「右《東觀餘論》，宋秘書郎黃伯思長睿撰。長睿元符庚辰進士，年四十而卒。好古博雅，喜神仙家，所著文集一百卷，然世未見，所見惟《法帖刊誤》及此耳。別有《博古圖說》十一卷，王楚《宣和博古圖》實基於此。然楚書頗涉牽合，《容齋隨筆》嘗論之，而陳振孫《書錄解題》謂圖說有牽合處，亦因宣和時有所刪改云爾，非盡出於長睿也。今觀此書，亦有瞿父之說，豈亦曾經刪改耶？中多書帖跋語，考論頗精。鄭杓著衍極謂其自有劉盛注而衍極多出於元章，而實不然。」

〔五〕【史源】《鐵圍山叢談》卷一。

〔六〕【史源】《容齋隨筆》卷十四「博古圖」條。

95. 欽定西清古鑒四十卷

乾隆十四年（1749）奉敕撰。

以內府庋藏古鼎彝尊罍之屬，案器為圖，因圖繫說，詳其方圓圍徑之制，高廣輕重之等，並鉤勒款識，各為釋文。其體例雖仿《考古》《博古》二圖，而摹繪精審，毫釐不失，則非二圖所及。其考證雖兼取歐陽修、董迫、黃伯思、薛尚功諸家之說，而援擬經史，正誤析疑，亦非修等所及。如周文王鼎銘之「魯公」斷為伯禽，而非周公；周晉姜鼎銘之「文侯，據虎賁」云云，與《書・文侯之命》合斷為「文侯虎」，而非文公重耳；漢定陶鼎，據《漢書・地理志》濟陰郡注：宣帝甘露二年，更名定陶，斷此鼎為宣帝中定陶，共王康作，而非趙共王恢，皆足正《博古圖》姓名之訛。又如商祖癸鼎，《博古圖》謂：「『我』之字從『戈』者，敵物之我也（云云）。」則斥其王安石《字說》；王氏銅虹燭錠，《博古圖》謂是薦熟食器，則於周素錠引《說文》以錠為鐙正之，亦足糾其訓釋之舛。其他如周召夫鼎、周魚鼎之屬，辨駁尤多。又如周單卣銘，爵字、景字，從《博古圖》，豐字則從《鍾鼎款識》，於兩家皆取所長。銘首凶字則證其不當作罔，於兩家並訂其失。商瞿卣舊無實證，則引《竹書紀年》注，定瞿為武乙之名，並能參考異同，補苴罅漏。至周象尊，據器訂《周禮・司尊彝》注「飾以象骨」之非；周犧犧尊，據器訂鄭《注》「飾以翡翠」之非；周虎錞，引《周官・鼓人》「以金錞和鼓」鄭《注》，證《南史》灌之以水，及以器盛水於下，以芒莖當心跪注之非，則尤有裨於經史之學。又周邢侯方彝銘十八月乙亥，證以《管子》「十三月令人之魯、二十四月魯梁之民歸齊、二十八月萊莒之君請復之」數語，以破歐陽修、蔡襄、劉敞輩不解洛鼎銘「十有四月」之疑，尤從來考古者所未到。

蓋著述之中，考證為難；考證之中，圖譜為難；圖譜之中，惟鍾鼎款識，義通乎六書，制兼乎三禮，尤難之難。讀是一編，而三代法物恍然如睹。聖天子稽古右文，敦崇實學，昭昭乎有明驗矣。〔二〕（《四庫全書總目》卷一百十五）

【注釋】

〔一〕此書撰人實為梁詩正、蔣溥、嵇璜、裘曰修、董邦達、金德瑛、王際華、錢維城、于敏中等人。跋云：「臣等於乾隆己巳冬，奉敕纂輯《西清古鑒》，每三番書成，輒恭呈點定，閱二歲，歲在辛未夏五月，是編告竣，奉旨付剞劂氏。」

〔二〕【整理與研究】孟繁放撰《西清古鑒疏》（北京工藝美術出版社 2011 年版）。朱帥《西清古鑒研究》認為，《西清古鑒》自乾隆年間編成之後一直乏人問

津，直至光緒十四年重印才廣為流傳，清末民初短短幾十年間便有四個版本問世，更有日本版出現。這一時期恰恰是古代金石學與現代考古學在中國交匯的時期，一大批學者開始投身於這個領域，而對《西清古鑒》的研究也是從此期末段開始的。容庚先生對《西清古鑒》所收器物進行了辨偽及整理等工作，而包含了《西清古鑒》在內的另一些研究，大都只是對古代金石史籍進行的簡單述評。前人對《西清古鑒》的研究基本點到即止，或集中在辨偽整理方面，並未有一個具體深入的研究。該文通過與《考古圖》以及《宣和博古圖》的對比研究。（中央美術學院 2013 年碩士論文）

96. 茶經三卷

唐陸羽（約 733～約 804）撰。羽字鴻漸，一名疾，字季疵，號桑苧翁，復州竟陵（今屬湖北）人。上元初隱於苕溪。徵拜太子文學，又徙太常寺太祝，並不就職。貞元初卒。事蹟具《唐書·隱逸傳》。稱羽嗜茶，著《經》三篇。《藝文志》載之小說家〔一〕，作三卷，與今本同。

陳師道《後山集》有《茶經序》曰：「陸羽《茶經》，家書一卷，畢氏、王氏書三卷，張氏書四卷，內外書十有一卷。其文繁簡不同，王、畢氏書繁雜，意其舊本。張書簡明，與家書合，而多脫誤，家書近古可考正。『曰七之事』以下，其文乃合三書以成之，錄為二篇藏於家。」〔二〕此本三卷，其王氏、畢氏之書歟？抑《後山集》傳寫多訛，誤「三篇」為「二篇」也？

其書分十類，曰一之源〔三〕，二之具〔四〕，三之造〔五〕，四之器〔六〕，五之煮〔七〕，六之飲〔八〕，七之事〔九〕，八之出〔十〕，九之略〔十一〕，十之圖。其曰具者，皆採製之用；其曰器者，皆煎飲之用，故二者異部。其曰圖者，乃謂統上九類，寫以絹素張之，非別有圖。其類十，其文實九也。言茶者莫精於羽〔十二〕，其文亦樸雅有古意。七之事所引多古書〔十三〕，如司馬相如《凡將篇》一條三十八字，為他書所無，亦旁資考辨之一端矣。（《四庫全書總目》卷一百十五）

【注釋】

〔一〕【史源】《新唐書》卷五十九。

〔二〕【史源】陳師道《後山集》卷十一。

〔三〕【一之源】記茶的生長與特點。

〔四〕【二之具】記採茶所用之工具。

〔五〕【三之造】記採茶的季節、時刻、晴雨等。

〔六〕【四之器】記茶的加工與用器。

〔七〕【五之煮】記煮茶之法。

〔八〕【六之飲】記品茶之方。

〔九〕【七之事】記嗜茶典故。

〔十〕【八之出】記茶之產地。

〔十一〕【九之略】記述從造具到品茶的全過程。

〔十二〕【言茶者莫精於羽】陸羽因此有「茶聖」之譽。

〔十三〕【考證】所引古書有《虞洪北地傳》《神農食經》《周公爾雅》《廣雅》《晏子春秋》《司馬相如凡將篇》《方言》《吳志》《晉中興書》《晉書》《搜神記》《神異記》《郭璞爾雅注》《世說》《續搜神記》《異苑》《廣陵耆老傳》《藝術傳》《坤元錄》《括地圖》《吳興記》《永嘉圖經》《茶陵圖經》《枕中方》《孺子方》。如引《吳志·韋曜傳》:「孫晧每饗宴,坐席無不率以七升為限。雖不盡入口,皆澆灌取盡。曜飲酒不過二升,晧初禮異,密賜茶荈以代酒。」四庫本《吳志》卷二十作:「晧每饗宴,無不竟日,坐席無能否,率以七升為限。雖不悉入口,皆澆灌取盡。曜素飲酒不過三升,初見禮異,時常為裁減,或密賜茶荈以當酒。」

97. 古玉圖譜一百卷

舊本題宋龍大淵等奉敕撰〔一〕。

《宋史·藝文志》不載,他家著錄者皆未之及。尤袤《遂初堂書目》有「譜錄」一門,自《博古》《考古圖》外,尚有李伯時《古器圖》《晏氏辨古圖》《八寶記》《玉璽譜》諸目,亦無是書之名。朱澤民《古玉圖》作於元時,亦不言曾見是書,莫審其所自來。今即其前列修書諸臣職銜,以史傳考證,舛互之處,不可枚舉。案宋制:凡修書處有提舉、監修、詳定、編修諸職名。從無總裁、副總裁之稱。其可疑一也。宋制:翰林學士承旨,以學士久次者為之。《宋史·佞倖傳》載龍大淵紹興中為建王內知客,孝宗受禪,自左武大夫除樞密副都承旨,知合門事,出為江東總管。是大淵官本武階,不應為是職。又提舉嵩山崇福宮下加一「使」字,宋制亦無此名。且《傳》稱大淵於乾道四年（1168）死,此書作於淳熙三年（1176）,在大淵死後九年,何得尚領修纂之事?其可疑二也。又宇文粹中列銜稱翰林直學士。考《南宋館閣綠》及《翰院

題名記》，自乾道至淳熙，僅有王淮、崔敦詩、胡元質、周必大、程叔達諸人，無粹中之名。其可疑三也。又《宋史‧佞倖傳》載：「曾覿，字純甫，汴人。紹興中為建王內知客。孝宗以潛邸舊人，除權知合門事。淳熙元年（1174）除開府儀同三司。六年加少保、醴泉觀使。」今是書既作於淳熙三年（1176），而於覿之列銜僅稱檢校工部侍郎，轉無儀同三司之稱。且考《宋志》，檢校官一十九，但有檢校尚書，從無檢校侍郎者，殊為不合。其可疑四也。張掄即明人所稱作《紹興內府古器評》者。《武林舊事》稱為「知合張掄」，蓋其官為知合門事，亦武臣之職。而是書乃作提舉徽猷閣，按徽猷閣為哲宗御書閣，據《閣志》只設有學士待制直閣，並無提舉一官。若提舉秘閣則當用宰執，又非掄所應為，顯為不考《宋制》，因「知合」而附會之。其可疑五也。《宋志》皇城司但有幹當官，無提舉之名。此作提舉皇城司事張青，與《志》不合。其可疑六也。又士祿列銜稱「帶御器械忠州防禦使直寶文閣」，葉盛列銜稱「帶御器械汝州團練使直敷文閣」。案：帶御器械、防禦、團練，皆環衛武臣所授階官，而直閣為文臣貼職，南宋一代從未有以加武職者。其可疑七也。北宋有太常禮儀院，元豐定官制已歸併太常寺，南渡無禮儀院之名，而此又有太常禮儀院使錢萬選。其可疑八也。《書畫譜》引陳善《杭州志》，載劉松年於寧宗朝進《耕織圖》，稱旨，賜金帶。此書作於淳熙初，距寧宗即位尚二十年，而已云賜金帶。其可疑九也。《圖繪寶鑑》稱，李唐官成忠郎畫院待詔，而此乃作儒林郎，既不相合，且唐在徽宗朝已入畫院，建炎中以邵宏淵薦授待詔，《圖繪寶鑑》稱其時已年近八十。淳熙距建炎五十年，不應其人尚存。其可疑十也。《畫史會要》稱，馬遠為光、寧朝待詔，陳善《杭州志》稱夏圭為寧宗朝待詔，今淳熙初已有其名，時代不符。其可疑十一也。《宋志》樞院無都事，工部無司務，文思院只有提轄、監管、監門諸職，無掌院之名，種種乖錯不合。其可疑十二也。此必後人假託宋時官本，又偽造銜名以證之，而不加考據，妄為掐摭，遂致舛錯乖互，不能自掩其跡，其亦不善作偽者矣。（《四庫全書總目》卷一百十六）

【注釋】

〔一〕【史源】《欽定續通志》卷一百五十九：「宋龍大淵等奉敕撰。」《欽定西清硯譜》卷十一「御製宋端溪天然子石硯銘」條：「考《古玉圖譜》載有蟠桃核杯，與硯式正合，左右邊所鐫篆隸書亦同。」

98. 燕几圖一卷

舊本題宋黃伯思（1079～1118）撰。考伯思為北宋時人，卒於徽宗初年〔一〕。此本前有自序，乃題紹熙甲寅（1194）十二月丙午，則南宋光宗之五年。如謂為紹聖之誤，則紹聖四年，起甲戌，盡丁丑，實無甲寅。前乎此者，甲寅為神宗熙寧七年（1074），後乎此者，甲寅為高宗紹興二十四年（1154），亦皆不相及。又伯思字長睿，而序末題云思序。以字為名，以名為字，尤舛誤顛倒，殆後人所依託也。

其法初以几長七尺者二，長五尺二寸五分者二，長三尺五寸者二，皆廣一尺七寸五分，高二尺八寸，縱橫錯綜而列之為二十體，變為四十名，謂之骰子桌，取其六數也。後增一几，易名七星，衍為二十五體，變為六十八名。各標目而繫以說，蓋閒適者遊戲之具。

陶宗儀已收之《說郛》中，此後人錄出別行之本也。（《四庫全書總目》卷一百十六）

【注釋】

〔一〕黃伯思卒於政和八年（1118），是年為宋徽宗在位之第十八年，而徽宗在位不過 25 年，「卒於徽宗初年」似應改為「卒於徽宗末年」。楊武泉於此處有辨。

99. 程氏墨苑十二卷

明程君房撰〔一〕。君房，歙縣（今屬安徽黃山市）人。

是編以所製諸墨摹畫成圖，分為六類：曰元工，曰輿地，曰人官，曰物華，曰儒箴，曰緇黃。每類各分上、下二卷，雕鏤題識，頗為精巧。

與方於魯《墨譜》〔二〕鬥新角異，實兩不相下。考沈德符《飛鳧語略》〔三〕載：「方、程兩人以名相軋為深仇。程墨嘗介內廷，進之神宗，方於魯恨之。程以不良死，實方之力，真墨妖，亦墨兵也。」姜紹書《韻石齋筆談》〔四〕則云：「方、程以治墨互相角勝，方匯《墨譜》，倩名手為圖，刻畫研精，細入毫髮。程作《墨苑》以矯之。蓋其於魯微時，曾受造墨法於君房，仍假館授餐。程有妾，頗美麗，其妻妒而出之，正方所慕，令媒者輾轉謀娶，程訟之有司，遂成隙。未幾，程坐殺人繫獄，疑方陰嗾之，故《墨苑》內繪中山狼以詆方焉。」二書所載，雖情事稍殊，而其為構釁則一。夫以松煤小技，而互相傾陷若此，方之傾險，固不足道，程必百計以圖報，是何所見之未廣乎？（《四庫全書總目》卷一百十六）

【注釋】

〔一〕【考證】此書作者為明程大約撰。李裕民先生《四庫提要訂誤》第 222 頁有
考辨。

〔二〕【方氏墨譜】明方於魯撰。此編乃所作《墨譜》，首列同時諸人投贈之作，下
分國寶、國華、博古、博物、法寶、鴻寶六類。上自符璽圭璧，下至雜佩，
凡三百八十五式。摹繪精細，各繫題贊，亦備列真、草、隸、篆之文，頗為
工巧。(《四庫全書總目》卷一百十六)

〔三〕【飛鳧語略】明沈德符撰。此書論字墨法帖及古器真贋之別，皆舉生平所聞
見者。凡十八條，其中多與所著《弊帚軒剩語》相同，疑即從《剩語》中抄
出者。(《四庫全書總目》卷一三〇)

〔四〕【韻石齋筆談】國朝姜紹書撰。是書仿周密《雲煙過眼錄》，記所見古器書畫
及諸奇玩。惟密書以收藏之人標題，此書即以其物標題。密書但記其名，此
書並詳其形模及諸家授受得失之始末。其體例小異耳。(《四庫全書總目》卷
一二三)

100. 墨子十五卷〔一〕

舊本題宋墨翟〔二〕(約前 480～約前 420) 撰。考《漢書・藝文志》：「《墨子》
七十一篇。」注曰：「名翟，宋大夫。」〔三〕《隋書・經籍志》亦曰宋大夫墨翟
撰。然其書中多稱「子墨子」，則門人之言，非所自著。又諸書多稱墨子名翟，
《因樹屋書影》則曰：「墨子姓翟，母夢烏而生，因名之曰烏，以墨為道。今
以姓為名，以墨為姓，是老子當姓老耶？」其說不著所出，未足為據也。

《宋館閣書目》稱《墨子》十五卷，六十一篇。此本篇數與《漢志》合，
卷數與《館閣書目》合。惟七十一篇之中，僅佚《節用下》第二十二、《節葬
上》第二十三、《節葬中》第二十四、《明鬼上》第二十九、《明鬼下》第三十、
《非樂中》第三十三、《非樂下》第三十四、《非儒上》第三十八，凡八篇，尚
存六十三篇，與《館閣書目》不合。陳振孫《書錄解題》又稱有一本止存十三
篇者〔四〕，今不可見。或後人以兩本相校，互有存亡，增入二篇歟？抑傳寫者
訛以六十三為六十一也？

墨家者流，史罕著錄〔五〕。蓋以孟子所闢，無人肯居其名。然佛氏之教，
其清淨取諸老，其慈悲則取諸墨。韓愈《送浮屠文暢序》稱：「儒名墨行，墨
名儒行。以佛為墨，蓋得其真。」〔六〕而《讀墨子》一篇，乃稱墨必用孔，孔

必用墨，**開後人「三教歸一」之說**，未為篤論。特在彼法之中，能自齊其身，而時時利濟於物，亦有足以自立者。故其教得列於九流，而其書亦至今不泯耳。〔七〕

　　第五十二篇以下，皆兵家言，其文古奧，或不可句讀，與全書為不類〔八〕。疑因五十一篇言公輸般九攻、墨子九拒之事，其徒因採摭其術，附記其末。觀其稱「弟子禽滑釐等三百人已持守固之器在宋城上」，是能傳其術徵矣。〔九〕
（《四庫全書總目》卷一百十七）

【注釋】

〔一〕【底本】詳見王重民《中國善本書提要》第 310 頁。

〔二〕【作者研究】邢兆良撰《墨子評傳》（南京大學出版社 1995 年版）。

〔三〕【史源】《漢書》卷三十。

〔四〕【史源】《直齋書錄解題》卷十。

〔五〕【著錄】《郡齋讀書志》卷十一：「《墨子》五十卷。右宋墨翟撰。戰國時為宋大夫，著書七十一篇，以貴儉、兼愛、尊賢、右鬼、非命、上同為說。荀、孟皆非之，而韓愈獨謂：『辨生於末學，非二師之道本然也。』」

　　　　高氏《子略》曰：「韓非子謂：墨子死，有相里氏之墨，相芬氏之墨，鄧陵氏之墨。孔、墨之後，儒分為八，墨離為三，其為說異矣。墨子稱堯曰采椽不斫，茅茨不剪，稱周曰嚴父配天，宗祀文王，又引若保赤子，發罪惟均，出於《康誥》《泰誓》篇，固若依於經，據於禮者，孟子方排之，不遺一力，蓋聞之夫子曰：惡似而非者，惡莠恐其亂苗也，惡鄭聲恐其亂雅也，惡紫恐其亂朱也，惡鄉原恐其亂德也。墨之為書，一切如莊周，如申、商，如韓非、惠施之徒，雖不闢可也。惟其言近乎偽，行近乎誣，使天下後世人盡信其說，其害有不可勝言者，是以不可不加闢也。」

　　　　《文獻通考》卷二百十二「墨子」條按語：「自夫子沒而異端起，老、莊、楊、墨、蘇、張、申、商之徒，各以其知舛馳。至孟子，始辭而闢之。然觀七篇之書，所以距楊墨者甚至，而闊略於餘子，何也？蓋老、莊、申、商、蘇、張之學，大概俱欲掊擊聖人，鄙堯笑舜陋禹，而自以其說勝。老、莊之蔑棄仁義禮法，生於憤世嫉邪，其語雖高，虛可聽而實不可行，料當時亦無人宗尚其說，故鄒書略不及之。蘇、張之功利，申、商之刑名，大抵皆枉尋直尺，媚時取寵，雖可以自售，而鄉黨自好少知義者亦羞稱之。故孟子於二家之說，雖斥絕之，而猶未數數然者，正以其與吾儒旨趣本自冰炭薰蕕，

遊於聖門之徒，未有不知其非者，固毋俟於辯析也。獨楊朱、墨翟之言，未嘗不本仁祖義，尚賢尊德，而擇之不精，語之不詳，其流弊遂至於無父無君，正孔子所謂似是而非，明道先生所謂淫聲美色易以惑人者，不容不深鋤而力辯之。高氏《子略》之言得之矣。而其說猶未暢，愚故備而言之。韓文公謂儒、墨同是堯、舜，同非桀、紂，以為其二家本相為用，而咎末學之辯。嗚呼！孰知惟其似同而實異者，正所當辯乎！」

〔六〕【史源】《東雅堂昌黎集注》卷二十。

〔七〕【評論】楊向奎先生認為：「在我國古代最偉大的自然科學家是墨翟，在《墨經》中有關數學、理論物理方面的成就，在世界上是空前的，我以為這種成就可以抵得上古希臘科學家所有成就，但墨子又是一位偉大的哲學家。」（《楊向奎學術文選》第 226 頁，人民出版社 2000 年版）李約瑟認為：「中國古代的數學也不是沒有某種理論幾何學。包含這些理論幾何學的命題見於《墨經》。墨家所遵循的路線如果繼續發展下去的話，可能已經產生歐幾里得式的幾何學體系了。」（《中華科學文明史》第 2 冊第 43 頁）

〔八〕【證真】馮友蘭認為：「第五組從《備城門》至《雜守》，共十一篇。這十一篇是講防禦戰術和守城工具的著作。墨家反對戰爭。他們認為反對侵略戰爭的一個有效辦法，就是守禦。因此，他們對於防禦戰術很有研究，並且還能製造在防禦戰爭中使用的器具。」（《中國哲學史史料學》第 34 頁）

〔九〕【整理與研究】從先秦到西漢初年，孔、墨並稱，儒、墨並為顯學。孟子排斥墨子甚力，至漢武帝罷黜百家、獨尊儒術之後，墨子淪為異端，長期無人問津，很少有人進行整理研究。值得幸運的是，道教徒編纂《道藏》時將其收編。直到畢沅始校注《墨子》（《二十二子本》），或云此書出自孫星衍之手。自此以後，研究《墨子》的人越來越多，如王念孫《讀書雜志》遍校群書，也對《墨子》的疑難問題作了探討。晚清古文經學的最後一位大師孫詒讓也撰《墨子閒詁》（中華書局 1958 年版），但此書並非其代表作，張仲如《墨子閒詁箋》、李笠《墨子閒詁校補》、劉再庚《續墨子閒詁》、吳毓江《墨子校注》等書對《墨子閒詁》的錯誤、疏漏之處多有匡補。20 世紀隨著科學主義的興起，《墨子》研究日益成為顯學，代性著作有：方授楚撰《墨學源流》（中華書局 1937 年版），錢臨照撰《論〈墨經〉中關於形學、力學、光學的知識》（《科學通報》第 2 卷第 8 期），楊向奎先生撰《墨經數理研究》（山東大學出版社 2000 年版），楊俊光撰《墨經研究》（南京大學出版社 2002 年版），

王煥鑣撰《墨子集詁》（上海古籍出版社 2005 年版），有關研究狀況，請詳參
鄭傑文教授的《20 世紀墨學研究史》（清華大學出版社 2002 年版）。劉麗琴
撰《墨子精神研究》（黑龍江人民出版社 2019 年版），劉春萍撰《墨子句法研
究》（鄭州大學出版社 2020 年版）。

101. 子華子二卷

舊本題晉人程本（約前 380～前 320）撰。

案：程本之名見於《家語》〔一〕，子華之名見於《列子》〔二〕，本非一人。
《呂氏春秋》引《子華子》者凡三見〔三〕。高誘以為古體道人。是秦以前原有
《子華子》書。然《漢志》已不著錄，則劉向時書亡矣。

此本自宋南渡後始刊版於會稽。晁公武以其多用《字說》，指為元豐後舉
子所作〔四〕。朱子以其出於越中，指為王銍、姚寬輩所託，而又疑非二人所及
〔五〕。《周氏涉筆》則據其《神氣》一篇，指為黨禁未開之時不得志者所為〔六〕。

今觀其書，多採掇黃、老之言，而參以術數之書。《呂氏春秋·貴生篇》
一條，今在《陽城渠胥問篇》中，《知度篇》一條，今在《虎會篇》中，《審為
篇》一條，則故佚不載，以掩剽剟之跡，頗巧作偽。然商榷治道，大旨皆不詭
於聖賢。其論黃帝鑄鼎一條，一為古人之寓言，足正方士之謬。其論唐堯士
階一條，謂聖人不徒貴儉，而貴有禮，尤足砭墨家之偏。其文雖稍涉曼衍，而
縱橫博辨，亦往往可喜。殆能文之士，發憤著書，託其名於古人者〔七〕。觀篇
末自敘世系，以程出於趙，眷眷不忘其宗，屬其子勿有二心以事主，則明寓
宋姓。其殆熙寧、紹聖之間，宗子之忤時不仕者乎？諸子之書偽本不一，然
此最有理致文采。辨其贗則可，以其贗而廢之則不可。陳振孫謂其文不古，
而亦有可觀，當出近世能言之流〔八〕，實為公論。晁公武以謬誤淺陋譏之，過
矣！（《四庫全書總目》卷一百十七）

【注釋】

〔一〕【史源】《孔子集語》卷上：「孔子遭齊程本子於郊，傾蓋而語，終日有間，顧
　　　子路曰：『由！束帛一以贈先生。』子路不對。有間，又顧曰：『由！束帛一
　　　以贈先生。』子路屑然而對曰：『昔者由也聞之夫子：士不中道而見，女無媒
　　　而嫁君子，不行也。』子曰：『由，《詩》不云乎：『野有蔓草，零露漙兮。有
　　　美一人，清揚婉兮。邂逅相遇，適我願兮。』今程本子，賢士也，於是不贈，
　　　終身不之見也。』」

〔二〕【史源】《莊子》卷九:「子華子見昭僖侯,昭僖侯有憂色,子華子曰:『今使天下書銘於君之前,書之言曰:「左手攫之則右手廢,右手攫之則左手廢,然而攫之者必有天下。」君能攫之。』注:子華子,魏人。」

〔三〕【考證】子華子曰:「全生為上,虧生次之,死次之,迫生為下。」子華子曰:「邱陵成而穴者安矣,大水深淵成而魚鱉安矣,松栢成而途之人已蔭矣。」子華子曰:「王者樂其所以王亡者,亦樂其所以亡,故烹獸不足以盡獸嗜,其脯則幾矣。」子華子曰:「夫亂世之民,長短頡舒百疾,民多疾癘,道多襁緥,盲禿傴尪,萬怪皆生。」子華子曰:「厚而不博,敬守一事。」

〔四〕【辨偽】《郡齋讀書志》卷十二:「《子華子》十卷。右其傳曰:『子華子,程氏,名本,晉人也。』劉向校定其書。按《莊子》稱『子華子見韓昭侯』,陸德明以為魏人,既不合。又《藝文志》不錄《子華子》書。觀其文辭,近世依託為之者也。其書有『子華子為趙簡子不悅』,又有『秦襄公方啟西戎,子華子觀政於秦。』夫秦襄之卒在春秋前,而趙簡子與孔子同時,相去幾二百年,其牴牾類如此。且多用《字說》,謬誤淺陋,殆元豐以後舉子所為耳。」

〔五〕【辨偽】朱子《偶讀漫記》曰:「會稽官書版本有《子華子》,云是程本字子華者所作,孔子所與傾蓋而語者。以予觀之,其詞故為艱澀,而理實淺近,其體務為高古,而氣實輕浮,但如近年後生巧於摹擬變換者所為。不惟決非先秦古書,亦非百十年前文字也。如論河圖,巧亦甚矣,惟其巧甚,所以知其非古書也。或云王銍性之、姚寬令威多作贗書,二人皆居越,恐出其手。又曰:但觀其書數篇,與前後三序,皆一手文字,其前一篇託為劉向,而殊不類向它書。」

〔六〕【辨偽】《周氏涉筆》曰:「其書多解字義,吾嘗疑其三經後此書方出,故信《字說》而主老、莊。」陳氏《書錄解題》曰:「《家語》有孔子遇程子傾蓋事,而莊生亦載《子華子》,見昭僖侯一則,莊生固寓言,而家語亦未可考信,班固《古今人表》亦無之。」

〔七〕【辨偽】《困學紀聞》卷十:「程子,見《家語》,子華子,見《莊子》。近有《子華子》之書,謂程本字子華,即孔子傾蓋而語者。《後序》謂鬼谷子之師。水心銘鞏仲至,所謂程子即此書也。朱文公謂:『詞艱而理淺,近世巧於模擬者所為,決非先秦古書。』」(遼寧教育出版社 1998 年版第 224 頁)

〔八〕【辨偽】陳振孫曰:「考前世史志及諸家書目,並無此書,蓋假託也。館閣書目辯之當矣。《家語》有孔子遇程子傾蓋事,而《莊子》亦載子華子見昭僖侯一則,此其姓字之所從出。昭僖與孔子不同時,然莊子固寓言,而《家語》

亦未可考信，班固《古今人表》亦無之，使果有其人，遇合於夫子，班固豈
應見遺也。其文不古，然亦有可觀者，當出近世能言之流，為此以玩世耳。」
（《直齋書錄解題》卷十）

胡渭曰：「劉牧之徒，偽撰《乾鑿度》以自固其學，而猶未已也。蓋緯書
出於西漢，恐不足以厭服天下之心，故又造《子華子》。其人為與孔子傾蓋而
語者，以戴九履一、據三持七為河圖，始可以屈洞極經而伸吾之說。然格致
凡近，辭義淺陋。序云劉向作，而《漢·藝文志》無之。人皆知其出於元豐
後三經、《字說》盛行之時，竟何益哉？故曰：『作偽，心勞日拙。』」（《易圖
明辨》卷四）

今按，胡玉縉《四庫全書總目提要補正》第 915 頁也有考辨。

102. 尹文子一卷

周尹文（約前 350～前 285）撰。

前有魏黃初末山陽仲長氏序〔一〕，稱條次撰定為上、下篇。《文獻通考》
著錄作二卷。此本亦題《大道上篇》《大道下篇》，與序文相符，而通為一卷。
蓋後人所合併也。《莊子·天下篇》以尹文、田駢並稱。顏師古注《漢書》謂
齊宣王時人。考劉向《說苑》載文與宣王問答，顏蓋據此。然《呂氏春秋》又
載其與愍王問答事，殆宣王時稷下舊人，至愍王時猶在歟？

其書本名家者流。大旨指陳治道，欲自處於虛靜，而萬事萬物則一一綜
覈其實。故其言出入於黃、老、申、韓之間。《周氏涉筆》謂其「自道以至名，
自名以至法」〔二〕，蓋得其真。晁公武《讀書志》以為誦法仲尼〔三〕，其言誠
過，宜為高似孫《緯略》所譏〔四〕。然似孫以儒理繩之，謂其淆雜，亦為未允。
百氏爭鳴，九流並列，各尊所聞，各行所知，自老、莊以下，均自為一家之
言。讀其文者，取其博辨閎肆足矣，安能限以一格哉！

序中所稱熙伯，蓋繆襲之。其山陽仲長氏，不知為誰。李淑《邯鄲書目》
以為仲長統〔五〕。然統卒於建安之末，與所云黃初末者不合。晁公武因此而疑
史誤，未免附會矣。〔六〕（《四庫全書總目》卷一百十七）

【注釋】

〔一〕【仲長統序】尹文子者，蓋出於周之尹氏。齊宣王時居稷下，與宋鈃、彭蒙、
　　　田駢同學於公孫龍，公孫龍稱之。著書一篇，多所彌綸。莊子曰：「不累於物，

不苟於人，不忮於眾，願天下之安寧，以活於民命，人我之養，畢足而止之，以此白心，見侮不辱，此其道也。」而劉向亦以其學本於黃、老，大較刑名家也近為誣矣。余黃初末始到京師，繆熙伯以此書見示，意其玩之，而多脫誤，聊試條次，撰定為上下篇，亦未能究其詳也。

〔二〕【史源】《周氏涉筆》曰：「尹文子，稷下能言者，劉向謂其學本莊老，其書先自道以至名，自名以至法，以名為根，以法為柄，芟截文義，操制深實，必謂聖人無用於救時，而治亂不繫於賢不肖，蓋所謂尊主權，聚民食，以富貴貧賤幹動宇宙，其為法則，然蓋申、商、韓非所共行也。老子曰：以正治國，以奇用兵，以無事取天下。無事云者，翕張與奪，老氏所持術也。尹文子說之，以為用名法權術，而矯抑殘暴之情，則已無事焉，已無事則得天下，然則猶未識老氏所謂道也。」

〔三〕【史源】《郡齋讀書志》卷十一。

〔四〕【史源】高氏《子略》曰：「班固《藝文志》名家者流錄《尹文子》，其書言大道，又言名分。又曰仁義禮樂，又言法術、權勢大略，則學老氏而雜申、韓也。其曰：『民不畏死，由過於刑罰者也。刑罰中，則民畏死；畏死，則知生之可樂；知生之可樂，故可以死懼之。』此有希於老氏者也。又有不變之法、理眾之法、平準之法，此有合於申、韓。然則其學雜矣，其識淆矣，非純乎道者也。仲長統為之序，以子學於公孫龍。按：龍客於平原君，趙惠文王時人也，齊宣王死下距趙王之立四十餘年矣，則子之先於公孫龍為甚明，非學乎此者也。晁氏嘗稱其宗六藝，數稱仲尼，熟考其書，未見所以稱仲尼宗六藝者，僅稱誅少正卯一事耳。嗚呼！士之生於春秋、戰國之間，其所以薰蒸染習，變幻捭闔，求騁於一時，而圖其所大欲者，往往一律而同歸。其能屹立中流，一掃群異，學必孔氏，言必『六經』者，孟子一人而已。」

〔五〕【史源】李獻臣云：「仲氏長統也，熙伯繆襲字也，傳稱統卒於獻帝遜位之年，而此云黃初末到京師，豈史之誤乎？此本富順李氏家藏書，謬誤殆不可讀，因為是正其甚者，疑則闕焉。」

〔六〕【辨偽】《容齋續筆》卷十四「尹文子」條：「《漢·藝文志》名家內有《尹文子》一篇，云：『說齊宣王。先公孫龍。』劉歆云：『其學本於黃、老，居稷下，與宋鈃、彭蒙、田駢等同學於公孫龍。』今其書分為上下兩卷，蓋漢末仲長統所銓次也。其文僅五千言，議論亦非純本黃、老者。《大道篇》曰：『道不足以治則用法；法不足以治則用術，術不足以治則用權；權不足以

治則用勢；勢不足則反權。權用則反術；術用則反法；法用則反道；道用則無為而自治。』又曰：『為善使人不能得從，此獨善也。為巧使人不能得為，此獨巧也。未盡善巧之理。為善與眾行之，為巧與眾能之，此善之善者，巧之巧者也。故所貴聖人之治，不貴其獨治，貴其能與從共治；貴工倕之巧，不貴其獨巧，貴其能與眾共巧也。今世之人，行欲獨賢，事欲獨能，辯欲出群，勇欲絕眾。獨行之賢，不足以成化；獨能之事，不足以周務；出群之辯，不可為戶說；絕眾之勇，不可與正陳。凡此四者，亂之所由生。聖人任道、立法，使賢愚不相棄，能鄙不相遺，此至治之術也。』詳味其言，頗流而入於兼愛。《莊子》末章，敘天下之治方術者，曰：『不累於俗，不飾於物，不苟於人，不忮於眾。願天下之安寧，以活民命，人我之養，畢足而止，以此白心，古之道術有在於是者。宋鈃、尹文聞其風而悅之，作為華山之冠以自表。雖天下不取，強聒而不捨者也。其為人太多，其自為太少。』蓋亦盡其學云。荀卿《非十二子》有宋鈃，而文不預。又別一書曰《尹子》，五卷，共十九篇，其言論膚淺，多及釋氏，蓋晉、宋時衲人所作，非此之謂也。

103. 鶡冠子三卷

案《漢書‧藝文志》載《鶡冠子》一篇，注曰：「楚人居深山，以鶡為冠。」劉勰《文心雕龍》稱：「鶡冠綿綿，亟發深言。」〔一〕《韓愈集》有《讀鶡冠子》一首，稱其《博選篇》四稽五至之說，《學問篇》一壺千金之語，且謂其「施於國家功德豈少」！〔二〕《柳宗元集》有《鶡冠子辨》一首，乃詆為言盡鄙淺，謂其《世兵篇》多同《鵩賦》，據司馬遷所引賈生二語以決其偽。〔三〕然古人著書，往往偶用舊文，古人引證，亦往往偶隨所見。如「谷神不死」四語，今見《老子》中，而《列子》乃稱為《黃帝書》。「克己復禮」一語，今在《論語》中，《左傳》乃謂仲尼稱志有之。「元者善之長也」八句，今在《文言傳》中，《左傳》乃記為穆姜語。司馬遷惟稱賈生，蓋亦此類。未可以單文孤證遽斷其偽。〔四〕

惟《漢志》作一篇，而《隋志》以下皆作三卷，或後來有所附益，則未可知耳。其說雖雜刑名，而大旨本原於道德。其文亦博辨宏肆。自六謂至唐，劉勰最號知文，而韓愈最號知道，二子稱之。宗元乃以為鄙淺，過矣。

　　此本為陸佃所注，凡十九篇。佃序謂愈但稱十六篇，未睹其全〔五〕。佃，北宋人，其時古本韓文初出，當得其真。今本韓文乃亦作十九篇，殆後來反據此書以改韓集，猶劉禹錫《河東集序》稱編為三十二通，而今本柳集亦反據穆修本改為四十五通也。佃所作《埤雅》，盛傳於世，已別著錄。此注則當日不甚顯，惟陳振孫《書錄解題》載其名〔六〕。晁公武《讀書志》則但稱有八卷一本，前三卷全同《墨子》，後兩卷多引漢以後事。公武削去前後五卷，得十九篇，殆由未見佃注，故不知所注之本先為十九篇歟？〔七〕（《四庫全書總目》卷一百十七）

【注釋】

〔一〕【史源】《文心雕龍》卷四《諸子》第十七。

〔二〕【韓愈《讀鶡冠子》】《鶡冠子》十九篇，其詞雜黃、老、刑名。其《博選篇》四稽五至之說，當矣。使其人遇時，授其道，而施於國家，功德豈少哉？《學問篇》稱賤生於無所用，中流失船，一壺千金者，余三讀其詞而悲之。文字脫謬，為之正三十有五字，乙者三，滅者二十有二，注十有二字云。

〔三〕【柳宗元《辯鶡冠子》】余讀賈誼《鵩賦》，嘉其詞，而學者以為盡出《鶡冠子》。余往來京師，求鶡冠子，無所見，至長沙始得其書。讀之，盡鄙淺言也。惟誼所引用為美，餘無可者。吾意好事者偽為其書，反用《鵩賦》以文飾之，非誼有取之決也。太史公《伯夷列傳》稱賈子曰：「貪夫狥財，烈士狥名，誇者死權。」不稱《鶡冠子》。遷號為博極群書，假令當時有其書，遷豈不見耶？假令真有鶡冠子書，亦必不取《鵩賦》以充入之者，何以知其然邪？曰不類。（《柳河東集》卷四）

〔四〕【辨偽】《鶡冠子》向來被懷疑為偽書，但呂思勉認為《鶡冠子》詞義古茂，決非後世所能偽造。出土文獻也證明了此書不偽，大體可以肯定為戰國中晚期人所作。

〔五〕【陸佃序】鶡冠子，楚人也。居於深山，以鶡為冠，號曰鶡冠子。其道踦駁，著書初本黃、老，而末流迪於刑名，傳曰申、韓屬名，實切事情，其極慘礉少恩，而原於道德之意，蓋學之弊有如此者也。故曰孔、墨之後，儒分為八，墨離為三。嗚呼！可不慎哉！此書雖雜黃、老、刑名，而要其宿，時若散亂而無家者。然其奇言奧旨，亦每每而有也。自《博選篇》至《武靈王問》，凡十有九篇，而退之讀此云十有六篇者非全書也。今其書雖具在，然文字脫謬不可考者多矣。語曰：「書三寫，魚成魯，帝成虎。」豈虛言哉！余竊閔之，故為釋其可知者，而其不可考者輒疑焉，以俟博洽君子。

〔六〕【史源】《文獻通考》卷二百十一：「陸佃解今書十九篇，韓吏部稱十有六篇，故陸謂其非全。韓公頗道其書，而柳以盡鄙淺言。自今考之，柳說為長。」

〔七〕【整理與研究】王心湛撰《鶡冠子集解》（廣益書局 1939 年版），孫福喜撰《鶡冠子研究》（陝西人民出版社 2002 年版），黃懷信撰《鶡冠子匯校集注》（中華書局 2004 年版），徐文武撰《鶡冠子譯注本》（湖北人民出版社 2006 年版），林冬子撰《鶡冠子研究》（寧夏人民出版社 2016 年版）。

104. 公孫龍子三卷

周公孫龍（約前 325～前 248）撰。案《史記》：「趙有公孫龍，為堅白異同之辨。」〔一〕《漢書‧藝文志》：「龍與毛公等並遊平原君之門。」〔二〕亦作趙人。高誘注《呂氏春秋》，謂龍為魏人，不知何據。《列子釋文》：「龍字子秉。」莊子謂惠子曰：「儒、墨、楊、秉四，與夫子為五。」秉即龍也。據此，則龍當為戰國時人。司馬貞《索隱》謂龍即仲尼弟子者，非也。

其書《漢志》著錄十四篇，至宋時八篇已亡。今僅存《跡府》《白馬》《指物》《通變》《堅白》《名實》凡六篇。其首章所載與孔穿辯論事，《孔叢子》亦有之，謂龍為穿所絀。而此書又謂穿願為弟子，彼此互異。蓋龍自著書，自必欲伸己說。《孔叢》偽本，出於晉、漢之間，朱子以為孔氏子孫所作，自必欲伸其祖說。記載不同，不足怪也。

其書大旨疾名器乖實，乃假指物以混是非，借白馬而齊物我，冀時君有悟而正名實。故諸史皆列於名家。《淮南鴻烈解》稱：「公孫龍粲於辭而貿名。」揚子《法言》稱：「公孫龍詭辭數萬。」〔三〕蓋其持論雄贍，實足以聳動天下。故當時莊、列、荀卿並著其言，為學術之一。特品目、稱謂之間，紛然不同數計。龍必欲一一覈其真，而理究不足以相勝，故言愈辨，而名實愈不可正。然其書出自先秦，義雖恢誕，而文頗博辨。陳振孫《書錄解題》概以淺陋迂僻譏之〔四〕，則又過矣。

明鍾惺〔五〕刻此書，改其名為《辨言》，妄誕不經。今仍從《漢志》，題為《公孫龍子》。又鄭樵《通志略》載此書有陳嗣古注、賈士隱注各一卷〔六〕，今俱失傳。此本之注乃宋謝希深所撰。前有自序一篇。其注文義淺近，殊無可取。以原本所有，故並錄焉。〔七〕（《四庫全書總目》卷一百十七）

【注釋】

〔一〕【史源】趙人師古曰：「即為堅白之辯者。」

〔二〕〔三〕【史源】王應麟《漢藝文志考證》卷七。

〔四〕【史源】《直齋書錄解題》卷十。

〔五〕【鍾惺】（1547～1624），字伯敬，號退谷。著有《隱秀軒集》。陳廣宏教授撰
　　《鍾惺年譜》（原為 1987 年復旦大學碩士論文，章培恒先生指導）。

〔六〕【史源】鄭樵《通志》卷六十八。

〔七〕【整理與研究】清陳澧撰《公孫龍子注》，王琯撰《公孫龍子懸解》（中華書
　　局 1971 年版），近人陳柱撰《公孫龍子集解》（上海書店 1996 年《民國叢書》
　　本），欒星撰《公孫龍子長箋》（中州古籍出版社 1982 年版），吳毓江撰《公
　　孫龍子校釋》（上海古籍出版社 2001 年版），王宏印撰《白馬非馬：〈公孫龍
　　子〉的智慧：邏輯學、語言學、哲學三維解析》（社會科學文獻出版社 2018
　　年版），何新撰《公孫龍子形名發微》（現代出版社 2019 年版）。

105. 鬼谷子一卷〔一〕

　　案：《鬼谷子》，《漢志》不著錄。《隋志》縱橫家有《鬼谷子》三卷，注曰
周世隱於鬼谷。《玉海》引《中興書目》曰：「周時高士，無鄉里族姓名字，以
其所隱，自號鬼谷先生。蘇秦、張儀事之，授以《捭闔》至《符言》等十有二
篇，及《轉丸本經》《持樞中經》等篇。」因《隋志》之說也。《唐志》卷數相
同，而注曰蘇秦。張守節《史記正義》曰：「鬼谷，在雒州陽城縣北五里。」
《七錄》有《蘇秦書》，樂壹注云：「秦欲神秘其道，故假名鬼谷。」此又《唐
志》之所本也。胡應麟《筆叢》則謂《隋志》有《蘇秦》三十一篇，《張儀》
十篇，必東漢人本二書之言，薈粹為此，而託於鬼谷，若子虛、亡是之屬〔二〕。
其言頗為近理，然亦終無確證。《隋志》稱皇甫謐注，則為魏晉以來書，固無
疑耳。

　　《說苑》引《鬼谷子》有「人之不善而能矯之者難矣」一語〔三〕，今本不
載。又惠洪《冷齋夜話》引《鬼谷子》曰：「崖蜜，櫻桃也。」〔四〕今本亦不
載，疑非其舊。然今本已佚其《轉丸》《胠篋》二篇，惟存《捭闔》至《符言》
十二篇。劉向所引或在佚篇之內。至惠洪所引，據《王直方詩話》，乃《金樓
子》之文，惠洪誤以為《鬼谷子》耳。案：《王直方詩話》今無全本〔五〕。此條見朱
翌《猗覺僚雜記》所引。均不足以致疑也。

　　高似孫《子略》稱其一闔一闢，為《易》之神，一翕一張，為老氏之術，
出於戰國諸人之表〔六〕，誠為過當。宋濂《潛溪集》詆為蛇鼠之智，又謂其文

淺近，不類戰國時人〔七〕，又抑之太甚。柳宗元《辨鬼谷子》，以為言益奇而道益隘〔八〕，差得其真。蓋其術雖不足道，其文之寄變詭偉，要非後世所能為也。〔九〕（《四庫全書總目》卷一百十七）

【注釋】

〔一〕【鬼谷子序】《隋書經籍志》：「《鬼谷子》三卷，皇甫謐注。鬼谷子，楚人也，周世隱於鬼谷。梁有陶弘景注三卷，又有樂壹注三卷。從橫者所以明辯說，善辭令，以通上下之志者也。漢世以為本行人之官，受命出疆，臨事而制，故曰：『誦詩三百，使於四方，不能專對，雖多亦奚以為？』周官掌交，以節與幣巡邦國之諸侯，及萬姓之聚，導王之德意志慮，使辟行之，而和諸侯之好，達萬民之說，諭以九稅之利，九儀之親，九牧之維，九禁之難，九戎之威是也。佞人為之，則便辭利口，傾危變詐，至於賊害忠信，覆亂邦家。監修國史趙國公長孫無忌等上。」

〔二〕【史源】胡應麟《少室山房筆叢》卷十五。

〔三〕【史源】劉向《說苑》卷十一《善說》：孫卿曰：「夫談說之術，齊莊以立之，端誠以處之，堅強以持之，譬稱以諭之，公別以明之，歡忻憤滿以送之；寶之，珍之，貴之，神之。如是，則說常無不行矣。夫是之謂能貴其所貴。《傳》曰：『唯君子為能貴其所貴也。』《詩》云：『無易由言，無曰苟矣。』」鬼谷子曰：「人之不善，而能矯之者，難矣。說之不行，言之不從者，其辯之不明也；既明而不行者，持之不固也；既固而不行者，未中其心之所善也。辯之，明之，持之，固之，又中其人之所善，其言神而珍，白而分，能入於人之心，如此而說不行者，天下未嘗聞也。此之謂善說。」子貢曰：「出言陳辭，身之得失，國之安危也。」（向宗魯《說苑校證》第 266 頁，中華書局 1987 年版）

〔四〕【史源】《冷齋夜話》卷一「詩出本處」條。

〔五〕【王直方詩話】原六卷，今無全本，有節本及輯佚本。詳參郭紹虞《宋詩話考》第 128～131 頁。

〔六〕【證真】高似孫《子略》卷三：「戰國之事危矣，士有挾雋異豪偉之氣，求騁乎用。其應對酬酢，變詐激昂，以自放於文章。見於頓趺、險怪、離合、揣摩者，其辭又極矣。鬼谷子書其智謀、其數術、其變譎、其辭談，蓋出於戰國諸人之表。夫一闔一闢，《易》之神也；一翕一張，老氏之幾也。鬼谷之術，往往有得於闔闢、翕張之外，神而明之，益至於自放潰裂而不可禦。予嘗觀諸《陰符》矣，窮天之用，賊人之私，而陰謀詭秘，有《金匱》《韜略》

之所不可該者，而鬼谷盡得而泄之，其亦一代之雄乎！按：劉向、班固錄
書無《鬼谷子》，《隋志》始有之，列於縱橫家。《唐志》以為蘇秦之書。然
蘇秦所記，以為周時有豪士隱者，居鬼谷，自號鬼谷先生，無鄉里、族姓、
名字。今考其言，有曰：『世無常貴，事無常師。』又曰：『人動我靜，人言
我聽，知性則寡，累知命則不憂。』凡此之類，其為辭亦卓然矣。至若《盛
神》《養志》諸篇，所謂中稽道德之祖，散入神明之賾者，不亦幾乎！郭璞
《登樓賦》有曰：『揖首陽之二老，招鬼谷之隱士。』又《遊仙詩》曰：『青
溪千餘仞，中有一道士。借問此何誰，云是鬼谷子。』可謂慨想其人矣。徐
廣曰：『潁川陽城有鬼谷。』注其書者：樂臺、皇甫謐、陶弘景、尹知章（知
章唐人）。

〔七〕【辨偽】宋濂《文憲集》卷二十七《諸子辨》：「劉向、班固錄書無《鬼谷子》，
《隋志》始有之，列於縱橫家。《唐志》以為蘇秦之書。大抵其書皆捭闔、鉤
箝、揣摩之術。其曰：『與人言之道，或撥動之令有言，以示其同；或閉藏之
使自言，以示其異，捭闔也；既內感之而得其情，即外持之使不得移，鉤箝
也；量天下之權，度諸侯之情，而以其所欲動之，揣摩也。』是皆小夫蛇鼠
之智。家用之則家亡，國用之則國僨，天下用之則失天下，學士大夫宜唾去
不道。高氏獨謂其得於《易》之『闔闢翕張』之外，不亦過許矣哉！其中雖
有『知性寡累，知命不憂』，及『中稽道德之祖，散入神明之頤』等言，亦恒
語爾，初非有甚高論也。嗚呼！曷不觀之儀、秦乎？儀、秦用其術而最售者，
其後竟何如也？高愛之，慕之，則吾有以識高矣。」

胡應麟《少室山房筆叢》卷十五《四部正訛》中：「《鬼谷》，縱橫之書
也。余讀之，淺而陋矣。即儀、秦之師，其術宜不至猥下如是。柳宗元謂劉
氏《七略》所無，蓋後世偽為之者，學者宜其不道，而高似孫輩輒取而尊信
之。近世之耽好之者，又往往而是也。甚矣邪說之易於入人也。宋景濂氏曰：
『鬼谷所言捭闔、鉤箝、揣摩等術，皆小夫蛇鼠之智，家用之則家亡，國用
之則國僨，天下用之則失天下。其中雖有知性寡累等語，亦庸言耳。學士大
夫所宜唾去，而宋人愛且慕之，何也？』其論甚卓，足破千古之訛。」

〔八〕【柳宗元《辯鬼谷子》】元冀好讀古書，然甚賢《鬼谷子》。為其《指要》幾千
言。《鬼谷子》要為無取。漢時劉向、班固錄書無《鬼谷子》，《鬼谷子》後出，
而險戾峭薄，恐其妄言亂世，難信，學者宜其不道。而世之言縱橫者，時葆
其書。尤者晚乃益出七術（《鬼谷子》下篇有陰符七術），怪謬異甚，不可考

校，其言益奇，而道益狹，使人狂狙失守，而易於陷墜。幸矣，人之葆之者
少。今元子又文之以《指要》。嗚呼，其為好術也過矣！

〔九〕【整理與研究】閻崇東編《鬼谷子辭典》（湖北人民出版社 1998 年版），書末
　　　附錄歷代研究者小傳。劉君祖撰《鬼谷子新解》（花山文藝出版社 2020 年版）。

106. 呂氏春秋二十六卷

　　舊本題秦呂不韋〔一〕（約前 284～前 235）撰。考《史記‧文信侯列傳》，實
其賓客之所集也。《太史公自序》又稱：「不韋遷蜀，世傳《呂覽》。」考《序
意》篇稱：「維秦八年（前 239），歲在涒灘。」是時不韋未遷蜀，故自高誘以下
皆不用後說，蓋史駁文耳。

　　《漢書‧藝文志》載《呂氏春秋》二十六篇。今本凡十二紀〔二〕、八覽〔三〕、
六論〔四〕。紀所統子目六十一，覽所統子目六十三，論所統子目三十六，實一
百六十篇。《漢志》蓋舉其綱也。其十二紀即《禮記》之《月令》〔五〕，顧以十
二月割為十二篇，每篇之後各間他文四篇。惟夏令多言樂，秋令多言兵，似
乎有義，其餘則絕不可曉。先儒無說，莫之詳矣。又每紀皆附四篇，而季冬紀
獨五篇，末一篇標識年月，題曰《序意》〔六〕，為十二紀之總論。殆所謂紀者
猶內篇，而覽與論者為外篇、雜篇歟？唐劉知幾作《史通》內外篇，而《自
序》一篇亦在內篇之末、外篇之前，蓋其例也。

　　不韋固小人，而是書較諸子之言獨為醇正，大抵以儒為主，而參以道家、
墨家，故多引六籍之文與孔子、曾子之言。其他如論音則引《樂記》，論鑄劍
則引《考工記》，雖不著篇名，而其文可案。所引莊、列之言，皆不取其放誕
恣肆者；墨翟之言，不取其《非儒》《明鬼》者；而縱橫之術、刑名之說，一
無及焉。〔七〕其持論頗為不苟。論者鄙其為人，因不甚重其書，非公論也。〔八〕

　　自漢以來，注者惟高誘一家，訓詁簡質，於引證顛舛之處，如《制樂篇》
稱成湯之時穀生於庭，則據《書序》以駁之；稱南子為蟿夫人，則據《論語》
《左傳》以駁之；稱西門豹在魏襄王時，則據《魏世家》《孟子》以駁之；稱
晉襄公伐陸渾，稱楚成王慢晉文公，則皆據《左傳》以駁之；稱顏闔對魯莊
公，則據《魯世家》以駁之；稱衛逐獻公立公子黚，則據《左傳》《衛世家》
以駁之，皆不蹈注家附會之失。然如稱魏文侯虜齊侯，獻之天子，《傳》無其
事，不知誘何以不糾？其謂梅伯說鬼侯之女好，妲己以為不好，因而見醢，
謂白乙丙、孟明皆蹇叔子，謂寧戚扣角所歌乃《碩鼠》之詩，謂公孫龍為魏

人，並不著所出，亦不知其何所據？又共伯得乎共首及張毅、單豹事，均出
《莊子》，乃於共伯事則曰不知其出何書，於張毅、單豹事，則引班固《幽通
賦》，竟未見漆園之書〔九〕，亦為可異。若其注五世之廟曰逸書，則梅賾偽本
尚未出，引《詩》「庶姜孽孽」作「車獻車獻」，「鼉鼓逢逢」作「韸韸」，則經
師異本，均不足為失也。〔十〕（《四庫全書總目》卷一百十七）

【注釋】

〔一〕【作者研究】洪家義撰《呂不韋評傳》（南京大學出版社 1995 年版）。

〔二〕【十二紀】將一年分為春夏秋冬四季，每季又分三個月，分別以孟、仲、季
　　　稱呼，每個月一季。今按，洪家義《呂不韋評傳》認為，《呂氏春秋》的結構
　　　是按照天、地（事）、人（含物）三大系統編纂的。第一部分《十二紀》是配
　　　「天」的。

〔三〕【八覽】即《有始覽》《孝行覽》《慎大覽》《先識覽》《審分覽》《審應覽》《離
　　　俗覽》《恃君覽》。每覽八篇，《有始覽》缺一篇，共六十三篇。《八覽》部分
　　　是配「人」的。

〔四〕【六論】即《開春論》《慎行論》《貴直論》《不苟論》《似順論》《士容論》。每
　　　論六篇，共三十六篇。《六論》部分是配「地」的。

〔五〕【十二紀即《禮記》之《月令》】《禮記》成書較《呂覽》為晚，所以鄭玄認為
　　　《月令》是抄合十二紀而成。

〔六〕【序意】維秦八年，歲在涒灘，秋，甲子朔，朔之日，良人請問十二紀。文信
　　　侯曰：「嘗得學黃帝之所以誨顓頊矣，爰有大圜在上，大矩在下，汝能法之，
　　　為民父母。蓋聞古之清世，是法天地。凡十二紀者，所以紀治亂存亡也，所
　　　以知壽夭吉凶也。上揆之天，下驗之地，中審之人，若此，則是非、可不可
　　　無所遁矣。天曰順，順維生；地曰固，固維寧；人曰信，信維聽。三者咸當，
　　　無為而行。行也者，行其理也。行數，循其理，平其私。夫私視使目盲，私
　　　聽使耳聾，私慮使心狂。三者皆私設精則智無由公。智不公，則福日衰，災
　　　日隆，以日倪而西望知之。」

〔七〕【內容與價值】《呂氏春秋》中《勸學》《尊師》《誣徒》《善學》，這些篇都是
　　　講教育的；《大樂》《侈樂》《適音》《古樂》《音律》《音初》《制樂》，這些篇
　　　是講音樂的；這些都是儒家的思想。十二月的《月令》是陰陽家的思想。《貴
　　　生》《重己》《情慾》《盡數》《審分》，這些篇都是道家，特別是楊朱一派的思

想。《振亂》《禁塞》《懷寵》《論威》《簡選》《決勝》《愛士》，這些篇是兵家的思想。《上農》《任地》《辯土》，這些篇是農家的思想。這些各家的思想，不能湊成為一個體系，但是都借《呂氏春秋》保存下來。《呂氏春秋》作為一部哲學著作看，價值不大；作為一部先秦哲學史料選輯看，有很大的價值。（馮友蘭《中國哲學史史料學》第 61 頁）

〔八〕【評論】盧文弨《抱經堂文集》卷十《書呂氏春秋後》：「《呂氏春秋》一書，大約宗墨氏之學而緣飾以儒術。」（中華書局 1990 年版第 148 頁）今按，歷代學者對《呂氏春秋》的評價，詳參洪家義《呂不韋評傳》第 443〜459 頁。

〔九〕【漆園之書】指《莊子》。

〔十〕【版本】潘景鄭《元本呂氏春秋》云：「《呂覽》宋本無傳，當以此本為最古。」（《著硯樓讀書記》第 377 頁）今按，元本具體指元至正年間嘉興路儒學刊本。

【整理與研究】清畢沅等撰《呂氏春秋新校釋》。楊樹達先生撰《呂氏春秋拾遺》（清華大學 1936 年版），王心湛撰《呂氏春秋集解》（上海廣益書局 1936年版），許維遹撰《呂氏春秋集釋》（文學古籍刊行社 1955 年版、中華書局2020 年版），蔣維喬等撰《呂氏春秋匯校》（上海中華書局 1937 年版），陳奇猷撰《呂氏春秋校釋》（學林出版社 1984 年版）、《呂氏春秋新校釋》（上海古籍出版社 1990 年版），王利器撰《呂氏春秋注疏》（巴蜀書社 2002 年版），張雙棣撰《呂氏春秋詞彙研究》（山東教育出版社 1989 年版）、《呂氏春秋詞典》（山東教育出版社 1993 年版）、《呂氏春秋譯注》（吉林文史出版社 1986年版），紀丹陽撰《呂氏春秋譯注》（上海三聯書店 2018 年版），張雙棣撰《中華傳統文化百部經典·呂氏春秋》（國家圖書館出版社 2018 年版）。

107. 淮南子二十一卷〔一〕

漢淮南王劉安（前 179〜前 122）撰，高誘注。安事蹟具《漢書》本傳。

《漢書·藝文志》雜家《淮南》內二十一篇、外三十三篇。顏師古注曰：「內篇論道，外篇雜說。」今所存者二十一篇，蓋內篇也。高誘序言：「此書大較歸之於道，號曰鴻烈。」〔二〕故《舊唐志》有何誘《淮南鴻烈音》一卷，言《鴻烈》之音也。《宋志》有《淮南鴻烈解》二十一卷，亦《鴻烈》之解也，而注其下曰淮南王安撰，似乎解亦安撰者。諸書引用，遂並《淮南子》之本文，亦題曰《淮南鴻烈解》，誤之甚矣！

晁公武《讀書志》稱：《崇文總目》亡三篇，李淑《邯鄲圖書志》亡二篇，其家本惟存《原道》《俶真》《天文》《地形》《時則》《覽冥》《精神》《本經》《主術》《繆稱》《齊俗》《道應》《氾論》《詮言》《兵略》《說林》《說山》十七篇，亡其四篇。〔三〕高似孫《子略》稱讀《淮南》二十篇〔四〕，是在宋已鮮完本。惟洪邁《容齋隨筆》稱今所存者二十一卷〔五〕，與今本同。然白居易《六帖》引烏鵲填河事，云出《淮南子》〔六〕，而今本無之，則尚有脫文也。

公武謂許慎注稱記上，陳振孫謂今本題許慎注，而詳序文即是高誘，殆不可曉。蘆泉劉績〔七〕又謂「記上」猶言標題進呈，並非慎為之注。然《隋志》《唐志》《宋志》皆許氏、高氏二注並列。陸德明《莊子釋文》引《淮南子注》稱許慎。李善《文選注》、殷敬順《列子釋文》引《淮南子注》，或稱高誘，或稱許慎，是原有二注之明證。後慎注散佚，傳刻者誤以誘注題慎名也。觀書中稱「景古影字」，而慎《說文》無「影」字，其不出於慎審矣。〔八〕

誘，涿郡人，盧植之弟子，建安中辟司空掾，歷官東郡濮陽令，遷河東監。並見於自序中。慎則和帝永元中人，遠在其前，何由記上誘注？劉績之說，蓋徒附會其文，而未詳考時代也。〔九〕（《四庫全書總目》卷一百十七）

【注釋】

〔一〕【書名】庫書題作《淮南鴻烈解》。莊逵吉曰：「只題《淮南》，不必稱子。」劉咸炘云：「此說是也。古書稱引，皆但云《淮南》，不加子字。」（《劉咸炘學術論集·子學編》第419頁）

〔二〕【高誘《淮南鴻烈解序》】淮南王名安，厲王長子也，長高皇帝之子也。其母趙氏女，為趙王張敖美人……初，安為辯達，善屬文。皇帝為從父，數上書，召見。孝文皇帝甚尊重之，詔使為《離騷賦》，自旦受詔日早食已。上愛而秘之。天下方術之士多往歸焉。於是遂與蘇飛、李尚、左吳、田由、雷被、毛被、伍被、晉昌等八人，及諸儒大山、小山之徒，共講論道德，總統仁義，而著此書。其旨近《老子》，淡泊無為，蹈虛守靜，出入經道。言其大也，則燾天載地，說其細也，則淪於無垠，及古今治亂存亡禍福，世間詭異瑰奇之事。其義也著，其文也富，物事之類，無所不載，然其大較歸之於道，號曰《鴻烈》。鴻，大也；烈，明也，以為大明道之言也。故夫學者不論《淮南》，則不知大道之深也。是以先賢通儒述作之士，莫不援採以驗經傳。以父諱長，故其所著，諸「長」字皆曰「脩」。光祿大夫劉向校定撰具，名之《淮南》。又有十九篇者，謂之《淮南外篇》。自誘之少，從故侍中、同縣盧君受其句讀，

誦舉大義。會遭兵災，天下棋峙，亡失書傳，廢不尋修，二十餘載。建安十年，辟司空掾，除東郡濮陽令，睹時人少為《淮南》者，懼遂陵遲，於是以朝晡事畢之間，乃深思先師之訓，參以經傳道家之言，比方其事，為之注解，悉載本文，並舉音讀。典農中郎將弁揖借八卷刺之，會揖身喪，遂亡不得。至十七年，遷監河東，復更補足。淺學寡見，未能備悉，其所不達，注以「未聞」。唯博物君子覽而詳之，以勸後學者云爾。

〔三〕【史源】《郡齋讀書志》卷十二。

〔四〕【史源】高氏《子略》卷四。

〔五〕【史源】《容齋隨筆》卷七「淮南王」條。

〔六〕【史源】《六帖》卷九十五「填河」條。

〔七〕【版本】劉績有《淮南子》注本，價值較高。《四庫全書》收劉氏《管子》注本，而遺《淮南子》注本，則以傳本之希也。

〔八〕【記上猶言奏上】疚齋（冒廣生——引者注）於《淮南》許、高二家注，謂「記上猶言奏上也。《淮南》自是高誘注，而許慎所記上者。唐、宋人引此書，僅據結銜『太尉祭酒臣許慎』云云，故或稱為許注……今人據類書所引有一同字者，強分高、許，殊可不必。許君《說文解字》一書，自足千古，不必有《淮南》一注而增重也」。（王欣夫《蛾術軒篋存善本書錄》第576～577頁）

〔九〕【整理與研究】劉家立撰《淮南集證》（中華書局1924年版），吳承仕撰《淮南舊注校理》（北京師範大學出版社1995年版），劉文典撰《淮南鴻烈集解》（中華書局1989年版）。王欣夫認為吳承仕之書「孤心苦詣，為不可及」，而劉文典之書「校多疏略，例殊蹖駁」（《蛾術軒篋存善本書錄》第575～577頁）。張雙棣撰《淮南子校釋》（北京大學出版社1997年版），何寧撰《淮南子集釋》（中華書局1998年版），高旭撰《道治天下：淮南子思想史論》（天津人民出版社2018年版），楊棟撰《出土簡帛與淮南子研究》（中國社會科學出版社2018年版），王巧慧撰《淮南子的自然觀研究》（陝西人民教育出版社2019年版），陳靜注《淮南子》（國家圖書館出版社2020年版）。

　　清顧明有校本，勝義不下五六百條（《蛾術軒篋存善本書錄》第986頁）。清儒惠松崖、盧召弓、王念孫、顧千里、孫星衍均有校本，陳昌齊撰《淮南子正誤》，譚獻撰《淮南鴻烈解舉正》。譚獻以為《淮南子》為「類書之鼻祖」。

108. 人物志三卷

　　魏劉劭（約182～245）撰。劭字孔才，邯鄲人。黃初中官散騎常侍，正始中賜爵關內侯。事蹟具《三國志》本傳。別本或作劉邵，或作劉卲。此書末有宋庠跋云：「據今官書《魏志》，作勉劭之劭，從『力』。他本或從『邑』者，晉邑之名。案字書此二訓外，別無他釋，然俱不協『孔才』之義。《說文》則為劭，音同上，但召旁從目耳，訓高也。李舟《切韻》訓美也。高、美又與『孔才』義符。揚子《法言》曰：『周公之才之劭』是也。」〔一〕所辨精覈，今從之。

　　其注為劉昞所作。昞字延明，敦煌人，舊本名上結銜題「涼儒林祭酒」，蓋李暠時嘗授是官。然《十六國春秋》稱：沮渠蒙遜平酒泉，授昞秘書郎，專管注記，魏太武時又授樂平從事中郎。則昞歷事三主，惟署涼官者，誤矣。

　　劭書凡十二篇，首尾完具。晁公武《讀書志》作十六篇〔二〕，疑傳寫之誤。其書主於論辨人才，以外見之符，驗內藏之器，分別流品，研析疑似。故《隋志》以下，皆著錄於名家。然所言究悉物情，而精覈近理，視尹文之說，兼陳黃、老、申、韓、公孫龍之說，惟析堅白同異者，迥乎不同〔三〕。蓋其學雖近乎名家，其理則弗乖於儒者也。〔四〕

　　昞注不涉訓詁，惟疏通大意，而文詞簡古，猶有魏晉之遺。《漢魏叢書》所載，惟每篇之首存其解題十六字，且以卷首阮逸之序訛題晉人，殊為疏舛。此本為萬曆甲申（1584）河間劉用霖所刊。蓋用隆慶壬申（1572）鄭旻舊版而修之，猶古本云。〔五〕（《四庫全書總目》卷一百十七）

【注釋】

〔一〕【劭】高尚，美好。《說文・力部》：「劭，高也。」段玉裁注：「《廣雅・釋詁》同。《法言》曰：『公儀子、董仲舒之才之劭也。』又曰：『賢皆不足劭也。』」今本《法言》劭誤作「邵」。今按，孔，美好。《玉篇・乙部》：「孔，嘉也。」「劭」與「孔」同義，名字相應。

〔二〕【史源】《郡齋讀書志》卷十一。

〔三〕【宗旨】《史通・自敘》：「五常異，百行殊執，能有兼偏，知有長短。苟隨才而任使，則片善不遺，必求備而後用，則舉世莫可，故劉劭《人物志》生焉。」

〔四〕【評論】王欣夫先生云：「文廷式《純常子枝語》謂『《流業》篇分十二流，而以為皆人臣之任，主德不預焉。主德者，聰明眾材而以事自任者也，此道家之旨。《八觀》篇本之《大戴禮》《老子》《莊子》諸書，而敷暢其說。蓋《提

要》猶未推其本也』。又謂『《材能》篇「公刻之政，宜於糾奸，以之治邊，則失眾。」蓋治邊而用糾奸之法，則人且為敵用矣。孔才此言，深通邊事』。又云：『「伎倆之政，宜於治富，以之治貧，則勞而下困。」劉昞注云：「易貨改鑄，民失業矣。」按二劉先生於貧困之朝，目見言利之臣，煩撓無益，故所言深中事情。』案皆讀書得間，前人所未言。」（《蛾術軒篋存善本書錄》第 1300 頁）

劉咸炘云：「《提要》曰：『其書主於論辨人才……其理則弗乖於儒者也。』按《提要》之說未析也。周末名家有二流：其一為刑名，循名核實，責任臣下，此申不害、韓非之說也；一為名辯，廣辯名實，而不專治道，惠施、桓團、公孫龍之徒是也。名辯之說，莊周、慎到、墨翟、宋鈃皆取之，與法家殊異，不可混也。尹文本非名家，雖兼辯名實，與法家殊，今書非其宗旨，尚在可疑，且文生前於申、韓，安得與申、韓同論耶？施、龍之辯，後世已無，必求其流，則南朝玄言尚有其遺。若刑名之家，則自漢以來多有之。此書循名核實，乃刑名之流也。」（《劉咸炘學術論集・子學編》第 452 頁）

〔五〕【整理與研究】朱永新、劉崇德合撰《才性之謎——劉邵〈人物志〉注譯與研究》（浙江大學出版社 1989 年版），王曉毅撰《中國古代人才鑒識術——〈人物志〉譯注與研究》（吉林文史出版社 1994 年版），伏俊璉撰《人物志研究》（甘肅人民出版社 1999 年版），李崇智撰《人物志校箋》（巴蜀書社 2001 年版），伏俊璉撰《人物志譯注》（上海古籍出版社 2018 年版），王曉毅撰《〈人物志〉譯注》（中華書局 2019 年版），吳家駒譯注《人物志》（江蘇人民出版社 2019 年版）。

109. 劉子十卷

案：《劉子》十卷，《隋志》不著錄，《唐志》作梁劉勰撰，陳振孫《書錄解題》〔一〕、晁公武《讀書志》〔二〕俱據唐播州（今貴州遵義）錄事參軍袁孝政序作北齊劉晝撰，《宋史・藝文志》亦作劉晝。自明以來，刊本不載孝政注，亦不載其序。惟陳氏載其序，略曰：「晝傷己不遇，天下陵遲，播遷江表，故作此書，時人莫知。謂為劉勰、劉歆、劉孝標作（云云）。」不知所據何書，故陳氏以為終不知書為何代人。

案：梁通事舍人劉勰，史惟稱其撰《文心雕龍》五十篇，不云更有別書。且《文心雕龍・樂府篇》稱：「塗山歌於候人，始為南音。有娀謠乎飛燕，始

為北聲。夏甲歡於東陽，東音以發。殷整思於西河，西音以興。」此書《辨樂篇》稱：「夏甲作破斧之歌，始為東音。」與勰說合。其稱「殷辛作靡靡之樂，始為北音」，則與勰說迥異，必不出於一人。又史稱勰長於佛理，嘗定定林寺經藏，後出家，改名慧地。此書末篇乃歸心道教，與勰志趣迥殊。白雲霽《道藏目錄》亦收之太玄部無字號中，其非奉佛者明甚。近本仍刻劉勰，殊為失考。劉孝標之說，《南史》《梁書》俱無明文，未足為據。劉歆之說，則《激通篇》稱：「班超憤而習武，卒建西域之績。」〔三〕其說可不攻而破矣。

惟北齊劉晝，字孔昭，渤海阜城（今河北交河）人，名見《北史·儒林傳》〔四〕。然未嘗播遷江表，與孝政之序不符。傳稱晝孤貧受學，恣意披覽，晝夜不息。舉秀才不第，乃恨不學屬文，方復綴輯詞藻，言甚古拙，與此書之緟麗輕茜亦不合。又稱求秀才十年不得，乃發憤撰《高才不遇傳》。孝昭時出詣晉陽上書，言亦切直而多非世要，終不見收。乃編錄所上之書為《帝道》。河清中又著《金箱壁言》，以指機政之不良，亦不云有此書。豈孝政所指又別一劉晝歟？

觀其書末《九流》一篇〔五〕，所指得失，皆與《隋書·經籍志》子部所論相同。使《隋志》襲用其說，不應反不錄其書。使其剽襲《隋志》，則貞觀以後人作矣。或袁孝政採掇諸子之言，自為此書而自注之，又恍惚其著書之人，使後世莫可究詰，亦未可知也〔六〕。然劉勰之名，今既確知其非，自當刊正。劉晝之名，則介在疑似之間，難以確斷〔七〕，姑仍晁氏、陳氏二家之目，題晝之名，而附著其牴牾如右。〔八〕（《四庫全書總目》卷一百十七）

【注釋】

〔一〕【史源】《直齋書錄解題》卷十。

〔二〕【史源】《郡齋讀書志》卷十二。

〔三〕【史源】《劉子》卷十。

〔四〕【史源】《北史》卷八十一。

〔五〕【九流】儒者，晏嬰、子思、孟軻、荀卿之類也。順陰陽之性，明教化之本，遊心於六藝，留情於五常，厚葬，文服，重樂，有命，祖述堯舜，憲章文武，宗師仲尼，以尊敬其道。然而薄者流廣文繁，難可窮究也。道者，鬻熊、老聃、關尹、莊周之類也。以空虛為本，清淨為心，謙挹為德，卑弱為行，居無為之事，行不言之教，裁成宇宙，不見其跡，亭毒萬物，不有其功。然而薄者全棄忠孝，杜絕仁義，專任清虛，欲以為治也。陰陽者，子韋、鄒衍、

桑邱南父之類也。敬順昊天，曆象日月星辰，敬受民時，範三光之度，隨四時之運，知五行之性，通八風之氣，以厚生民，以為政治。然而薄者則拘於禁忌，溺於術數也。名者，宋銒、尹文、惠施、公孫龍之類也。其道主名，名不正則言不順，故定尊卑，正名分，愛平，尚儉，禁攻，寢兵，故作華山之冠，以表均平之制，則寬宥之說以示區分。然而薄者捐本就末，分析明辯，苟析華辭也。法者，慎到、李悝、韓非、商鞅之類也。其術在於明罰，討陣整法，誘善懲惡，俾順軌度以為治本。然而薄者削仁廢義，專任刑法，風俗刻薄，嚴而少恩也。墨者，尹佚、墨翟、禽滑、胡非之類也。儉嗇，謙愛，尚賢，右鬼，非命，薄葬，無服，不怒，俳鬥。然而薄者其道大觳，儉而難遵也。縱橫者，闞子、龐煖、蘇秦、張儀之類也。其術本於行仁，譯二國之情，弭戰爭之患，受命不受辭，因事而制權，安危扶傾，轉禍就福。然而薄者則苟尚華詐，而棄忠信也。雜者，孔甲、尉繚、尸佼、淮南之類也。明陰陽，通道德，兼儒墨，合名法，苞縱橫，納農植，觸類取與，不拘一緒。然而薄者則蕪穢蔓衍，無所繫心也。農者，神農、野老、宰氏、氾勝之類也。其術在於務農，廣為墾闢，播植百穀，國有盈儲，家有蓄積，倉廩充實，則禮義生焉。然而薄者若使王侯與庶人並耕於野，無尊卑之別，失君臣之序也。觀此九家之學，雖有深淺，辭有詳略，說殊形反，流分乖隔，然皆同其妙理，俱會治道，跡雖有殊，歸趣無異。猶五行相滅，亦還相生。四氣相反，而共相成。歲淄澠殊，源同歸於海。宮商異聲，俱會於樂。夷惠同操，齊蹤為賢。三子殊行，等跡為仁。道者玄化為本，儒者德教為宗。九流之中，二化為最。夫道以無為化世，儒以六藝濟俗。無為以清虛為心，六藝以禮教為訓。若以教行於大同，則邪偽萌生，使無為化於成康，則氛亂競起何者？澆淳時異，則風化應殊。古今乖舛，則政教宣隔。以此觀之，儒教雖非得真之說，然茲教可以導物。道家雖為達情之論，而違禮復不可以救弊。今治世之賢，宜以禮教為先。嘉遯之士，應以無為是務。則操業俱遂，而身名兩全也。（《劉子》卷十）

　　劉咸炘云：「劉晝之書，兼取儒、道，旨具《九流》一篇，其書詞條豐蔚，而十九衍說，陳言尤多，沿用《尸子》《淮南》之說。黃震謂『會萃而成，不能自有發明，不足與諸子立言之列』是也。」（《劉咸炘學術論集‧子學編》第 459 頁）

〔六〕【辨偽】余嘉錫云：「《提要》疑此書袁孝政所依託，尤為無據。」（詳見《四庫提要辯證》第 715～719 頁）

〔七〕【證真】余嘉錫云：「余嘗取此書反覆讀之，而確信其出於劉書，有四證焉。凡《提要》所言，皆不足為依託之證，故曰所疑皆妄也，其為說非也。」（《四庫提要辯證》第 709～715 頁）

〔八〕【整理與研究】潘景鄭《劉子新論校本》：「《劉子》以宋巾箱本為最古，惜未見傳世，其次則明活字本，又其次則《子匯》《道藏》二本。」（《著硯樓讀書記》第 381 頁）近有《敦煌遺書劉子殘卷集錄》（上海書店 1988 年版），殘卷時代在唐貞觀之前。楊家駱撰《劉子新論》（世界書局 1984 年版），林其錟、陳鳳金輯校《敦煌遺書劉子殘卷集錄》（上海書店出版社 1988 年版），楊明照校注《劉子校注》（巴蜀書社 1988 年版），王叔岷撰《劉子集證》（中央研究院歷史語言研究所專刊 44，1994 年），傅亞庶撰《劉子校釋》（中華書局 1998 年版），林琳撰《劉子譯注》（吉林人民出版社 2008 年版），陳志平撰《劉子研究》（吉林人民出版社 2008 年版），楊明照撰《增訂劉子校注未完成手稿》（四川大學出版社 2018 年版）。

110. 顏氏家訓二卷

舊本題北齊黃門侍郎顏之推（531～597）撰。考陸法言《切韻序》作於隋仁壽中，所列同定八人，之推與焉，則實終於隋。舊本所題，蓋據作書之時也。〔一〕陳振孫《書錄解題》云：「古今家訓，以此為祖。」〔二〕然李翱所稱《太公家教》雖屬偽書〔三〕，至杜預《家言誡》之類，則在前久矣。特之推所撰，卷帙較多耳。

晁公武《讀書志》云：「之推本梁人，所著凡二十篇，述立身治家之法，辨正時俗之謬，以訓世人。」〔四〕今觀其書，大抵於世故人情深明利害，而能文之以經訓。故《唐志》《宋志》俱列之儒家。然其中《歸心》等篇，深明因果，不出當時好佛之習。又兼論字畫音訓，並考正典故，品第文藝，曼衍旁涉，不專為一家之言。今特退之雜家，從其類焉。

又是書《隋志》不著錄，《唐志》《宋志》俱作七卷。今本止二卷。錢曾《讀書敏求記》載有宋抄淳熙七年（1180）嘉興沈揆本七卷，以閩本、蜀本及天台謝氏所校五代和凝〔五〕本參定。末附考證二十三條，別為一卷，且力斥流俗並為二卷之非。今沈本不可復見，無由知其分卷之舊，姑從明人刊本錄之。然其文既無異同，則卷帙分合，亦為細故。惟考證一卷佚之，可惜耳。〔六〕（《四庫全書總目》卷一百十七）

【注釋】

〔一〕【成書時間】王利器云：「此書蓋成於隋文帝平陳以後，隋煬帝即位之前，其當六世紀之末期乎？」（《顏氏家訓集解・敘錄》）

〔二〕【史源】《直齋書錄解題》卷十。

〔三〕【太公家教】唐代無名氏撰。用四字韻語，講述日常生活的道德要求。書中有「太公未遇，釣魚渭水」句，後人或以此為書名，用作啟蒙課本，並非太公所作。宋王明清《玉照新志三》：「當是有唐村落間老校書為之。」唐中葉至北宋頗流行。金元時流行於北方少數民族中，金人曾編作劇本，元人曾譯為蒙古文。清初又翻成滿文。清末敦煌石室發現寫本一卷，王國維有《唐寫本太公家教跋》。

〔四〕【史源】《郡齋讀書志》卷三上。

〔五〕【和凝】（898～955），字成績。五代山東須昌人。有豔詞《香奩集》，後貴，嫁名於韓偓。

〔六〕【整理與研究】周法高撰《顏氏家訓匯注》（臺聯國風出版社 1975 年版），王利器撰《顏氏家訓集解》（中華書局 1993 年版）。王氏認為，此書對於研究南北諸史及《漢書》《經典釋文》《文心雕龍》均有參考價值。日人吉川忠夫、林田慎之助等對顏氏也進行了研究。張瑤撰《顏氏家訓中的教育思想》（吉林文史出版社 2019 年版），馮祖貽注《顏氏家訓》（國家圖書館出版社 2020 年版），莊輝明、章義和撰《顏氏家訓譯注》（上海古籍出版社 2020 年版），顧易撰《從顏氏家訓看中國家教》（暨南大學出版社 2020 年版）。

111. 化書六卷

　　舊本題曰《齊邱子》，稱南唐宋齊邱（889～959）撰。宋張耒（1054～1114）跋其書，遂謂齊邱犬鼠之雄，蓋不足道。晁公武亦以齊邱所撰著於錄〔一〕。然宋碧虛子陳景元跋稱舊傳陳摶言：「譚峭景升在終南著《化書》。因遊三茅，歷建康，見齊邱有道骨，因以授之曰：『是書之化，其化無窮，願子序之，流於後世』。於是杖䇿而去。齊邱遂奪為己有而序之。」〔二〕則此書為峭所撰。稱《齊邱子》者，非也。

　　書凡六篇，曰《道化》《術化》《德化》《仁化》《食化》《儉化》。其說多本黃老、道德之旨。文筆亦簡勁奧質。

元陸友仁《硯北雜志》稱:「譚景升書,世未嘗見。他書言其論書道,鍾、王而下一人而已。」〔三〕今考「書道」一條,見在《仁化》篇中〔四〕,而友仁顧未之見。則元世流傳蓋已罕矣。明初代王府嘗為刊行,後復有劉氏、申氏諸本。〔五〕今仍改題《化書》,而以陳景元跋附焉〔六〕。

峭為唐國子司業洙之子,師嵩山道士,得辟穀養氣之術,見沈汾《續仙傳》中。其說神怪不足深辨。又道家稱峭為紫霄真人,而《五代史・閩世家》稱王昶好巫,拜道士譚紫霄為正一先生。其事與峭同時,不知即為一人否?方外之士,行蹤靡定,亦無從而究詰矣。(《四庫全書總目》卷一百十七)

【注釋】

〔一〕【史源】《郡齋讀書志》卷十二:「宋齊邱《化書》六卷,右偽唐宋齊邱子嵩撰。張耒文潛嘗題其後云:『齊邱之意,特犬鼠之雄耳,蓋不足道。其為《化書》,雖皆淺機小數,亦微有以見於黃、老之所謂道德,其能成功,有以也。吾嘗論黃老之道德本於清淨無為,遣去情累,而其末多流而為智術刑名,何哉!仁義生於恩,恩生於人情,聖人節情而不遣者也。無情之至,至於無親,無親則忍矣,此刑名之所以用也。文章頗高簡,有可喜者。其言曰:「君子有奇志,天下不親。」雖聖人出,斯言不廢。』」

今按,宋齊邱,字子嵩,唐末五代豫章人。與馮延巳(約903~960)等有「五鬼」之稱。後自縊死。又按,張來《書宋齊邱化書》載《蘇門六君子文粹》卷三十六,與此稍異。

〔二〕【考證】劉咸炘云:「按碧虛子跋言:『予問鴻蒙君,君曰:吾聞希夷先生曰:我師友譚景昇。』其鴻蒙子乃希夷門人張無夢,與景昇友。其說自真,非舊傳而已。」(《劉咸炘學術論集・子學編》第481頁)

〔三〕【史源】《研北雜志》卷下。今按,譚峭,字景昇,五代泉州人。道家學者,被稱為紫霄真人。《化書》強調一切都在變化。又按,《道化》《術化》言神化之道,《德化》《仁化》言治人之道,《食化》《儉化》極言萬物爭於食,惟儉可以安之。(《劉咸炘學術論集・子學編》第481頁)

〔四〕【書道】心不疑乎手,手不疑乎筆,忘手筆,然後知書之道。和暢,非巧也;淳古,非樸也;柔弱,非美也;強梁,非勇也。神之所浴,氣之所沐。是故點策蓄血氣,顧盼含情性。無筆黑之跡,無機智之狀;無剛柔之容,無馳騁之象。若皇帝之道熙熙然,君子之風穆穆然。是故觀之者,其心樂,其神和,

其氣融，其政太平，其道無朕。夫何故？見山思靜，見水思動，見雲思變，見石思貞，人之常也。(《化書》卷四)

〔五〕【版本】收入《道藏‧太玄部》。另有《墨海金壺》本、《寶顏堂秘籍》本。

〔六〕【史源】陳景元跋未收入四庫本《化書》。

112. 習學記言五十卷

宋葉適〔一〕(1150~1223) 撰。適字正則，自號水心居士，永嘉 (今屬浙江溫州) 人。淳熙五年 (1178) 進士。官至寶文閣學士。諡忠定。

其書乃輯錄經史百氏，各為論述，條列成編。凡經十四卷，諸子七卷，史二十五卷，《文鑒》四卷。所論喜為新奇，不屑摭拾陳語。故陳振孫《書錄解題》謂「其文刻峭精工，而義理未得為純明正大」〔二〕。劉克莊為趙虛齋作《注莊子序》，亦稱其「講學析理，多異先儒」〔三〕。今觀其書，如謂「太極生兩儀」等語為文淺義陋，謂《檀弓》膚率於義理，而謇縮於文詞。謂《孟子》「子產不知為政」、「仲尼不為已甚」，語皆未當。此類誠不免於駭俗。

然如論「讀《詩》者專溺舊文，不得《詩》意，盡去本序，其失愈多」〔四〕；言《國語》非左氏所作〔五〕，以及考子思生卒年月〔六〕，斥漢人言《洪範五行》災異之非，皆能確有所見，足與其雄辨之才相副。至於論唐史諸條，往往為宋事而發，於治亂通變之原，言之最悉，其識尤未易及。特當宋之末世，方恪守洛、閩之言，而適獨不免於同異〔七〕，故振孫等不滿之耳。〔八〕(四庫全書《總目》卷一百十七)

【注釋】

〔一〕【作者研究】周學武撰《葉水心先生年譜》(臺北大安出版社 1988 年版)，張義德撰《葉適評傳》(南京大學出版社 1994 年版)，周夢江、陳凡男合撰《葉適研究》(人民出版社 2008 年版)。

〔二〕【史源】陳振孫《書錄解題》卷十。今按，據葉氏門人孫之弘序，此書書名應為「習學記言序目」。黃百家亦云：「《習學記言》存於今者，《序目》而已。」

〔三〕【趙虛齋注莊子內篇序】往歲，水心葉公，講學析理，多異先儒。督學記言，初出南塘趙公，書抵余曰：「葉猶是同中之異，如某則真異耳。」余駭其言，而未見其書也。端平初，余為玉牒所主簿，趙為卿攝郎右銓趙為侍郎，朝夕相親，稍窺平生，論著於《書》《易》皆出新義，雖伊洛之說不苟隨，惟《詩》與朱子同。且語余曰：「莆人惟鄭漁仲善讀書，子可繼之，勿為第二流人。」

鄭名樵，所謂夾漈先生者。余謝不敢當，方欲盡傳其書，俄皆去國矣。耆雋凋落，舊聞益荒，太常博士鄭公彝叟道甫為余言，虛齋趙公方為諸經作傳。余固厚公，以書叩問。公答云云，大指多與南塘合。然靳惜未肯輕出。曰：「出之，將駭一世矣。」余既老病，無復四方之役，常恨不得挾冊以從公遊。一日於親友家得公所作《逍遙遊解》，盡黜舊注，自成一家，以數明理，以理斷疑，如日曆然，起一算子，而千歲之日可知；如國棋然，下一冷著，而滿盤之子皆活。訥而辨，簡而盡，心竊歎服，遂從公求得內篇本旨而傳錄焉。余少亦嗜此書，至是悟而笑曰：「許多年在郭象雲霧中，乃今彷彿見蒙叟戶庭矣。」又悟世儒箋傳之學，直隨聲接響，按摸出塹爾，如水心、南塘，如虛齋，迺可謂之善學。(《後村集》卷二十四)

〔四〕【水心論詩序】作《詩》者必有所指，故集《詩》者必有所繫，無所繫，無以《詩》為也。其餘隨文發明，或記本事，或釋《詩》意，皆在秦、漢之前，雖淺深不能盡，當讀《詩》者以其時考之，以其義斷之，惟是之從，可也。專溺舊文，因而推衍，固不能得《詩》意。欲盡去本序，自為之說，失《詩》意愈多矣。(《習學記言》卷六)

〔五〕【《國語》非左氏所作】以《國語》《左氏》二書參較，《左氏》雖有全用《國語》文字者，然所採次僅十一而已，至《齊語》不復用，《吳》《越語》則採用絕少，蓋徒空文，非事實也。《左氏》合諸國記載成一家之言，工拙煩簡，自應若此。惜他書不存，無以遍觀也。而漢、魏相傳，乃以《左氏》《國語》一人所為，左氏雅志未盡，故別著外傳，餘人為此語不足怪，若賈誼、司馬遷、劉向不加訂正，乃異事爾。(《習學記言》卷十二)

〔六〕【子思生卒年月】《習學記言》卷十七：「子思歲月，全不可考。子思年十六適宋，樂朔與之言，尚書不悅而退曰：『孺子辱吾。』其徒請攻之，遂圍子思。宋君聞之，不待駕而救子思。子思既免，曰：『文王厄於羑里，作《周易》；祖君厄於陳蔡，作《春秋》；吾困於宋，可無作乎？』於是撰《中庸》之書四十九篇。詳此則《中庸》之作遠在孔子歿後，而子思往往不逮事王父矣。然伯魚之死五十，去其父不遠，以年推之，孔子歿時，子思壯長矣。又《孔叢子》自載子思從夫子於郊，遇程子，而謂十六著《中庸》，此可憑乎？子思與魯穆公同時，穆公之薨，子思在衛，不為服，亦《連叢子》所記孟子言子思穆公甚詳，可以無疑矣。然《史記·世家》：『魯哀公二十七年薨，悼公立，三十七年薨，元公立，二十一年薨，穆公立，三十三年薨，恭公立。然則子

思之年上距定哀，下迄恭公，當百餘歲矣。』然則世家之紀年又可信乎？大抵堯、舜以來，史文不繼，歲月斷闕，孔子以《書》《詩》次之，存其大略，惟《春秋》二百餘年是為明備，所以尤惓惓於此書，蓋問學統紀之大者。孔子歿而《春秋》廢，雖其子孫自記家事，而於子思之歲月尚訛舛如此，況其他乎？」

〔七〕【評論】孫詒讓云：「水心論學，在宋時自為一家，不惟與洛、閩異趨，即於薛文憲、陳文節平生所素與講習者，亦不為苟同。此書論辨縱橫……其淹博尤非陋儒所敢望，未可以陳伯玉所論遽譏其偏駁也。」（《溫州經籍志》第 707 頁）黃體芳亦云：「水心之書，其說經不同於漢人，而其於宋亦蘇子瞻之流，其為一時憤激之言，而不可以轉相師述者，如謂『太極生兩儀等語淺陋』之屬，《四庫提要》舉之，而近世鄉先輩黃薇香明經為《葉氏經學辨》，於其駁曾子、子思、孟子，皆頗議其誣而推見所以言之故，具在《儆居集》中。體芳以為，水心之才之識，最長於論史事；以其論史之才之識而論諸子，而又論經，豈能無偏？」（同上書第 709 頁）劉咸炘云：「葉氏學術無所主，黃東發論之最當。其於老、孟皆甚隔膜，於《子華》《家語》則不知其偽而誤信……其論史法則無所知，所言無不謬，至論史事則頗能留心一時風尚規模，然後漢、晉、南北朝尤多卓見。論史之外，則可取者稀矣。大抵不善用所長，頗有意讀古書，而無考據之功，無深恕之識，不入而出，但憑武斷，其氣象與章實齋相類，而實相反。夫論史事但憑揣斷，其法不可施之他書，概以施之，強不知以為知，乃宋人之大病，亦蘇軾倡之。」（《劉咸炘學術論集·子學編》第 506 頁）

〔八〕【版本】潘猛補考之甚備，詳見《溫州經籍志》第 708 頁。

113. 白虎通義四卷

漢班固（32～92）撰。

《隋書·經籍志》載《白虎通》六卷，不著撰人。《唐書·藝文志》載《白虎通義》六卷，始題班固之名。《崇文總目》載《白虎通德論》十卷，凡十四篇。陳振孫《書錄解題》亦作十卷，云凡四十四門〔一〕。今本為元大德中劉世常所藏〔二〕，凡四十四篇，與陳氏所言相符。知《崇文總目》所云十四篇者，乃傳寫脫一「四」字耳。然僅分四卷，視諸志所載又不同。朱翌《猗覺寮雜記》稱《荀子注》引《白虎通》「天子之馬六」句〔三〕，今本無之。然則輾轉傳寫，或亦有所脫佚。翌因是而指其偽撰，則非篤論也。

　　據《後漢書》固本傳，稱天子會諸儒講論《五經》，作《白虎通德論》，令固撰集其事。而《楊終傳》稱終言宣帝博徵群儒，論定《五經》於渠閣。方今天下少事，學者得成其業，而章句之徒破壞大體。宜如石渠故事，永為世則。於是詔諸儒於白虎觀論考同異焉。會終坐事繫獄，博士趙博、校書郎班固、賈逵等，以終深曉《春秋》學，多異聞，表請之，即日貰出。《丁鴻傳》稱肅宗詔鴻與廣平王羨及諸儒樓望、成封、桓郁、賈逵等，論定《五經》同異於北宮白虎觀，使五官中郎將魏應主承制問難，侍中淳于恭奏上，帝親稱制臨決。時張酺、召馴、李育皆得與於白虎觀。蓋諸儒可考者十有餘人，其議奏統名《白虎通德論》，猶不名「通義」。《後漢書·儒林傳序》言：建初中，大會諸儒於白虎觀，考詳同異，連月乃罷，肅宗親臨稱制，如石渠故事。顧命史臣著為《通義》。唐章懷太子賢注云：「即《白虎通義》。」是足證固撰集後，乃名其書曰《通義》。《唐志》所載蓋其本名。《崇文總目》稱《白虎通德論》，失其實矣。《隋志》刪去「義」字，蓋流俗省略，有此一名。故唐劉知幾《史通序》引《白虎通》《風俗通》為說，實則遞相祖襲，忘其本始者也。

　　書中徵引《六經》傳記而外，涉及緯讖，乃東漢習尚使然。又有《王度記》《三正記》《別名記》《親屬記》，則《禮》之逸篇。方漢時崇尚經學，咸兢兢守其師承，古義舊聞多存乎是，洵治經者所宜從事也。

　　國朝任啟運嘗舉正其闕，作《白虎通摘訛》，見所自為《制藝序》中。今其書不傳，所糾之當否，不可考矣。〔四〕（《四庫全書總目》卷一百十八）

【注釋】

〔一〕【史源】《直齋書錄解題》卷三。

〔二〕【版本】潘景鄭《白虎通校本》云：「《白虎通》以盧氏抱經堂本為善，然盧氏校刊時，所據皆明刻諸本，大德本且未及，後附《校勘補遺》，始錄宋小字兩本及大德一本，然所校訛字，疏漏未盡。大德本自涵芬樓影印後，化身奚止千百；宋刻小字一本，猶藏吾家滂喜齋；其另一小字本，則不知流落何所矣。予曾取宋、元兩本互勘，宋本雖間有誤字，而《性情》一篇，元本改易頗多，自明遼陽傅鑰本以下，並沿其誤，惟宋本不誤。」（《著硯樓讀書記》第 382 頁）

〔三〕【史源】宋朱翌《猗覺寮雜記》卷下：「《荀子》注『六馬仰秣』，引《白虎通》『天子之馬六』，今之《白虎通》無此言。緣本朝求書有賞，往往多自撰以求

賞，非古書也。如《竹林》《玉杯》《繁露》皆後人妄言，非仲舒當時書，以天子六馬推之，則諸侯五馬無疑。」

今按，2002 年，洛陽驚現「天子駕六」遺跡，在洛陽市中心（原東周古城）發掘出一輛由六匹馬組成的車馬遺跡，現已成立了「周天子駕六」博物館。

〔四〕【整理與研究】清盧文弨有《白虎通》校本（《抱經堂叢書》本），內附莊述祖之《白虎通義考》《白虎通闕文》，晚清孫詒讓亦撰《白虎通義考》（《籀廎述林》卷四）。陳立撰《白虎通疏證》（中華書局 1994 年版），是現有的比較完全的注解。王四達撰《〈白虎通義〉與漢代社會思潮》（南方出版社 2002 年版），周德良撰《〈白虎通〉暨漢禮研究》（臺灣學生書局 2007 年版），向晉衛撰《〈白虎通義〉思想的歷史研究》（人民出版社 2007 年版），陳豪珣撰《〈白虎通義〉思想的當代審視》（南京大學出版社 2016 年版），蕭航撰《王道之綱紀：〈白虎通義〉政治思想研究》（商務印書館 2017 年版），劉青松撰《〈白虎通〉義理聲訓研究》（商務印書館 2018 年版）。

114. 獨斷二卷

漢蔡邕（132～192）撰。

王應麟《玉海》謂是書間有顛錯，嘉祐中余擇中更為次序，釋以己說，故別本題《新定獨斷》〔一〕。擇中之本今不傳。然今書中《序歷代帝系》末云：「從高祖乙未至今壬子歲，三百一十年。」壬子為靈帝建寧五年（172），而「靈帝世系」末行小注，乃有二十二年之事，又有獻帝之諡，則決非邕之本文。蓋後人亦有所竄亂也。

是書於禮制多信《禮記》〔二〕，不從《周官》。若五等封爵，全與《大司徒》異，而各條解義，與鄭玄《禮注》合者甚多。其釋「大祝」一條，與康成《大祝》注字句全符，則其所根據當同出一書。又《續漢書・輿服志》：「樊噲冠廣九寸，高七寸，前後出各四寸。」是書則謂：「高七寸，前出四寸。」其詞小異。劉昭《輿服志》注引《獨斷》曰：「三公、諸侯九旒，卿七旒。」今本則作三公九，諸侯、卿七。《建華冠》注引《獨斷》曰：「其狀若婦人縷鹿。」今本並無此文〔三〕。又《初學記》引《獨斷》曰：「乘輿之車，皆副轄者施轄於外，乃復設轄者也。」與今本亦全異〔四〕。此或諸家援引偶訛，或今本傳寫脫誤，均未可知〔五〕。

　　然全書條理統貫，雖小有參錯，固不害其宏旨，究考證家之淵藪也〔六〕。
（《四庫全書總目》卷一百十八）

【注釋】

〔一〕【新定獨斷】漢蔡邕《獨斷》，蔡邕傳著《獨斷》《勸學》。書目二卷，採前古
　　　及漢以來典章制度、品式稱謂、考證辨釋凡數百事，其書間有顛錯。嘉祐中，
　　　余擇中更為次序，釋以己說，故別本題《新定獨斷》。光武紀注引之。（《玉海》
　　　卷五十一）

〔二〕【考證】劉咸炘云：「《崇文總目》《遂初堂書目》及陳《錄》、馬《考》是書均
　　　入儀注，四庫乃入雜家。桂馥曰：『《南齊書‧禮志》云：「及至東京，太尉胡
　　　廣撰《舊儀》，左中郎蔡邕造《獨斷》。」又云：「晉初荀顗因魏代前事，撰為
　　　《晉禮》。後摯虞、傅咸續續此制。今虞之《決疑》與蔡氏《獨斷》同意，皆
　　　一代朝儀也。今《獨斷》已非完書，後人不知為史家典要，等之稗官說部，
　　　豈不誣乎？」』此說極是。」（《劉咸炘學術論集‧子學編》第 359～360 頁）

〔三〕【考證】此書有《四部叢刊》本。張元濟跋云：「是本（指明弘治本）卷下第
　　　十一葉，《天子十二旒》節，其文具存。」（《張元濟古籍書目序跋彙編》第 950
　　　頁）

〔四〕【考證】張元濟云：「是書卷下第九葉，《凡乘輿》節曰『重轂副牽』，又下二
　　　節曰『施牽其外，乃復設牽』，此三『牽』字，各本皆同，惟盧抱經指為『轚』
　　　字之訛。按《漢書‧天文志》：『北一星曰轚。』引晉灼曰：『轚，古轄字也。
　　　《左傳》昭公二十五年，昭子賦《車轄》。』……是『轚』、『轄』二字通用。
　　　則《初學記》所引，明明即此數語，又何得謂為全異乎？」（《張元濟古籍書
　　　目序跋彙編》第 950 頁）

〔五〕【考證】元戴表元《剡源文集》卷二十三《讀蔡氏獨斷》：「蔡氏《獨斷》二
　　　卷，本傳載伯喈嘗著此書，而世儒或疑今本非真，出於後來者掇拾漢史餘文
　　　以成之。余考之，伯喈之學不止於此，謂不出於伯喈，亦非也。當由本書散
　　　亡，幸而存者僅此耳。若車服諸志乃其所已創，與范曄史文時相出入，蓋曄
　　　取伯喈，非仿伯喈者取曄也。古人作史，咸有所本，一史成而諸書皆廢。伯
　　　喈之書，其以范曄史廢哉？然猶盡存，則猶有不可盡廢焉者矣。伯喈才識數
　　　倍於曄，繼孟堅者當在伯喈，天奪其成，逸而歸，至於偃蹇取死，二人之道
　　　雖絕不同，而皆不得免其身，士亦何貴於文哉？」劉咸炘認為：「此論甚精。」
　　　（《劉咸炘學術論集‧子學編》第 360 頁）

〔六〕【考證家之淵藪】梁劉昭注《八志》，多引《獨斷》為證。與唐章懷太子注《後漢書》所採摭，均古本之可信者。胡綏之（玉縉）先生欲為疏證，以為考典章制度之淵藪焉。（王欣夫《蛾術軒篋存善本書錄》第519頁）

　　司馬按，胡玉縉欲倣《白虎通疏證》而為《獨斷疏證》，但未有成書，王欣夫曾記其編寫之例（《蛾術軒篋存善本書錄》第520頁）。有心者可以繼續作一專題研究。若有好學潛修之士，細心閱讀吾書，真正做到讀書得間，必能於字裏行間、正面反面發現無數之研究課題。此即其一也。

115. 資暇集三卷

　　唐李匡乂撰。舊本或題李濟翁，蓋宋刻避太祖諱，故書其字，如唐修《晉書》稱石虎為石季龍。或作李乂，亦避諱刊除一字，如唐修《隋書》稱韓擒虎為韓擒，實一人也。《文獻通考》一入雜家，引《書錄解題》作李匡文〔一〕；一入小說家，引《讀書志》作「李匡義」〔二〕，而「字濟翁」則同。《陸游集》有此書跋〔三〕，亦作李匡文。王楙《野客叢書》作「李正文」〔四〕，然《讀書志》實作「匡乂」，諸書傳寫自誤耳。匡乂，始末未詳，書中稱再從叔翁汧公，知為李勉從孫。又稱：「宗人翰作《蒙求》，載蘇武、鄭眾事（云云）。」則晉翰林學士李翰之族，其人當在唐末。《唐書‧藝文志》有李匡文《兩漢至唐年紀》一卷，注曰昭宗時宗正少卿，蓋即匡乂。書中但自稱守南漳。蓋所歷之官，非所終之官也。《讀書志》載是書有匡乂自序曰：「世俗之談，類多訛誤。雖有見聞，嘿不敢證。故著此書。上篇正誤，中篇談原，下篇本物。」〔五〕

　　此本前有「虞山錢遵王氏藏書」印，蓋也是園舊物。末題「埭川顧氏家塾梓行」。中間「貞」字、「徵」字、「完」字皆闕筆，蓋南宋所刊。「殷」字亦尚闕筆，則猶刻於理宗以前、宣祖未祧之時，較近本為善。然無自序，疑裝輯者佚之。書中亦不標三篇之目，其所說之事，則皆與目應。疑自序乃隱括之詞，原未標目也。

　　其書大抵考訂舊文。黃伯思《東觀餘論》嘗駁其「茶托」一條〔六〕，黃朝英《緗素雜記》嘗駁其「儌直」一條〔七〕，胡仔《苕溪漁隱叢話》嘗駁其「藥欄」一條〔八〕，王楙《野客叢書》嘗駁其「急急如律令」一條〔九〕。今觀所辨如「千里不唾井」事云本因南朝宋之計吏。不知《玉臺新詠》舊本載曹植《代劉勳出妻王氏》詩已有「千里不唾井，況乃昔所奉」句，則宋計吏之說為誤。又蜀妓薛濤見於唐人詩集者無不作濤，此書獨作「薛陶」，顯為訛字。又解「龍

鍾」為龍所踐處，亦涉穿鑿。又全書均考證之文，而「穆寧啖熊白」一條忽雜嘲謔雜事，於體例尤為不倫。然如謂荀悅《漢紀》防將業之誤，用里直書祿里，足驗「用」字上加一拂別作「甪」字之非〔十〕。謂《論語》「宰予晝寢」作「畫寢」乃梁武帝之說。「傷人乎不問馬」，「不」字斷句，乃《經典釋文》之說，均不始於韓愈《筆解》。謂五臣注《文選》竊據李善之本。謂韓愈《諱辨》誤以杜度為名。謂有母之人不可稱舅氏為「渭陽」。謂作《詩疏》之陸璣名從「玉」傍，非士衡。謂萬幾字訛作「機」，由漢王嘉封事。謂「除」、「授」二字有分，以至「座前」、「閣下」之別，竹甲、題簽、門杖之始。皆引證分明，足為典據。其中「鄲侯音鬷」一條，明焦竑作《筆乘》，摭為異聞，不知屬沛國者音鬷，屬南陽者音贊。匡又已引鄒氏《史記注》駁讀「鬷」之非，竑殆未見此書也歟？（《四庫全書總目》卷一百十八）

【注釋】

〔一〕【史源】《直齋書錄解題》卷十。今按，程毅中認為應作「李匡文」。

〔二〕〔五〕【史源】《郡齋讀書志》卷十三。

〔三〕【跋《資暇》集】吾家舊有此本，先左丞所藏書，字簡樸，疑其來久矣。首曰隴西李匡文濟翁編，匡字猶成文也，久已淪墜，忽尤延之寄刻本來，為之愴然。紹熙二年十一月二十九日陸某識。（《渭南文集》卷二十八）

〔四〕【史源】《野客叢書》卷十一引李正文《資暇集》曰：「借書集俗謂：借一癡，與二癡，索三癡，還四癡。」今按，程毅中撰《「借書一癡」與古籍整理的課題》（《古籍整理淺談》第93～100頁）。

〔六〕【史源】《東觀餘論》卷下《跋北齊勘書圖後》：「《資暇錄》謂茶託始於唐崔寧，今北齊畫圖已有之，則知未必始自唐世，亦猶蕭梁已有紫囊盛笏，而唐史始於張九齡者同也。」

今按，崔寧（723～783），唐衛州人。在任橫行聚斂，上賄朝中權貴，下淫將吏妻女。後遭縊死。

〔七〕【史源】宋黃朝英《靖康緗素雜記》卷一「豹直」條：「李濟翁《資暇集》云：『新官並宿本署曰爆直，僉作爆迸之字。余嘗膺悶，莫究其端。』近見惠郎中寔云：『合作武豹字，言豹性潔，善服氣，雖雪雨霜霧，伏而不出，慮污其身。』案《列女傳》云：『南山有文豹，霧雨七日不下食者，欲以澤其毛衣，而成其文章。』南華亦云：『豹棲於山林，伏於岩穴，靜也。』則並宿公署雅是豹伏之義，宜作豹直，固不疑也。余觀宋景文公有《和龐相公聞余儤直見寄

詩》一篇，乃用『僄』字。又《職林》云：『凡當直之法，自給舍丞郎入者，三直無僄，自起居郎官入者，五直一僄，御史補闕入者，七直兩僄，其餘雜入者，十直三僄。』亦用『僄』字。案《玉篇》云：『僄，連直也。』字當作僄，非虎豹之豹。」

〔八〕【史源】《漁隱叢話後集》卷八：「《復齋漫錄》云：李濟翁《資暇錄》謂園庭中藥欄，欄即藥，藥即欄，猶言圍援也，非花藥之欄，有不悟者以藤架蔬圃為切對，不知其由矣。漢宣帝詔曰：『池藥未御者，假與貧民。』《漢書》闌入宮禁，字多作草下闌，則藥欄尤分明也。方悟子美詩『常恐沙崩損藥欄』及『乘興還來看藥欄』之意。苕溪漁隱曰：復齋乃承《資暇集》之誤，引此以證子美詩。今以漢史宣帝紀考之，地節三年詔曰：池御未御幸者，假與貧民。蘇林注云：折竹以繩編綿連禁禦使人不得往來，律名為禁禦，李濟翁殊不審細，乃以御為藥，遂穿鑿為說，復齋從而信之，皆過矣。且子美詩云藥欄者，直花藥之欄檻耳。」

〔九〕【史源】《野客叢書》卷十二：「《資暇集》曰：符祝之類，末句『急急如律令』者，人以為如飲酒之律令，速去不得遲也。一說謂漢朝每行下文書，皆云如律令，言非律令文書行下當亦如律令，故符祝有如律令之言。按：律令之令，讀如零，律令是雷邊捷鬼，此鬼善走，與雷相疾，故曰如律令。僕謂雷邊捷鬼之說，出於近世雜書，西漢未之聞也。漢人謂如律令者，戒其如律令之施行速耳，豈知所謂捷鬼耶？此語近於巫史，不經之甚。宋時有文書如『千里驛行』之語，正漢人如律令之意也。」

〔十〕【甪里】古地名，今為江南名鎮。在今江蘇吳縣西南太湖中洞庭西山甪頭。相傳為漢甪里先生所居。

116. 學林十卷

宋王觀國撰。觀國，長沙人。其事蹟不見於《宋史》。《湖廣通志》亦未之載。〔一〕惟賈昌朝《群經音辨》載有觀國所作後序一篇，結銜稱左承務郎知汀州（今福建長汀）寧化縣主管勸農公事兼兵馬監押，末題紹興壬戌（1142）秋九月中浣〔二〕，則南渡以後人也。

考晁公武、陳振孫兩家書目及《宋史·藝文志》，是書俱未著錄。吳曾《能改齋漫錄》、趙與時《賓退錄》引之，均稱曰《學林新編》，而今所傳本但題《學林》，無「新編」二字。考袁文《甕牖閒評》、王楙《野客叢書》亦只稱王

觀國《學林》，則當時已二名兼用矣。書中專以辨別字體、字義、字音為主，自《六經》《史》《漢》，旁及諸書，凡注疏箋釋之家，莫不臚列異同，考求得失，多前人之所未發。

《賓退錄》嘗摘其誤以「不羹」為「羹頡」〔三〕。《甕牖閒評》亦摘其議《資暇集》以行李為「行鄰」〔四〕。「鄰」字無所根據，不知《玉篇・山部》有此字，注釋甚詳。《能改齋漫錄》又摘其謂《左傳》「季氏介其雞」當存高誘注以鎧著雞頭、不當作「蒙雞」之臆〔五〕。佛氏精舍，《江表傳》載于吉事，是魏初已有之，觀國謂自晉始有者為誤。又《孟子》以言「餂」之，觀國不取郭璞音義，而取《玉篇》音「甜」之說，京索之「索」，觀國以為當音山客反，不知陸氏《釋文》及五臣之注、韓退之之詩，皆音悉落反，固未嘗誤，亦頗為他家所駁正。然考證之文，遞相掎摭，此疏彼密，利鈍互形，原不能毫無此疵累。

論其大致，則引據詳洽、辨析精覈者十之八九，以視孫奕《示兒編》〔六〕殆為過之。南宋諸儒講考證者不過數家，若觀國者亦可謂卓然特出矣。（《四庫全書總目》卷一百十八）

【注釋】

〔一〕【考證】陸心源《儀顧堂題跋》卷八《學林跋》：「觀國，政和九年進士，簽書川陝節度判官，以招諭逋逃轉一官。紹興初官左承務郎知汀州寧化縣主管內勸農公事兼兵馬監押，累升伺部郎中。十四年御史劾觀國與直學士院劉才邵，皆万俟卨腹心，出知邵州。見《繫年要錄》《宰輔編年錄》《群經音辨後跋》……」（第 96 頁）今按，《欽定續文獻通考》卷一百七十六作「字用賓」，陸心源《儀顧堂題跋》卷八作「字至道」。

〔二〕【王觀國序】見四庫本《群經音辨》卷末。今按，清彭元瑞《知聖道齋讀書跋》卷一詳記《群經音辨》之宋刻。張元濟亦有《影宋抄本〈群經音辨〉跋》（《張元濟古籍書目序跋彙編》第 888～889 頁）。

〔三〕【史源】《賓退錄》卷九：「余前辨劉信羹，頡之封，後閱《能改齋漫錄》引王觀國《學林新編》，謂是潁川地名。不羹者，彼自不羹。此自羹，頡地。名之同一字者多矣，豈可比而一之？審如王說，則頡字何從而來邪？」

〔四〕【史源】《甕牖閒評》卷四：「理、李二字古通用，初無異義也。《周語》云：『行理以節逆之。』《管子》云：『黃帝得后土，而辨於北方，故使為李。』以二書考之，則知《左氏傳》中用行李字，或作理，初無異義。李濟翁《資

暇錄》辨《左氏傳》行李作行𡴀，謂𡴀字乃古使字，其理為甚當，前未有此說也。王觀國《學林》乃云：『古文字多矣，濟翁不言𡴀字出何書，未可遽爾泛舉而改作。』余謂濟翁所說𡴀字，蓋出於《玉篇》，山字部中載之為甚詳。觀國作《學林》，多引《廣韻》《玉篇》以為證，獨不知𡴀字，何也？

今按，𡴀：同「使」。讓，令。《新書‧服疑》：「𡴀人定其心。」

〔五〕【史源】《能改齋漫錄》卷四「介雞」條：「王觀國《學林新編》曰：『《春秋》昭公二十五年《左氏傳》：「季郈之雞鬥季氏介其雞，郈氏為之金距。」……觀國案：「介與芥不相通用。介者，介胄之介也，其介雞者，為甲以蔽雞之臆，則可以禦彼之金距矣。司馬遷誤改介為芥，而杜預循其誤，既自以為疑，又增膠沙之說。夫以膠夾沙，而播其羽，是自累也，又烏能勝彼雞。」以上皆王說。予按：杜預以介為芥，蓋用司馬遷之說，賈逵亦嘗取此說。至於以膠沙播羽，則孔穎達以為以膠途雞之足爪，然後以沙糝之，令其澀得傷彼雞也。然其說皆非是。予按高誘注《呂氏春秋》云：『鎧著雞頭。』鄭眾曰：『介，甲也，為雞著甲，蓋雞之鬥，所傷者頭，以鎧介著之是矣。』而觀國謂為甲以蔽雞之臆，蓋不知高誘之注，及不知物理。夫雞之鬥，其利害不在於臆也，兼亦不見鄭《注》。」

〔六〕【示兒編】宋孫奕撰。其書雜引眾說，往往曼衍。又徵據既繁，時有筆誤。然其中字音、字訓，辨別異同，可資考證者居多。其冗雜者可削，其精覈者究不可廢也。(《四庫全書總目》卷一百二十一)

今按，宋刊本《示兒編》二十三卷今藏於靜嘉堂文庫。(《日本藏漢籍珍本追蹤紀實》第315頁)

117. 容齋隨筆十六卷續筆十六卷三筆十六卷四筆十六卷五筆十卷

宋洪邁(1123～1202)撰。邁字景盧，鄱陽(今江西波陽)人，皓之子。紹興十五年(1145)進士。歷官端明殿學士。事蹟具《宋史》本傳。〔一〕

其書先成《隨筆》十六卷，刻於婺州(今浙江金華)〔二〕。淳熙間，傳入禁中，孝宗稱其有議論，邁因重編為《續筆》《三筆》《四筆》《五筆》。《續筆》有(隆興)〔紹熙〕三年(1192)自序〔三〕，《三筆》有慶元二年(1196)自序〔四〕，《四筆》有慶元三年(1197)自序〔五〕，亦各十六卷。而《五筆》止十卷，蓋未成而邁遂沒矣。〔六〕

其中自經史諸子百家以及醫卜星算之屬，凡意有所得，即隨手札記，辯證考據頗為精確。如論《易‧說卦》「寡髮」之為「宣髮」〔七〕，論《豳風》「七月在野，八月在宇」之文，為農民出入之時，非指蟋蟀〔八〕，皆於經義有裨。尤熟於宋代掌故，如以宋自翰林學士入相者，非止向敏中一人，駁沈括《筆談》之誤〔九〕；又引國史《梁顥傳》，證陳正敏《遁齋閒覽》所紀「八十二歲及第」之說為不實，皆極審核。惟自序稱作《一筆》首尾十八年，《二筆》十三年，《三筆》五年，《四筆》不費一歲。蓋其晚年撰《夷堅志》，於此書不甚關意，草創促速，未免少有牴牾。如謂劉昭注《後漢書》五十八卷，《補志》當在其中，而不知所注乃司馬彪《續漢書‧志》，章懷太子以後，《漢書》無志，移補其闕。又駁《宣和博古圖》釋云雷磬，所引「臧文仲以玉磬告糴」之文，謂《左傳》並無其說，而不知出自《國語》中，頗為失檢。又如「史家本末」及「小學字體」皆無所發明，而綴為一條，徒取速成，不復別擇。

然其大致自為精博，南宋說部終當以此為首焉〔十〕。前有嘉定壬申（1212）何異序〔十一〕，明李瀚、馬元調先後刊行之。考《永樂大典》所載應俊合輯《琴堂諭俗編》〔十二〕中有引《容齋隨筆》所論「服制」一條，而今本無之。豈尚有所脫佚歟？明人傳刻古書，無不竄亂脫漏者，此亦一證矣。〔十三〕（《四庫全書總目》卷一百十八）

【注釋】

〔一〕【作者研究】凌郁之撰《洪邁年譜》（上海古籍出版社2005年版）。

〔二〕【隨筆自序】予老去，習懶，讀書不多，意之所之，隨即紀錄，因其後先，無復詮次，故目之曰隨筆。淳熙庚子（1170）鄱陽洪邁景盧。

〔三〕【容齋續筆序】是書先已成十六卷，淳熙十四年（1187）八月在禁林日，入侍至尊壽皇聖帝清閒之燕，聖語忽云：「近見甚齋隨筆。」邁竦而對曰：「是臣所著《容齋隨筆》，無足採者。」上曰：「煞有好議論。」邁起謝，退而詢之，乃婺女所刻，賈人販鬻於書坊中，貴人買以入，遂塵乙覽。書生遭遇，可謂至榮。因復裒臆說綴於後，懼與前書相亂，故別以一二數而目曰續，亦十六卷雲。紹熙三年（1192）三月十日邁序。

〔四〕【容齋三筆序】王右將軍逸少，晉、宋間第一流人也。遺情軒冕，擺落世故，蓋其生平雅懷，自去會稽內史，遂不肯復出。自誓於父母墓下，詞致確苦。予味其言，而深悲之。又讀所與謝萬石書云：「坐而獲逸，遂其宿心，比嘗與安石東遊山海，頤養閑暇之餘，欲與親知時共歡宴，銜杯引滿，語田里

所行，故以為撫掌之資。」其為得意，可勝言邪？常依依陸賈、班嗣之處
世，老夫志願盡於此也。按是時逸少春秋才五十餘耳，史氏不能賞取其高，
乃屑屑以為坐王懷祖之故，待之淺矣。予亦從會稽解組還里，於今六年，
仰瞻昔賢，猶駑蹇之視天驥，本非倫擬，而年齡之運，逾七望八，法當掛神
虎之衣冠，無暇於誓墓也。幸方寸未渠昏，於寬閒寂寞之濱，窮勝樂時之
暇，時時捉筆據幾，隨所趣而志之。雖無甚奇論，然意到即就，亦殊自喜。
於是《容齋三筆》成累月矣，稚子云：不可無序，引因攄寫所懷，並發逸少
之孤標，破晉史之妄，以詔兒侄，冀為四筆，他日嘉話。慶元二年（1196）
六月晦日序。

〔五〕【容齋四筆序】始予作《容齋一筆》，首尾十八年。《二筆》十三年，《三筆》
五年，而《四筆》之成，不費一歲。身益老，而著書益速，蓋有其說。曩自
越府歸，謝絕外事，獨弄筆紀述之習不可掃除，故搜採異聞，但緒《夷堅志》，
於議論雌黃，不復關抱，而稚子櫰每見《夷堅》滿紙，輒曰《隨筆》《夷堅》
皆大人素所遊戲，今《隨筆》不加益，不應厚於彼而薄於此也。日日立案旁，
必俟草一則乃退。重逆其意，則哀所憶而書之。櫰嗜讀書，雖就寢，猶置一
編枕畔旦，則與之俱興，而天嗇其付年，且弱冠聰明殊未開，以彼其勤，殆
必有日，丈夫愛憐少子，此乎見之，於是占抒為序，並獎其志云。慶元三年
（1197）九月二十四日序。

〔六〕【史源】《直齋書錄解題》卷十。

〔七〕【宣發】《考工記》：「車人之事，半矩謂之宣。」注：「頭髮顥落曰宣。《易》：
『《巽》為宣發。』宣字本或作寡。」《周易》：「《巽》為寡發。」《釋文》云：
「本又作宣，黑白雜為宣發。」宣發二字甚奇。（《容齋隨筆》卷六）

〔八〕【張文潛論詩】前輩議論，有出於率然不致思，而於理近礙者。張文潛云：
「《詩》三百篇，雖云婦人女子小夫賤隸所為，要之，非深於文章者不能作。
如『七月在野』至『入我床下』，於七月已下，皆不道破，直至十月方言蟋蟀，
非深於文章者能為之邪？」予謂《三百篇》固有所謂女婦小賤所為，若周公、
召康公、穆公、衛武公、芮伯、凡伯、尹吉甫、仍叔、家父、蘇父、宋襄公、
秦康公、史克、公子奚斯，姓氏明見於《大序》，可一概論之乎？且「七月在
野，八月在宇，九月在戶」，本自言農民出入之時耳，值成始併入下句，皆指
為蟋蟀，正已不然，今直稱此五句為深於文章者，豈其餘不能過此乎？以是
論《詩》，隘矣。（《容齋隨筆》卷十四）

〔九〕【野史不可信】野史雜說，多有得之傳聞，及好事者緣飾，故類多失實。雖前輩不能免，而士大夫頗信之。沈括《筆談》云：「向文簡拜右僕射，真宗謂學士李昌武曰：『朕自即位以來，未嘗除僕射，敏中應甚喜。』昌武退朝，往候之，門闌悄然。明日再對，上笑曰：『向敏中大耐官職。』」存中自注云：「向公拜僕射，年月未曾考於國史，因見中書記，是天禧元年八月，而是年二月王欽若亦加僕射。」予按真宗朝自敏中之前拜僕射者六人：呂端、李沆、王旦皆自宰相轉，陳堯叟以罷樞密使拜，張齊賢以故相拜，王欽若自樞密使轉。及敏中轉右僕射，與欽若加左僕射同日降制，是時李昌武死四年矣。昌武者，宗諤也。(《容齋隨筆》卷四)

〔十〕【辨偽成就】《朱子語錄》曰：「洪景盧《隨筆》中辯得數種偽書，皆是。但首卷載歐帖事，卻非，實世間偽書如《西京雜記》，顏師古已辯之矣。」

〔十一〕【史源】見本書卷首。

〔十二〕【琴堂諭俗編】二卷，永樂大典本。案：《宋史·藝文志》載鄭玉道《諭俗編》一卷，彭仲剛《諭俗續》一卷。雖相因而作，實各自為書。此本為宜豐令應俊輯二家之書為一編，而又為之補論。其末《擇交遊》一篇，又元人左祥所增入，以拾原書之遺者也。其書大抵採擷經史故事關於倫常日用者，旁證曲論，以示權戒，故曰「諭俗」。文義頗涉於鄙俚。然本為鄉里愚民設，不為士大夫設，故取其淺近易明，可以家諭戶曉。以文章工拙論之，則乖著書之本意矣。(《四庫全書總目》卷一二一)

今按，鄭玉道，《宋史·藝文志》實作「鄭至道」，方志（如《赤城志》《浙江通志》等）、文集（如《赤城集》《天台集》等）多作「至道」，《四庫簡明目錄》亦作「鄭至道」。《宋詩紀事》卷三十二「鄭至道」條：「至道，莆田人。伯玉之孫。元祐二年，以雄州防禦推官，知天台縣，為政寬簡，邑人悅服。」陸心源《儀顧堂題跋》卷八《琴堂諭俗編跋》亦云：「至道字保衡。」保衡，商代伊尹的尊號。伊尹所行乃至道也，故「至道」與「保衡」名字相應。且其祖既名「伯玉」，其孫斷乎不應名「玉道」。

〔十三〕【整理與研究】此書有《四部叢刊》本，底本為宋本配明弘治活字本。2005年中華書局出版《容齋隨筆》點校本。許淨瞳撰《〈容齋隨筆〉成書研究》（中國社會科學出版社 2013 年版）。

118. 困學紀聞二十卷

宋王應麟（1223～1296）撰。應麟有《周易鄭康成注》，已著錄。

是編乃其札記考證之文，凡說經八卷，天道、地理、諸子二卷，考史六卷，評詩文三卷，雜識一卷。卷首有自敘云：「幼承義方，晚遇艱屯。炳燭之明，用志不分（云云）。」〔一〕蓋亦成於入元之後也。

應麟博洽多聞，在宋代罕其倫比〔二〕。雖淵源亦出朱子，然書中辨正朱子語誤數條，如《論語注》「不舍晝夜」「舍」字之音，《孟子注》「曹交，曹君之弟」，及謂《大戴禮》為鄭康成注之類，皆考證是非，不相阿附，不肯如元胡炳文諸人堅持門戶，亦不至如明楊慎、陳耀文、國朝毛奇齡諸人，肆相攻擊。蓋學問既深，意氣自平，能知漢、唐諸儒本本原原，具有根柢，未可妄詆以空言。又能知洛、閩諸儒亦非全無心得，未可概視為膚陋，故能兼收並取，絕無黨同伐異之私。所考率切實可據，良有由也。

元時嘗有刻本〔三〕，牟應龍、袁桷各為之序〔四〕。卷端題語尚鈎摹應麟手書，藏弄之家以為珍笈。此本乃國朝閻若璩〔五〕、何焯所校，各有評注，多足與應麟之說相發明。今仍從刊本附於各條之下，以相參證。若璩考證之功，十倍於焯，然若璩不薄視應麟，焯則動以詞科之學輕相詬厲。考應麟博極群書，著述至六百餘卷。焯所聞見，恐未能望其津涯，未免輕於立論，是即不及若璩之一徵〔六〕。以其拾遺補罅，一知半解亦或可採，故仍並存之，不加芟薙焉。〔七〕（《四庫全書總目》卷一百十八）

【注釋】

〔一〕【困學紀聞題識】幼承義方，晚遇艱屯。炳燭之明，用志不分。困而學之，庶自別於下民。開卷有得，述為紀聞。深寧叟識。

〔二〕【乾隆讀王應麟《困學紀聞》】應麟博學多聞，著書頗富，而議論皆出於正，是編乃隨筆考訂，理融辭達，其說經具有淵源，深合內聖外王之旨。偶披說《易》卷，於凡修辭立誠、陽大陰小、防於未然、恐以致福，未嘗不反覆而誦，沉潛而思，以為有天下國家者，不可不熟讀而切己體察也。

〔三〕【陸晉序】右厚齋王先生《困學紀聞》二十卷。先生諱應麟，字伯厚，自號深寧叟，曰厚齋云者，鄉人門弟子尊敬之者為之也。先生平日多著述，是編於經傳子史各有考據評證，於後學足益見聞。得鋟諸梓，則其益博，其傳遠，工費浩事，未得遂。泰定二年冬十月，浙東道憲司官行部泲止肅訪之，暇詢及是書，謂未有刊本，乃鳩工度費於學儲給焉，工食之粟，則翰林學士袁先

生倡助之，本學官及岱山長共助以足其用。凡書者刊者、董者、觀者，莫不以是編得傳為大喜幸，翕然集事。嗟夫！王先生所為書，久不有所遇，一旦得鋟諸梓，王先生之志卒以遂。此蓋遇鑒識之明，主張之力，作成之功而然也。刊書成，謹識卷末，俾觀是書而有得者知所自云。泰定二年（1325）十二月癸卯，慶元路儒學教授吳郡陸晉之敘。

〔四〕【车袁序】四庫本未載此序。

〔五〕【史源】《閻若璩年譜》1697 年條：「歲丁丑，大人閒遊江陰，從一故家得斷亂抄本以歸，較多二十餘條，其詞簡而義精，非尚書萬萬不能為也。」（第 98 頁）1699 年條：「《困學紀聞》二十卷，因濬儀之舊，而駁正箋釋推廣之，年六十四書成。」（第 111 頁）今按，閻若璩前後花費三年時間箋釋《困學紀聞》。

〔六〕【評論】錢大昕《跋困學紀聞》云：「閻之博學勝於何，於深寧補益尤多。」（《潛研堂文集》卷三十）

〔七〕【讀書方法】錢泰吉《曝書雜記》卷中：「梅會里李敬堂先生示學徒讀書法，欲舉讀《困學紀聞》會課。謂：『十人為朋，人出朱提十銖，各置一部。丹黃手糅，墨守如心。編為卷二十，日覽卷之半，約十五葉，四十日而畢功。每五日一會，持錢治餐具，如文課。人出五條問對，似射覆，似帖經。疾書格紙，俟甲乙既畢，互勘詰難，以徵得失。一會得五十條，十會得五百條，不洋洋乎大觀也哉！其書簡而愈精，其功約而愈博，不出數寸，不逾百日，而得學問之總龜，古今之元鑒，夫亦何憚而不為也。』……全氏（祖望）《困學紀聞》三箋本，兼載程易田、方心醇、屠繼序諸家之說。又有黃岡萬氏《集證》，插架中皆未有也。然有餘姚翁方伯元圻注本，則諸家之精蘊皆備矣。方伯幼嗜此書，中表邵二雲學士教之詳注，用心數十年，凡三易稿而成……讀者欲精熟是書，當以三年為期。然讀此書既畢，而經史百家皆得其端緒，亦何惜三年之力哉！」（第 29～31 頁）

今按，清翁元圻《困學紀聞注》「蒐採廣博，殊便學者，與黃汝成《日知錄集釋》同為饋貧之糧。而厚齋、亭林之學亦藉以闡發，終為不可廢之書」（王欣夫語），有《萬有文庫》本。顧千里、顧至、程世銓均有手校本。

119. 丹鉛餘錄十七卷續錄十二卷摘錄十三卷總錄二十七卷

明楊慎〔一〕（1488～1562）撰。慎有《檀弓叢訓》，已著錄。

　　慎博覽群書，喜為雜著。計其平生所敘錄，不下二百餘種。其考證諸書異同者，則皆以「丹鉛」為名。顧其志《攬蒛微言》曰：「古之罪人，以丹書其籍。《魏志》緣坐配沒為工樂雜戶者，用赤紙為籍，其卷以鉛為軸。」〔二〕升菴名在尺籍，故寄意於此也。

　　凡《餘錄》十七卷〔三〕，《續錄》十二卷〔四〕，《閏錄》九卷。慎又自為刪薙，名曰《摘錄》，刻於嘉靖丁未（1547）。後其門人梁佐裒合諸錄為一編，刪除重複，定為二十八類，名曰《總錄》〔五〕，刻之上杭，是編出而諸錄遂微。然書帕之本，校讎草率，訛字如林。又守土者多印以充饋遺，紙墨裝潢，皆取給於民。民以為困，乃橛毀之。今所行者皆未毀前所印也。又萬曆中四川巡撫張士佩重刊慎集，以諸錄及《譚苑醍醐》等書刪並為四十一卷，附於集後，今亦與《總錄》並行。此本惟有《餘錄》《續錄》《摘錄》，而闕《閏錄》。然有梁佐之《總錄》，則《閏錄》亦在其中。四本相輔而行，以《總錄》補三錄之遺，以三錄正《總錄》之誤，仍然慎之完書也。

　　慎以博洽冠一時，使其覃精研思，綱羅百代，竭平生之力以成一書。雖未必追蹤馬、鄭，亦未必遽在王應麟、馬端臨下。而取名太急，稍成卷帙，即付棗梨，餖飣為編，只成雜學。王世貞謂其「工於證經而疏於解經，詳於稗史而忽於正史，詳於詩事而略於詩旨。求之宇宙之外，而失之耳目之內」〔六〕，亦確論也。

　　又好偽撰古書以證成己說，睥睨一世，謂無足以發其覆。而不知陳耀文《正楊》之作，已隨其後。雖有意求瑕，訾謷太過。毋亦木腐蟲生，有所以召之之道歟？然漁獵既富，根柢終深，故疏舛雖多，而精華亦復不少。求之於古，可以位置鄭樵、羅泌之間。其在有明，固鐵中錚錚者矣。（《四庫全書總目》卷一百十九）

【注釋】

〔一〕【作者研究】王文才撰《楊慎學譜》（上海古籍出版社 1988 年版），韋家驊撰《楊慎評傳》（南京大學出版社 1998 年版），蔣懷洲撰《楊慎傳》（雲南美術出版社 2014 年版），張德全撰《楊慎傳》（天地出版社 2020 年版）。

〔二〕【史源】孔穎達曰：「近世魏律緣坐配沒為工樂雜戶者，皆用赤紙為籍，其卷以鉛為軸，蓋古之幡薄也，丹書之遺法。」

〔三〕【張素《丹鉛餘錄序》】鄭玄博而不精，賈逵精而不博。博而精，難矣哉！以茲高論，古人有讀論惟取一篇，披莊不過盈尺者，病乎其不博也。亦有誤解粗

梨，於《禮經》不識蟛蜞，於《爾雅》者病乎其不精也。《語》曰：「博學而詳說之。」《易》曰：「非天下之至精，其孰能與於此？」博而精，誠難矣哉！自有書契以至今日，何啻惠子之五車，張華之十乘，欲一一而通之，固已鮮矣。其間注釋之所未及，改竄之所訛謬，又一一能正之，非博而精者不能。故揚子云：「有言一卷之書，必立之師。」先輩謂校書如塵埃風葉，隨掃隨有。好古者所以丹鉛不去手也。乃今知君子所以貴博且精者，非以掩眾嘩譽，欲以翊道而正辭也。太史氏揚子用修，昔居館閣時，凡「六經」、三史、諸子百家中有疑於辭、悖於理者，皆精察而明辨之。居滇日暇，尤以敷文析理自娛，匯為一帙，曰《丹鉛餘錄》。丹鉛，點勘之具也，小學事也，何取於此哉？走竊聞之：「禍天下之書者存乎誤；斷天下之誤者存乎辨。」辨豈易哉？考究未精，穿鑿附會，紀錄之實語難明潤色之。雅詞易惑，貴耳賤目，徒借聽於前人，承誤踵訛，竟吠聲於末學，遂失古人立言之意，兼貽後人尊聞之誤，弊也甚矣！

〔四〕【丹鉛續錄自序】信信，信也；疑疑，亦信也。古之學者，成於善疑。今之學者，畫於不疑。談經者曰：「吾知有朱而已，朱之類義可精義也。」言詩者曰：「吾知有杜而已，杜之竄句亦秀句也。」寧為佞，不肯為忠。寧為僻，不肯為通。聞有訾二氏者，輒欲苦之，甚則鄙之如異域，而仇之如不同戴天，此近日學之竺癬沈痼也，是何異史誦言而豎傳令也，焉用學為哉？

〔五〕【丹鉛總錄自序】葛稚川云：「余抄掇眾書，撮其精要，用功少而所收多，思不煩而所見博。」或謂予曰：「流無源則乾，條離株則悴。吾恐玉屑盈車，不如全璧。」洪答曰：「泳圓流者，採珠而捐蚌；登荊山者，拾玉而棄石。余之抄略，譬猶摘孔翠之藻羽，脫犀象之角牙矣。」王融云：「余少好抄書，老而彌篤。雖遇見瞥觀，皆即疏記。後重覽省，歡情益深。習與性成，不覺筆倦。」慎執鞭古昔，頗合軌葛、王。自束髮以來，手所抄集，帙成逾百，卷計越千，其有意見，偶所發明，聊擇其菁華百分，以為丹鉛四錄。享敝帚以千金，緘燕石以十襲。雖取大方之笑，且為小道之觀，知不可乎？

〔六〕【史源】《弇州四部稿》卷一百四十九。

120. 正楊四卷

明陳耀文〔一〕撰。耀文有《經典稽疑》，已著錄。

是書凡一百五十條，皆糾楊慎之訛，成於隆慶己巳（1569）。前有李蓘序〔二〕及耀文自序〔三〕。慎於正德、嘉靖之間，以博學稱，而所作《丹鉛錄》諸

書，不免瑕瑜並見，真偽互陳。又晚謫永昌，無書可檢，惟憑記憶，未免多疏。耀文考正其非，不使轉滋疑誤，於學者不為無功。然釁起爭名，語多攻訐，醜詞惡謔，無所不加。雖古人挾怨構爭，如吳縝之糾《新唐書》者，亦不至是，殊乖著作之體。又書成之後，王世貞頗有違言。耀文復增益之。反唇辨難，喧同詬詈，憤若寇讎。觀是書者，取甚博贍，亦不可不戒其浮囂也。

朱國楨《湧幢小品》〔四〕曰：「自有《丹鉛錄》諸書，便有《正楊》，又有《正正楊》。古人、古事、古字，此書如彼，彼書如此，散見雜出，各不相同。見其一，不見其二，哄然糾駁，不免為前人所笑。」是亦善於解紛之說。然**博辨者固戒游詞，精覈者終歸定論**。國楨之病是書，竟欲取考證而廢之，則又矯枉過正矣。（《四庫全書總目》卷一百十九）

【注釋】

〔一〕【陳耀文】字晦伯，確山（今屬河南駐馬店市）人。嘉靖（司馬按：《總目》誤作萬曆）庚戌（1550）進士。官至按察司副使。

〔二〕【李序】近世推博辨多蓄，曰成都楊用修。用修著《丹鉛餘錄》等書至數十百種，搜奇抉譎，擷採鉤隱，皆世所驟聞，而學士大夫所望而駭歎者，以是聲譽籍甚，從同無異詞。顧余時時窺其謬戾，或事非幽邈，而掩為祕藏；或異本殊途，而牽為同，致以是不了其故，豈大觀者定小有遺耶？抑簡冊浩窈，獨智難周耶？韓退之稱張巡抽架上書，皆成口誦，初不見其讀書，而張安世、劉貢父之在當時，雖以歐、蘇之名，猶不許以博古，固知學之道難矣。而用修者，所謂未見其止也乎？今朗陵陳君晦伯，間取其誤謬分疏其下，得一百五十條，悉撮原本，無假辨說，開卷瞭然，固譚藝者之一快也。孟子輿云：「不直則道不見。」呂伯恭云：「待人欲恕，論人欲盡，君銳情紬索，多所校讎，聊相與直之、盡之耳。」亦楚人亡弓之遺意也。隆慶三年歲在己巳夏四月廿五日，順陽李薿子田甫謹纂。

〔三〕【自序】余觀升菴氏書，而深歎立言之難也。夫世之稱升菴者，不曰正平一覽，則云管綜百氏，即其自視也，固已前無古人，後無來者。今茲所見，才數種耳。迺訛戾自相違伐若此，豈率爾師心，在大方之家爾邪？抑葑菲並蓄，傳載者無蓋臣耶？

〔四〕【湧幢小品】明朱國楨撰。是書雜記見聞，亦間有考證。其是非不甚失真，在明季說部之中，猶為質實。而貪多務得，使蕪穢汩沒其菁英，轉有沙中金屑之憾。（《四庫全書總目》卷一二八）

121. 通雅五十二卷

明方以智〔一〕（1611～1671）撰。以智字密之，桐城（今屬安徽安慶市）人。崇禎庚辰（1640）進士，官翰林院檢討。

是書皆考證名物、象數、訓詁、音聲〔二〕。首三卷分五子目：曰音義雜論、曰讀書類略、曰小學大略、曰詩說、曰文章薪火，皆不入卷數。書中分四十四門：曰疑始，專論古篆古音，凡二卷。曰釋詁，分綴集、古雋、連語、重言四子目，凡七卷。曰天文，分釋天、曆測、陰陽、月令、農時五子目，凡二卷。曰地輿，分方域、水注、地名異音、九州建都考、釋地五子目，凡五卷。曰身體，曰稱謂，各一卷。曰姓名，分姓氏、人名、同姓名、鬼神四子目，凡二卷。曰官制，分仕進、爵祿、文職、武職、兵政五子目，凡四卷。曰事制，分田賦、貨賄、刑法三子目，凡二卷。曰禮儀，曰樂曲樂舞，附以樂器，共三卷。曰器用，分書札、碑帖金石、書法、裝潢、紙墨、筆研、印章、古器、雜器、鹵薄、戎器、車類、戲具十三子目，凡五卷。曰衣服，分彩服、佩飾、布帛、彩色四子目，凡二卷。曰宮室，曰飲食，曰算數，各一卷。曰植物，分草竹、葦木、穀、蔬四子目，凡三卷。曰動物，分鳥、獸、蟲三子目，凡三卷。曰金石，曰諺原，曰切韻聲原，曰脈考，曰古方解，各一卷。

明之中葉，以博洽著者稱楊慎，而陳耀文起而與爭。然慎好偽說以售欺，耀文好蔓引以求勝。次則焦竑，亦喜考證而習與李贄遊、動輒牽綴佛書，傷於蕪雜。惟以智崛起崇禎中，考據精覈，迥出其上。風氣既開，國初顧炎武、閻若璩、朱彝尊等沿波而起始，一掃懸揣之空談。雖其中千慮一失，或所不免，而窮源溯委，詞必有徵，在明代考證家中，可謂卓然獨立矣。〔三〕（《四庫全書總目》卷一百十九）

【注釋】

〔一〕【作者研究】楊向奎《清儒學案新編》第一卷中有《方以智密之學案》，任道斌撰《方以智年譜》（安徽教育出版社 1983 年版），余英時著《方以智晚節考》（三聯書店 2004 年版），羅熾撰《方以智評傳》（南京大學出版社 2001 年版），劉元青撰《方以智心性論研究》（北京師範大學出版社 2015 年版），邢益海撰《方以智莊學研究》（北京師範大學出版社 2015 年版），劉偉撰《天下歸仁：方以智易學思想研究》（知識產權出版社 2016 年版），方叔文撰《方以智先生年譜》（安徽師範大學出版社 2017 年版），錢斌主編《浮山遺韻——方以智研究尋跡》（合肥工業大學出版社 2019 年版）。

〔二〕【自序】函雅故，通古今，此鼓篋之必有事也。不安其藝，不能樂業，不通古今，何以協藝相傳？詎曰訓詁小學可弁髦乎？理其理，事其事，時其時，開而辯名當物，未有離乎聲音文字而可舉以正告者也。《爾雅》之始於《釋詁》，而統當名物也。十三經從之博而約哉！自篆而楷也，聲而韻也，義而釋也，三蒼五雅，注疏字說，金石古文，日以犁然，匪庸嗜奇，一襲一臆，兩皆不免，沿加辯駁，愈成紕謬，學者紛拏，何所適從？今以經史為概，遍覽所及，輒為要刪，古今聚訟為徵，考而決之，期於通達，免徇拘鄙之誤，又免為奇僻所惑，不揣愚瑣，名曰《通雅》。雖掛一漏萬，然從今以往，各出所核，歲月甚長，備物致用，採獲省力，諒亦汲古者所樂遊之苑囿也。辛巳夏日，皖桐方以智密之題於上江小館。○學惟古訓，博乃能約。當其博，即有約者通之。博學不能觀古今之通，又不能疑焉，貴書簏乎？古有博於文畫者，博於象數者、典制者、箋注者、詞章者、名物者、隱怪者。經史既別，各有專家，小學原流，忽為細故，上下古今，數千年文字屢變，音亦屢變，學者相沿，不考所稱音義，傳訛而已。上古眇矣，漢承秦焚，儒以臆決，至鄭、許輩起，似為犁然，後世因以為典故。聞道者自立門庭，糟粕文字，不復及此，其能曼詞者又以其一得管見，洸洋自恣，逃之虛空，何便於此。考究根極之士，乃錯錯然，元本不已，苦乎摭寔之病，固自不一屬書贍給，但取漁獵訓故，專己多半傅會。其以博自詡者，造異志怪，學子橫子，年且不逮，豈許差肩曼倩、茂先間乎？反不若君道、至能《草木狀》《虞衡志》為足佐景純、元恪，有裨多識矣。宋之編考，夾漈頗有所見，馬、章次之，伯厚次之。金石則比輯於歐、趙、呂、王，而原父、子固、彥遠、長睿辯考為力。朱子每慕六一，而於存中、泰之雜說亦無不留心也。洪武初，劉宋之根極瓊山、荊川之編，匯潛谷、本清之圖纂，皆冒大略，少有是正。子元、仁寶瑣瑣記之，陸文裕於文定時有一端，京山若有所窺矣。支與流裔，未委悉也。李大泌、阮霧靈可謂強記，李屬、方子謙補韻會，其疏略猶之直翁，無大發明也。新都最博，而苟取僻異，實未會通。張東莞學新都竊取，尤多嶺南之九成子行也。澹園有功於新都，而晦伯、元美、元瑞駁之不遺餘力。以今論之，當駁者多不能駁，駁又不盡當，然因前人備列以貽後人，因以起疑，因以旁徵，其功豈可沒哉？今日之合而辯正也，固諸公之所望也。壬午夏，以智又記。

〔三〕【整理與研究】蔡言勝撰《通雅語文學研究》（安徽大學碩士論文，2002 年）。今按，今後應該有人撰寫《通雅文獻學研究》或《通雅的綜合研究》。

122. 義府二卷

國朝黃生（1622～1696）〔一〕撰。生有《字詁》，已著錄。

此書皆考證札記之文。上卷論經，下卷論諸史、諸子、諸集。附以趙明誠《金石錄》、洪适《隸釋》、酈道元《水經注》所載古碑，陶弘景、周子良《冥通記訓詁》。以別教之書，綴之卷末，示外之之意焉。生於古音、古訓，皆考究淹通，引據精確，不為無稽臆度之談。如據《說文》辨《周禮》毪〔二〕毭〔三〕，正賈公彥、丁度之誤；引賈誼《論》、陳琳《檄》證《尚書》漂杵為漂櫓；引《爾雅》證《禮記》鄭《注》烹魚去乙之誤；引《呂覽》證朱襮非朱領；引《檀弓》彌牟為木，證勃鞮為披；引《左傳》及《詩序》證《檀弓》請庚之庚訓道路；引《唐書》錄廉訪證《周官》六計之廉訓察；引《吳越春秋》證鄂不即鄂跗；引《左傳》證出於其類之出訓產；引《周禮》載師、閭師證夫布、裏布為二事；引《詩·王風》證孟子施施；引《左傳》劉子語證司中；引《繫辭》證信信當讀申；引《禮記》稱說命為兌命，解行路兌矣當訓說；引《漢書》證志微噍殺當為纖微憔悴；引《周頌》《爾雅》證鄭眾解牘應雅之訛；引《爾雅》證終軍許慎解豹文鼠之所以異；引《後漢書·李膺傳》證師古解軒中之訛；引《孝經疏》證《後漢書》辜較、估較、辜榷、酤榷之義；引《史記·貨殖傳》證刁悍當為雕悍；引《潛夫論》證關龍即豢龍；引《莊子》證《列子》蕉鹿之蕉為樵；引《世說注》證茗荈即酩酊。皆根柢訓典，鑿鑿可憑。至於引《莊子》斷在溝中解斷斷；引《王莽傳》謂青蠅、蒼蠅當作䵶〔四〕；引《國策》解氓為流民；引《易》奇偶證奇貨，間有穿鑿附會。又哉、才通用，引顏真卿碑，不引《考古圖》；昌樂肉飛，引《世說》，不引《吳越春秋》；所、許通用，引顏師古《漢書注》，不引《世說》；九德，引《三國志注》，不引《國語》；登時，引《集異記》〔五〕，不引《焦仲卿妻》詩，亦有失之眉睫之前者。然小小疏舛，不足為累。雖篇帙無多，其可取者，要不在方以智《通雅》下也。（《四庫全書總目》卷一百十九）

【注釋】

〔一〕【黃生】字扶孟，安徽歙縣人。

〔二〕【毪】鳥獸之細軟毛。

〔三〕【毭】鳥獸換毛。《書·堯典》：「鳥獸毛毭。」

〔四〕【䵶】蛙。

〔五〕【集異記】唐薛用弱撰。用弱字中勝，唐河東人。1980 年中華書局出版點校本。

123. 日知錄三十二卷〔一〕

國朝顧炎武（1613～1682）撰。炎武有《左傳杜解補正》，已著錄。

是書前有《自記》稱：「自少讀書，有所得輒記之。其有不合，時復改定。或古人先我而有者，則遂削之。積三十餘年，乃成一編。」蓋其一生精力所注也。

書中不分門目，而編次先後則略以類從。大抵前七卷皆論經義，八卷至十二卷皆論政事，十三卷論世風，十四卷、十五卷論理制，十六卷、十七卷皆論科舉，十八卷至二十一卷皆論藝文，二十二卷至二十四卷雜論名義，二十五卷論古事真妄，二十六卷論史法，二十七卷論注書，二十八卷論雜事，二十九卷論兵及外國事，三十卷論天象、術數，三十一卷論地理，三十二卷為雜考證。

炎武學有本原，博贍而能通貫。每一事必詳其始末，參以證佐，而後筆之於書〔一〕。故引據浩繁，而牴牾者少。非如楊慎、焦竑諸人偶然涉獵，得一義之異同，知其一而不知其二者。閻若璩作《潛丘札記》，嘗補正此書五十餘條〔二〕。若璩之婿沈儼，特著其事於序中。趙執信作若璩墓誌，亦特書其事。若璩博極群書，睥睨一代，雖王士禎諸人尚謂不足當抨擊。獨於詰難此書，沾沾自喜，則其引炎武為重可概見矣。然所駁或當或否，亦互見短長，要不足為炎武病也。

惟炎武生於明末，喜談經世之務，激於時事，慨然以復古為志。其說或迂而難行，或愎而過銳。觀所作《音學五書後序》，至謂「聖人復起，必舉今日之音而還之淳古」，是豈可行之事乎？潘耒作是書序，乃盛稱其經濟，而以考據精詳為末務〔三〕，殆非篤論矣。〔四〕（《四庫全書總目》卷一百十九）

【注釋】

〔一〕【評論】對於顧炎武的《日知錄》，歷來評價很高。王樹民先生認為：「其治史方法，形式似為排比史料，或借古鑒今，其要點乃在融會古今之事，從中總結出可以指導當前行事的原則來，這是顧氏的史學思想過人之處。」（《中國史學史綱要》第158頁）丁晏認為：「亭林此書，可與宋《黃氏日抄》相伯仲，若厚齋《困學紀聞》，未免記聞之學，視先生之明體達用之學，固不侔矣。明三百年實學，僅有方氏《通雅》，然亦駁雜不精，且無實用，若升菴、弇州、荊川更無論矣。」（見王欣夫《蛾術軒篋存善本書錄》第589頁）

〔二〕【史源】閻若璩《補正日知錄》載《潛丘札記》卷五。

〔三〕【日知錄序】有通儒之學，有俗儒之學。學者將以明體適用也，綜貫百家，上下千載，詳考其得失之故，而斷之於心，筆之於書，朝章、國典、民風、土俗，元元本本，無不洞悉，其術足以匡時，其言足以救世，是謂通儒之學。若夫雕琢辭章，綴輯故實，或高談而不根，或剿說而無當，淺深不同，同為俗學而已矣。自宋迄元，人尚實學，若鄭漁仲、王伯厚、魏鶴山、馬貴與之流，著述具在，皆博極古今，通達治體，曷嘗有空疏無本之學哉！明代人才輩出，而學問遠不如古。自其少時鼓篋讀書，規模次第已大失古人之意。名成年長，雖欲學而無及。間有豪雋之士，不安於固陋，而思嶄焉自見者，又或採其華而棄其實，識其小而遺其大。若唐荊川、楊用修、王弇州、鄭端簡，號稱博通者，可屈指數，然其去古人有間矣。崑山顧寧人先生，生長世族，少負絕異之資，潛心古學，九經諸史略能背誦，尤留心當世之故，實錄奏報，手自抄節；經世要務，一一講求。當明末年，奮欲有所自樹，而迄不得試，窮約以老。然憂天憫人之志，未嘗少衰，事關民生國命者必窮源溯本，討論其所以然。足跡半天下，所至交其賢豪、長者，考其山川風俗、疾苦利病，如指諸掌。精力絕人，無他嗜好，自少至老，未曾一日廢書，出必載書數簏自隨。旅店少休，披尋搜討，曾無倦色。有一疑義，反覆參考，必歸於至當。有一獨見，援古證今，必暢其說而後止。當代文人才士甚多，然語學問，必斂袵推顧先生。凡制度典禮有不能明者，必質諸先生。墜文軼事有不知者，必征諸先生。先生手畫口誦，探源竟委，人人各得其意去。天下無賢不肖，皆知先生為通儒也。先生著書不一種，此《日知錄》，則其稽古有得，隨時札記，久而類次成書者。凡經義史學、官方吏治、財賦典禮、輿地藝文之屬，一一疏通其源流，考正其廖誤。至於歎禮教之衰遲，傷風欲之頹敗，則古稱先，規切時弊，尤為深切著明，學博而識精，理到而辭達。是書也，意惟宋、元名儒能為之，明三百年來殆未有也。朱少從先生遊，嘗手授是書。先生沒，復從其家求得手稿，校勘再三，繕寫成帙，與先生之甥刑部尚書徐公健庵、大學士徐公立齋謀刻之而未果。二公繼沒，朱念是書不可以無傳，攜至閩中。年友汪悔齋贈以買山之資，舉界建陽丞葛受箕，鳩工刻之以行世。嗚呼，先生非一世之人，此書非一世之書也。魏司馬朗復井田之議，至易代而後行。元虞集京東水利之策，至異世而見用。立言不為一時，錄中固已言之矣。異日有整頓民物之責者，讀是書而憬然覺悟，採用其說，見諸施行，於世道人心實非小補。如第以考據之精詳，文

辭之博辨，歎服而稱述焉，則非先生所以著此書之意也。康熙乙亥仲秋，門人潘耒拜述。

〔四〕【整理與研究】《日知錄》經潘氏刻印之後，大受學者關注，紛紛校文疏證，考辨引申，遂成專門之學。道光初，《日知錄集釋》三十二卷纂成，舊題黃汝成撰，是為黃氏西谿草廬重刊本。此本以遂初堂本為底本，參以閻若璩、沈彤、錢大昕、楊寧四家校本；復得《日知錄》原寫本，並參以陳訏、張惟赤、蘐園孫氏、楷庵楊氏校語，寫成《日知錄刊誤》二卷；後又得陸筠校本，作《續刊誤》二卷。黃汝成之《集釋》收錄了道光以前九十餘位學者對《日知錄》的研究成果，復參原寫本並汲取諸家校勘成果，用力極深。是書一出，傳誦士林，被讀者推為最精善之本。但是，黃汝成仍不敢將原寫本中的一些「違礙」文字，貿然校改遂初堂本。民國年間，黃侃得到雍正年間《日知錄》抄本，其中保存了大量原本文字。黃侃遂將之與《集釋》對校，成《日知錄校記》一卷。此外，清李富孫撰《日知錄續補正》三卷（已刊入《廣倉學窘叢書》），丁晏撰《日知錄校正》一卷，李金瀾撰《日知錄補正》，俞樾撰《日知錄小箋》一卷，潘景鄭撰《日知錄校補》，胡玉縉撰《日知錄正誤》（稿本）。2006 年上海古籍出版社出版《日知錄集釋》（欒保群、呂宗力點校本）。拙撰《日知錄彙校通考》即出。

今按，王欣夫先生云：「頃以黃汝成《〔日知錄〕集釋》本對讀，乃怳然知為寶山毛生甫手校，即為黃氏纂《集釋》之初本。案《李申耆年譜》，黃氏之纂《集釋》，雖李主之，實出自吳山子、毛生甫二人之手。」（詳見《蛾術軒篋存善本書錄》第 1467～1468 頁）

又按，潘景鄭《日知錄校補序》云：「吾宗次耕先生刊定《日知錄》時，懲於史禍，於原文多所改竄。其後黃氏汝成撰《集釋》，並為《刊誤》，頗多是正，然於原本禁諱之語猶待闕疑，未足厭讀者之意。蘄春黃季剛先生，得校滄州張氏所藏舊抄本，正誤補遺，撰為《校記》一卷，原本面目得以復見於世，其功偉矣。」（《著硯樓讀書記》第 386 頁）

又按，趙儷生有《日知錄導讀》（巴蜀書社 1996 年版），可以參考。趙先生就閱讀《日知錄》提出了兩條極好的指導意見：第一，**泛覽群書，打好基礎**。這就是顧氏所說的「下學」。但話只說到這裡並沒有完，還有不少的話要叮囑。「泛覽群書」，並不是叫人充當「兩腳書架」。「泛覽群書」，要帶著一雙眼睛。傅青主說：「一雙空靈眼睛，不僅不許今人瞞過，更不許古人瞞過。」

　　錢大聽說：「觀書眼如月，罅漏無不照。」要看出書中的好處；又要看出書中的短處；又要看出此處一點與彼處一點可以互矯之處；又要看出此處一點與彼處一點可以互補之處。古人常說，「蓋已有心人也已矣」，就要做這個「有心人」！許多資料，許多觀點，一旦經過「有心人」的組合，「湊」到一起，就會出現新東西。第二，光「湊」不行，還得「悟」。沒有「悟」，光「湊」，只能湊成垃圾堆。須知，「湊」和「悟」，並不是截然分開的兩個段：先「湊」，然後「悟」；或者先「悟」，然後「湊」。或者說，「湊」時只是「湊」，沒有「悟」；「悟」時只是「悟」，沒有「湊」。不是這樣。要辯證。要「湊」中有「悟」，「悟」中有「湊」，「悟」「湊」交織，方可濟事。試看顧氏在《日知錄》中正是這麼幹的。說到這個「悟」字，首先你要有能「悟」的起碼的資質；然後你再借助於哲學。佛學是一種資助；老莊是一種資助；儒家和理學也是一種資助。任你選取。總之，要有理性的能力，才能在史學浩漠的海洋裏料理出一些頭緒來。

124. 潛丘札記六卷

　　國朝閻若璩（1636～1704）撰。若璩有《尚書古文疏證》，已著錄。

　　是編皆其考證經籍，隨筆札記之文。曰「潛邱」者，若璩本太原人，寄居山陽。《爾雅》曰：「晉有潛邱。」《元和郡縣志》曰：「潛邱在太原縣南三里。」取以名書，不忘本也。

　　此書傳本有二：一為其孫學林所刻，一為山陽吳玉搢〔一〕所刪定。考若璩《尚書古文疏證》卷六第八十一條下有云：「《潛丘札記》，恐世不傳，仍載其說於此。」然所載兩條，一推春秋莊公十八年日食，一推晉光熙元年正月、七月、十二月頻食。今兩本皆無之。蓋其少年隨筆札記，本未成書，後人掇拾於散逸之餘，裒合成帙，非其全也。

　　此本即吳玉搢所重定。原刻首兩卷，雜記、讀書、時考論，多案而未斷，此本刪並為一卷。原刻卷三曰《地理餘論》，以《禹貢》山川及《四書》中地名已詳《疏證》與《釋地》，此特餘論耳，此本次為卷二。而取首兩卷內合於此一類者，次為卷三。原刻卷四上錄雜文序跋，卷四下曰《喪服翼注》，曰《補正日知錄》，此本取首兩卷內涉及喪服者次《喪服翼注》後，合為四卷。移雜文序跋附《補正日知錄》後，次為卷五。原本以《與人答論經史書》錄之卷五，以《應博學宏詞賦》一首並雜詩若干首錄之卷六。詩賦非若璩所長，且札

記不當及此，此本刪去，而存其《與人答論經史書》，次為卷六。蓋學林綴輯其祖之殘稿，徒欲一字不遺，遂致漫無體例。此本較學林所編尚有端緒，今姑從之。中間重見者四條，三見者一條，尚沿原本之誤，今悉為刪正。

若璩學問淹通，而負氣求勝，與人辯論，往往雜以毒詬惡謔，與汪琬遂成仇釁〔二〕，頗乖著書之體。然記誦之博，考核之精，國初實罕其倫匹。雖以顧炎武之學有本原，《日知錄》一書亦頗經其駁正，則其他可勿論也。茲編雖輯錄而成，非其全豹。而言言有據，皆足為考證之資，固不以殘闕廢之矣。

〔三〕（《四庫全書總目》卷一百十九）

【注釋】

〔一〕【吳玉搢】（1698～1773），字籍五，號山夫，安徽歙縣人。著有《說文引經考》《金石存》《別雅》等。清丁晏編有《吳山夫先生年譜》（載《清代徽人年譜合刊》第251～257頁），但非常簡略。

〔二〕【考證】《潛丘札記》卷六《與陶紫司書》《與江辰六書》等篇論汪琬之謬。《札記》有詩云：「汪筆王詩重本朝，詩尤兼筆挾風騷。晚來酬答爭名甚，輸與抽身價卻高。」又嘗稱鈍翁居鄉，人品高絕，可謂惡而知其美矣。（《閻若璩年譜》第84～85頁）《居易錄》卷九亦云：「汪狷急多忤，交友罕善終者……至於議論有根柢，終推此君。」（《王漁洋事蹟徵略》第364頁）

〔三〕【史料】《潛丘札記》卷六《與石企齋書》：「大抵考據，文人不甚講，理學尤不講。」司馬按，此已暗持義理、考據、辭章三分之說。

125. 白田雜著八卷

國朝王懋竑（1668～1674）撰。懋竑有《朱子年譜》，已著錄。

是編皆其考證辯論之文，而於朱子之書用力尤深。如《易本義九圖論》〔一〕《家禮考》〔二〕，皆反覆研索，參互比校，定為後人所依託，為宋、元以來儒者之所未發。《孟子序說考》謂《集注》從《史記》，《綱目》從《通鑒》，年月互異。《書楚詞後》謂《集注》誤從舊說，而以《九章》所述證史文之舛。其讀史諸篇於《通鑒綱目》多所拾遺補闕。而《朱子答江元適書薛士龍書考》一篇，語盈一卷，皆根柢全集、語錄，鉤稽年月，辨別異同，於為學次第，尤犁若發蒙。蓋篤信朱子之書，一字一句，皆沉潛以求其始末，幾微得失，無不周知，故其言平允如是。非浮慕高名，藉以劫伏眾論，而實不得其涯涘者也。至呂祖謙《大事記》本非僻書，而《儒林傳考》第七條下自注曰：「《大事記》，

今未見其書，俟再考。」絕不以偶闕是編而諱言未見，與惠棟《九經古義》自稱未見《易舉正》者相同，均猶有先儒篤實之遺，知其他所援引，皆實見本書，與楊慎、焦竑諸人動輒影撰者異矣。

此本後有乾隆丁卯（1747）河間紀容舒跋〔三〕，稱抄自景州（今河北東光）申翊家，未知為懋竑所自訂，或或翊所選錄。近別有《白田草堂全集》，凡此本所載，皆在其中，而此本所無者幾十之六。大抵多酬應之文，不及此本之精覈。蓋其後人珍藏手澤，片語不遺，故不免失於簡汰。今以新刻全集，別存目於集部中。此本篇篇標目，雖似雜文，而實皆考證之體，故特入於雜類。亦《東觀餘論》編入子家之例也。（《四庫全書總目》卷一百十九）

【注釋】

〔一〕【易本義九圖論】《易本義九圖》非朱子之作也，後之人以《啟蒙》依放為之，又雜以己意，而盡失其本指者也。朱子於《易》有《本義》，有《啟蒙》，其見於文集、語錄、講論者甚詳，而此九圖未嘗有一語及之。九圖之不合於《本義》《啟蒙》者多矣，門人豈不見此九圖者，何以絕不致疑也？（《白田雜著》卷一）

〔二〕【家禮考】《家禮》非朱子之書也。《家禮》載於《行狀》，其序載於《文集》，其成書之歲月載於《年譜》，其書亡而復得之由載於《家禮》附錄。自宋以來，遵而用之，其為朱子之書幾無可疑者，乃今反覆考之，而知決非朱子之書也。（《白田雜著》卷二）

〔三〕【白田雜著跋】余聞寶應王予中名，未識也。後於同年申謙居處見其雜著數冊，云得之方溪，愛其淹洽，因錄存之。予中猶前一輩人，其詞往往有根柢，可以傳也。乾隆丁卯五月，河間紀容舒記。

謙居言予中尚有《白田草堂集》，推之甚至。後於李根侯案上見數冊，略取讀之，則詩文都非所長。此老正應以實學見耳，其菁華盡此數卷矣。乾隆戊辰三月又記。

126. 義門讀書記五十八卷

國朝蔣維鈞編。皆其師何焯（1661～1722）校正諸書之文也。焯字屺瞻，長洲（今屬江蘇蘇州）人。康熙四十一年（1702）用直隸巡撫李光地薦，以拔貢生入直內廷。尋特賜進士出身，改庶吉士，授編修。後坐事褫職，仍校書武英殿。康熙六十一年（1722）復原官，贈侍讀學士。

焯文章負盛名，而無所著作傳於世〔一〕。沒後，其從子堂哀其點校諸書之語為六卷。維鈞益為搜輯，編為此書。凡《四書》六卷，《詩》二卷，《左傳》二卷，《公羊》《穀梁》各一卷，《史記》二卷，《漢書》六卷，《後漢書》五卷，《三國志》二卷，《五代史》一卷，《韓愈集》五卷，《柳宗元集》三卷，《歐陽修集》二卷，《曾鞏集》五卷，蕭統〔二〕《文選》五卷，《陶潛詩》一卷，《杜甫集》六卷，《李商隱集》二卷。考證皆極精密。其兩《漢書》及《三國志》，乾隆五年（1740）禮部侍郎方苞校刊經史，頗採其說云。〔三〕（《總目》卷一百十九）

【注釋】

〔一〕【評論】全祖望嘗譏義門為「批尾之學」。王欣夫先生大不以為然，認為義門「一掃前明之粗疏，而導夫吳學之先路者」。（詳見《蛾術軒篋存善本書錄》第 1462 頁）錢竹汀《跋義門讀書記》：「義門固好讀書，所見宋、元槧本，皆一一記其異同。又工於楷法，蠅頭朱字，粲然盈帙。好事者得其手校本，不惜善價購之。至其援引史傳，掎摭古人，有絕可笑者。（下略）」（《潛研堂文集》卷三十）今按，掎摭，指謫。

〔二〕【蕭統】（501～531），字德施，世稱昭明太子。編纂先秦至梁各體文章為《文選》三十卷。其集散佚，後人編有《昭明太子集》。俞紹初撰《昭明太子集校注》（中州古籍出版社 2001 年版）。

〔三〕【整理與研究】中華書局出版點校本（2006 年版）。王欣夫先生輯有《義門書跋》一卷（稿本）。

127. 論衡三十卷

漢王充〔一〕（27～約96）撰。充字仲任，上虞（今屬浙江紹興市）人。《自紀》謂在縣為掾功曹，在都尉府位亦掾功曹，在太守為列掾五官功曹行事。又稱（永）〔元〕和三年（86）徙家辟詣揚州部丹陽、九江、蘆江，後入為治中，章和二年（88）罷州家居。

其書凡八十五篇，而第四十四《招致篇》有錄無書，實八十四篇。考其《自紀》曰：「書雖文重，所論百種。案古太公望、近董仲舒傳作書篇百有餘。吾書亦才出百，而云太多。」然則原書實百餘篇，此本目錄八十五篇，已非其舊矣。〔二〕

充書大旨詳於《自紀》一篇〔三〕。蓋內傷時命之坎坷，外疾世俗之虛偽，故發憤著書，其言多激。《刺孟》《問孔》二篇，至於奮其筆端，以與聖賢相

軋，可謂詖矣。又露才揚己，好為物先。至於述其祖父頑狠，以自表所長，俱亦甚焉。其他論辨，如日月不圓諸說，雖為葛洪所駁，載在《晉志》。然大抵訂訛砭俗，中理者多，亦殊有裨於風教。儲泳《祛疑說》、謝應芳〔四〕《辨惑編》不是過也。

至其文反覆詰難，頗傷詞費。則充所謂宅舍多，土地不得小，戶口眾，簿籍不得少，失實之事多，虛華之語眾，指實定宜，辨爭之言安得約徑者，固已自言之矣。充所作別有《譏俗書》《政務書》，晚年又作《養性書》，今皆不傳，惟此書存。儒者頗病其蕪雜，然終不能廢也。高似孫《子略》曰：「袁崧《後漢書》載充作《論衡》，中土未有傳者。蔡邕入吳，始見之，以為談助。談助之言，可以了此書矣。」〔五〕其論可云允愜。〔六〕此所以攻之者眾〔七〕，而好之者終不絕歟？〔八〕（《四庫全書總目》卷一百二十）

【注釋】

〔一〕【作者研究】鍾肇鵬撰《王充年譜》（齊魯書社 1983 年版）。鍾肇鵬等撰《王充評傳》（南京大學出版社 1993 年版）。關鋒撰《王充哲學思想研究》（上海人民出版社 1957 年版）。鄧紅教授撰《王充新八論》（中國社會科學出版社 2003 年版）、《王充新八論續編》（中國社會科學出版社 2007 年版）。

〔二〕【考證】劉咸炘云：「按此說似非也。《自紀》所說並有所著《譏俗節義》十二篇及政務之書，出百一語乃承上文並說，下文乃言《養性書》十六篇，尚不在此中也。《佚文》言《論衡》篇以十數，知未出百矣。」（《劉咸炘學術論集·子學編》第 441 頁）而劉盼遂有《王充論衡篇數殘佚考》（載《古史辨》第四冊）。

〔三〕【自紀】見《論衡》卷三十。今按，劉咸炘認為：「（王）充書大旨在《佚文》《書解》《對作》《自紀》四篇。《佚文》曰：『《論衡》篇以十數，一言曰：疾虛妄。』劉子玄曰：『儒者之書，博而寡要，得其糟粕，失其菁華，而流俗鄙夫，貴遠賤近，傳茲牴牾，自相欺惑，故王充《論衡》生焉。』此言得其本旨，蓋西漢儒生末流專己守殘，識多迂固，充以博採傳記，獨運思考矯之。黃震曰：『其初心發於怨憤，持論至於過激，失理之平正，與自名《論衡》之意相背……欲更時俗之說，而矯枉過正，亦不自覺其衡決。』」（《劉咸炘學術論集·子學編》第 441 頁）

〔四〕【謝應芳】（1296～1370），字子蘭，號龜巢。江蘇武進人。著有《龜巢稿》《辨惑編》等。今按，《龜巢稿》有《四部叢刊三編》本，張元濟跋云：「余

於鐵琴銅劍樓見一抄本，分卷與四庫本合，王蓮涇、宋賓王先後讎校，極精審，但不言所自出。兩本詩文，互有多寡。」（《張元濟古籍書目序跋彙編》第 970～971 頁）

〔五〕【史源】《子略》卷四「王充論衡」條。

〔六〕【評論】劉咸炘云：「按是書以問孔、刺孟見駁後世，實則充之辯論仍以孔子為信，《自紀》自言行法孔子，問孔獻疑，不足駭也……昔之評者空言誹詆，不足服充，故至近世，而其書反大行。實則其辨鮮有可取，大旨更無足觀。譚獻、章炳麟之評，見其底裏矣。譚曰：『王仲任文士之見……持之雖有故，言之不甚成理，究不逮週末九流。充於雜家，為第二流，《呂覽》《淮南》未易企也。』章曰：『善為鋒芒摧陷，而無樞要足以持守，惟內心之不光頴。』炳麟固盛稱此書者，而言如此，學者可以知矣。（下略）」（《劉咸炘學術論集·子學編》第 442～448 頁）

今按，王欣夫先生云：「仲任此書，唐以來儒者多相詆斥。清儒於古書無不研誦，獨於是書，錢竹汀指謂小人無忌憚者，惲子居、章實齋等群然和之。蓋其《問孔》《刺孟》諸篇，在彼時固驚世駭俗之甚者，故多擯不一窺。至晚近章太炎、黃季剛師弟始重其書。」（《蛾術軒篋存善本書錄》第 1596 頁）章太炎《學變》稱《論衡》一書「正虛妄，審鄉背；懷疑之論，分析百端；有所發摘，不避上聖。漢得一人焉，足以振恥，至於今鮮有能逮者也」（見《檢論》卷三）。黃季剛《漢唐玄學論》云：「東漢作者，斷推王充。《論衡》之作，取鬼神陰陽及凡虛言讕語，摧毀無餘。自西京而降，至此時而有此作，正如久行荊棘，忽得康衢，歡忭寧有量耶？」（載《黃侃論學雜著》）

又按，錢大昕《潛研堂文集》卷二十七《跋論衡》通篇痛斥王充為「小人」。（第 456 頁）錢大昕固為樸學大師，其思想比較僵化，此論也「左」得可愛。論考據，紀昀萬不及錢大昕；論評論，錢大昕亦不敢望紀昀之項背。錢大昕可以私撰《廿二史考異》，卻斷乎不能出任《四庫全書》館總纂官。

〔七〕【清高宗《御製讀王充論衡》】向偶翻閱諸書，見有王充《論衡》，喜其識博而言辯，頗具出俗之識，其全書則未之覽也。茲因校《四庫全書》，始得其全卷而讀之，乃知其為背經離道、好奇立異之人，而欲以言傳者也。夫欲以言傳者，不衷於聖賢，未有能傳者也。孔孟為千古聖賢，孟或可問，而不可刺，充則刺孟，而且問孔矣。此與明末李贄之邪說何異？夫時命坎坷，當悔其所

以自致坎坷耳，不宜怨天尤人，誣及聖賢。為激語以自表則已，已犯非聖無法之誅。即有譁其言者，亦不過同其亂世惑民之流耳。君子必不為也，且其《死偽篇》以杜伯之鬼為無，而《言毒篇》又以杜伯之鬼為有，似此矛盾處不可屈指數，予故闢而呵之。讀《論衡》者，效其博辯，取其軼材則可；效其非聖滅道，以為正人篤論則不可。乾隆戊戌孟秋。

今按，馮友蘭據此推斷：「向來統治階級對於反抗它的理論，如果不能駁倒，就說它過激。」（《中國哲學史史料學》第 84 頁）「密～密斯特馮」真不愧為一代哲人，洞若觀火，一語道破統治階級的天機！

〔八〕【整理與研究】《論衡》是一部存在爭議的奇書，自漢至明，無人作注。至清代，才有少數學者開始考訂它。今人黃暉撰《論衡校釋》，劉盼遂撰《論衡集釋》（中華書局 1990 年合訂版）。胡適稱黃書是一部很夠標準的書，馮友蘭則稱劉書在訓詁和校勘方面新見解比較多。日人佐藤匡玄撰《論衡研究》（創文社 1981 年版），有關此書的簡要介紹，詳見李慶先生《日本漢學史》第三冊第 253～255 頁。邵毅平教授撰《論衡研究》（復旦大學出版社 2009 年初版、2018 年第二版）。

128. 風俗通義十卷附錄一卷

漢應劭撰。劭字仲遠，汝南（今河南項城）人。嘗舉孝廉。中平六年（189）拜泰山太守。事蹟具《後漢書》本傳。馬總《意林》稱為三國時人，不知何據也？

考《隋唐・經籍志》，《風俗通義》三十一卷。注云：「錄一卷，應劭撰，梁三十卷。」《唐書・藝文志》：應劭《風欲通義》三十卷。《崇文總目》《讀書志》《書錄解題》皆作十卷，與今本同。明吳琯刻《古今逸史》又刪其半，則更闕略矣。〔一〕各卷皆有總題，題各有散目。總題後略陳大意，而散目先詳其事，以「謹案」云云辯證得失。

《皇霸》為目五，《正失》為目十一，《愆禮》為目九，《過譽》為目八，《十反》為目十，《音聲》為目二十有八，《窮通》為目十二，《祀典》為目十七，《怪神》為目十五，《山澤》為目十九。其自序云：「謂之《風俗通義》，言通於流俗之過謬，而事該之於義理也。」〔二〕《後漢書》本傳稱：「撰《風俗通》以辨物類名號，識時俗嫌疑。」不知何以刪去「義」字？或流俗省文，如《白虎通義》之稱《白虎通》，史家因之歟？〔三〕

　　其書因事立論，文辭清辨，可資博洽，大致如王充《論衡》。而敘述簡明，則勝充書之冗漫。〔四〕舊本屢經傳刻，失於校讎，頗有訛誤。如「十反類」中分范茂伯、郅朗伯為二事，而佚其斷語。「窮通類」中孫卿一事，有書而無錄。「怪神類」中「城陽景王祠」一條，有錄而無書。今並釐正。又宋陳彭年等修《廣韻》，王應麟作《姓氏急就篇》，多引《風俗通·姓氏篇》，是此篇至宋末猶存。今本無之，不知何時散佚。然考元大德丁未（1307）無錫儒學刊本，前有李果序〔五〕，後有宋嘉定十三年（1220）丁黼跋〔六〕，稱：「余在餘杭，借本於會稽陳正卿，正卿蓋得於中書徐淵子，訛舛已甚，殆不可讀。愛其近古，抄錄藏之。攜至中都，得館中本及孔復君寺丞本，互加參考，始可句讀。今刻之於夔子，好古者或得舊本，從而增改，是所望雲。」則宋寧宗時之本已同今本，不知王氏何以得見是篇，或即從《廣韻注》中輾轉援引歟？〔七〕

　　《永樂大典》通字韻中尚載有《風俗通·姓氏》一篇，首題「馬總《意林》」字。所載與《廣韻注》多同，而不及《廣韻注》之詳，蓋馬總節本也。然今本《意林》無此文，當又屬佚脫。今採附《風俗通》之末，存梗概焉。〔八〕
（《四庫全書總目》卷一百二十）

【注釋】

〔一〕【輯佚】王利器《風俗通義校注·敘例》：「應氏書卷帙，今所存者，劣及三分之一，原書佚篇，已如蘇氏所舉……自錢大昕以下諸家，蒐採遺文，拾遺補闕，冀復舊觀；而《姓氏》一篇，輯之尤眾。」

〔二〕【自序】昔仲尼沒而微言闕，七十子喪而大義乖。重遭戰國，約從連橫，好惡殊心，真偽紛爭，故《春秋》分為五，《詩》分為四，《易》有數家之傳，並以諸子百家之言，紛然殽亂，莫知所從。漢興，儒者競復，比誼會意，為之章句，家有五六，皆析文便辭，彌以馳遠。綴文之士，雜襲龍鱗，訓注說，難轉相陵。高積如邱山，可謂繁富者矣。而至於俗間行語，眾所共傳，積非習貫，莫能原察。今王室大壞，九州幅裂，亂靡有定，生民無幾，私懼後進益以迷昧，聊以不才，舉爾所知，方以類聚，凡一十卷，謂之《風俗通義》，言通於流俗之過謬，而事該之於義理也。風者，天氣有寒煖，地形有險易，水泉有美惡，草木有剛柔也。俗者含血之類，像之而生，故言語歌謳異聲，鼓舞動作殊形，或直或邪，或善或淫也。聖人作而均齊之，咸歸於正。聖人廢，則還其本俗。顧惟述作之功，故聊光啟之耳。昔客為齊王畫者，王問：「畫孰最難？孰最易？」曰：「犬馬最難，鬼魅最易。犬馬旦暮在人之前，不

類不可，類之故難。鬼魅無形，無形者不見，不見故易。」今俗語雖云浮淺，然賢愚所共諮論，有似犬馬，其為難矣。並綜事實，宜於今者。孔子稱：「邱也幸，苟有過人，必知之。」俾諸明哲幸詳覽焉。

〔三〕【評論】王利器《風俗通義校注·敍例》：「華嶠、范曄俱稱《風俗通》……然則是劭自以通為言，而六朝承之也。洪邁常據此書謂漢儒訓釋，有通之名，其說是矣而未盡也，應氏此書實已具《三通》之雛形，而為後代『通書』之初祖，固非《白虎通》諸書之所可同日而語也。」

〔四〕【宗旨】王利器《風俗通義校注·敍例》：「其立言之宗旨，取在辯風正俗，觀微察隱，於時流風軌，鄉賢行誼，皆著為月旦，樹之風聲，於隱惡揚善之中，寓責備求全之義。」劉咸炘云：「此書以風俗名書，考證辨釋皆主於正俗訛。《史通·自敍》曰：『民者，冥也，率彼愚蒙，或訛音鄙句，莫究本源，或守株膠柱，動多拘忌，故應劭《風俗通》生焉。』此實得其本旨……《四庫提要》乃謂大致如王充而敍述簡明，勝於充之冗漫。是不知充主思測，劭主典證，充止正雜俗，劭兼議行誼，不可同論也。」（《劉咸炘學術論集·子學編》第 449～450 頁）

〔五〕【李果序】四庫本未見。

〔六〕【丁黼跋】四庫本未見。

〔七〕【版本】潘景鄭《風俗通校本》云：「《風俗通》，以元大德本為最古，明覆大德本，猶不失古意，至程榮本以下，則脫訛滋甚，等之自鄶。」（《著硯樓讀書記》第 393 頁）

〔八〕【整理與研究】王利器撰《風俗通義校注》（中華書局 1981 年版），吳樹平《風俗通義校釋》（天津人民出版社 1980 年版）。

129. 夢溪筆談二十六卷補筆談二卷續筆談一卷〔一〕

宋沈括〔二〕（1032～1096）撰。括字存中，錢塘（今浙江杭州）人，寄籍吳縣（今屬江蘇蘇州）。登嘉祐八年（1063）進士。熙寧中官至翰林學士、龍圖閣待制，坐議城永樂事，謫均州（今湖北十堰）團練副使，後復光祿寺少卿，分司南京，卜居潤州（今江蘇鎮江）以終。夢溪即其晚歲所居地也。事蹟附載《宋史·沈邁傳》中。

祝穆《方輿勝覽》曰：「沈存中宅，在潤州朱方門外。存中嘗夢至一處小山，花如覆錦，喬木覆其上，夢中樂之。後守宣城，有道人無外者，為言京口

（今江蘇鎮江）山川之勝，郡人有地求售，以錢三十萬得之。元祐初，道過京口，登所買地，即夢中所遊處，遂築室焉，名曰夢溪。」〔三〕是書蓋其閒居是地時作也。

凡分十七門：曰故事、曰辯證、曰樂律、曰象數、曰人事、曰官政、曰權智、曰藝文、曰書畫、曰技藝、曰器用、曰神奇、曰異事、曰謬誤、曰譏謔、曰雜志、曰藥議，共二十六卷。又有《補筆談》二卷，《續筆談》一卷，舊本別行。近時為馬氏刻本始合之，而重編《補筆談》為三卷，《續筆談》十有一條附於末。其序有曰：「世所傳《補筆談》，每篇首必題所補之卷。又有前幾件及中與後之分（如補第二卷後十件之類），似非後人所得而創，其為舊本無疑。原書二十六卷，不補者十，餘各有補。今以其書校考之，多不合。如故事不禦前殿云云十件補第二卷既然矣。次則廊屋為廡、梓榆為樸二件亦補第二卷。第二卷乃故事，豈謂是乎……子午屬寅，本論納甲語，而以補六卷之樂律……盧肇論海潮當補象數，而以補九卷之人事……王子醇樞密帥熙河日六件，大抵皆權智，當補十三卷，而以補十五卷之藝文。凡此類不可悉舉。又若原書止二十六卷，今其所補有自二十七以至三十者，益不可曉。」又云：「《通考》〔《筆談》〕二十六卷，今所行者是。《宋史》則二十五卷，鄭樵《通志·藝文略》則二十卷。分併不恒有如此者……此吾所以放筆而為之更定也（云云）。」〔四〕今案《宋史·藝文志》，顛倒舛訛，觸目皆是。其二十五卷之說，原可置之不論。至《通志》二十卷之說，則疑括初本實三十卷，鄭樵據以著錄，因輾轉傳刻，闕其一筆，故誤三為二。其後勒著定本，定為二十六卷，乾道二年（1166）湯修年據以校刻，頗為完善，遂相承至今。而所謂《補筆談》《續筆談》者，則乾道本原未載，或稿本流傳，藏弄者欲為散附各卷，逐條標識，其所據者仍是三十卷之初本本，故所標有二十七卷、三十卷之目。實非括之所自題。分類顛舛，固不足異也。然傳刻古書，當闕所疑。故今仍用原本以存其舊，而附訂其舛異如右。

括在北宋學問最為博洽，於當代掌故及天文、算法、鐘律尤所究心。趙與時《賓退錄》議其「積罍」一條文字有誤〔五〕，王得臣《塵史》議其「算古柏」一條議論太拘〔六〕。小小疏失，要不足以為累。至月如銀丸，粉塗其半之說，《朱子語錄》取之。蒲盧即蒲葦之說，朱子《中庸章句》取之。其他亦多為諸書所援據。湯修年跋稱其目見耳聞，皆有補於世，非他雜志之比。勘驗斯編，知非溢美矣。〔七〕（《四庫全書總目》卷一百二十）

【注釋】

〔一〕【自序】予退處林下，深居絕過從。思平日與客言者，時紀一事於筆，則若有所晤言，蕭然移日，所與談者，唯筆硯而已，謂之《筆談》。聖謨國政，及事近宮省，皆不敢私紀。至於繫當日士大夫毀譽者，雖善亦不欲書，非止不言人惡而已。所錄唯山間木蔭，率意談噱，不繫人之利害者；下至閭巷之言，靡所不有。亦有得於傳聞者，其間不能無缺謬。以之為言，則甚卑，以予為無意於言可也。

今按，《夢溪筆談》的內容十分豐富，如對活字印刷術、指南針等發明均有詳細記載，被譽為「中國科學史的里程碑」（李約瑟語）。其中有關數學的部分詳參《中國數學通史·宋元卷》第40～50頁。

〔二〕【作者研究】杭州大學宋史研究室編《沈括研究》（浙江人民出版社 1985 年版），祖慧撰《沈括評傳》（南京大學出版社 2004 年版），書後附錄《沈括年表》。

〔三〕【史源】《方輿勝覽》卷三「夢溪」條。

〔四〕【考證】序作者題為巽甫。

〔五〕【積罌】《賓退錄》卷四：「廣陵（今江蘇揚州）所刻《夢溪筆談》第十八卷積罌之術注中，又倍下長得十六，當作二十四，併入上長得四十六，當作二十六，士夫知算術者少，故莫辨其誤，漫記之。」

〔六〕【算古柏】《塵史》卷二：「凡言木之鉅細者，始曰拱把，大曰圍，引而增之曰合抱，蓋拱把之間才數寸耳，圍則尺也，合抱則五尺也。杜子美《武侯廟柏》詩云：『霜皮溜雨四十圍，黛色參天二千尺。』是大四丈。沈存中內翰云：『四十圍乃是徑七尺，無乃太細長也。』然沈精於算數者，不知何法以準之。若徑七尺，即圍當二丈一尺。傳曰：『孔子身大十圍。』夫以其大也，故記之。如沈之言，才今之三尺七寸有奇耳，何足以為異耶？周之尺當今之七寸五分。」

司馬按，《塵史》成書在《筆談》之後，而《四庫全書》及《總目》均將《塵史》排列在《筆談》之前，顯然有誤。

〔七〕【版本】潘景鄭《趙能靜閱本夢溪筆談》云：「陽湖趙能靜先生閱本，後有跋云：『博麗易也，其精審不為古人欺，如辨張率更之識晉磬，及王摩詰之畫《霓裳譜》，皆非小說家能辨者。載宋、明逸事，亦能撮要，於讀史者甚有裨，不可草率觀之……』余謂存中斯書，考證翔實，較之《困學紀聞》《容齋隨筆》

為勝一籌耳，自未可以小說家言目之也。」（《著硯樓讀書記》第394頁）彭元瑞《知聖道齋讀書跋》卷二云：「此書的是宋刻，避諱字皆合。上有朱書，乃近人校琴川毛氏刻本所注。墨書自署別號曰海嶽。考閩福清人郭造卿，字建初，號海嶽，為戚繼光上客，著述極博……評者尚三百年以上，古香可挹也。」

今按，《夢溪筆談》刻本以宋乾道二年（1166）揚州州學刊本為最古，在國內現已失傳，但靜嘉堂文庫藏二十六卷本（見《日本藏漢籍珍本追蹤紀實》第314頁）。元大德九年（1305）東山書院刻本，現藏於國家圖書館。1975年文物出版社以《元刊夢溪筆談》為名影印出版。此書有《四部叢刊》本，張元濟跋云：「此為明代覆宋乾道二年揚州學教授湯修年刊本。滂喜齋潘氏有宋刻本。」（《張元濟古籍書目序跋彙編》第903頁）

【整理與研究】胡道靜撰《夢溪筆談校正》（上海古籍出版社1982年版）、《新校正夢溪筆談》（中華書局1957年版）、《夢溪筆談導讀》（巴蜀書社1996年版），吳以寧撰《夢溪筆談辯證》（上海科學技術出版社1995年版）。

130. 珩璜新論一卷

宋孔平仲撰。平仲字毅父，一作義甫，清江（今江西新幹）三孔之一也。治平二年（1065）進士。元祐中提點京西刑獄，坐黨籍，安置英州。崇寧初，召為戶部金部郎中，出提舉永興路刑獄，帥鄜延環慶。黨論再起，奉祠以卒。事蹟具《宋史》本傳。

是書一曰《孔氏雜說》，然吳曾《能改齋漫錄》引作《雜說》，而此本卷末有淳熙庚子（1180）吳興沈詵跋〔一〕，稱渝川丁氏刊版已名《珩璜論》，則宋時原有二名。今刊本皆題《雜說》，而抄本皆題《珩璜新論》，蓋各據所見本也。

是書皆考證舊聞，亦間託古事以發議，其說多精覈可取。蓋清江三孔在元祐、熙寧之間，皆卓然以文章名，非言無根柢者可比也。卷末附錄《雜說》七條，在詵跋之前，皆此本所佚，疑為詵所補抄，今並附入，以成完書。

至「珩璜」之名，詵已稱莫知所由，又以或人碎玉之解為未是。考《大戴禮》載曾子曰：「君子之言可貫而佩。」珩璜皆貫而佩者，豈平仲本名《雜說》，後人推重其書，取貫佩之義，易以此名歟？

考平仲與同時劉安世、蘇軾，南宋林栗、唐仲友，立身皆不愧君子。徒以平仲、安世與軾不協於程子，栗與仲友不協於朱子，講學家遂以皆寇讎視

之。夫人心不同，有如其面。雖均一賢者，意見不必相符。論者但當據所爭之一事，斷其是非，不可因一事之爭，遂斷其終身之賢否。韓琦、富弼不相能，不能謂二人之中有一小人也。因其一事之忤程、朱，遂並其學問、文章、德行、政事，一概斥之不道，是何異佛氏之法，不問其人之善惡，但皈五戒者有福，謗三寶者有罪乎？安世與軾，炳然與日月爭光。講學家百計詆排，終不能滅其著述。平仲則惟存本集、《談苑》及此書。栗惟存《周易經傳集解》一書，仲友惟存《帝王經世圖譜》一書，援寡勢微，鑠於眾口，遂俱在若存若亡間。實抑於門戶之私，非至公之論。今仍如甄錄，以持其平。若沈繼祖之《楄林集》，散見於《永樂大典》者，尚可排緝成帙。以其人不足道，而又與朱子為難，則棄置不錄，以昭衰鉞。凡以不失是非之真而已。（《四庫全書總目》卷一百二十）

【注釋】

〔一〕【珩璜新論跋】右孔氏雜說，毅父記錄之文也。三孔文字漫不可得，獨此編乃傳圖之。《珩璜論》，渝川丁氏嘗板於家，視此為稍略。且珩璜之名，未知所由。或謂玉之碎者，豈其然乎？舊嘗見吳虎臣引其數則以為雜說，茲故因之。淳熙庚子九日，臨江假守吳興沈誅識。

131. **冷齋夜話十卷**

宋僧惠洪（1071～1128）撰。惠洪一名德洪，字覺範，筠州（今江西宜豐）人。大觀中游丞相張商英之門。商英敗，惠洪亦坐累謫朱崖。

是書晁公武《讀書志》作十卷，與今本相合。然陳善《捫虱新話》謂，山谷《西江月詞·日側金盤墜影》一首為惠洪贗作，載於《冷齋夜話》。又引《宋百家詩選》云：「《冷齋夜話》中偽作山谷贈洪詩，韻勝不減秦少游，氣爽絕類徐師川（云云）。」〔二〕今本無此兩篇，蓋已經後人刪削，非其完本。又每篇皆有標題，而標題或冗沓過甚，或拙鄙不文，皆與本書不類。其最刺謬者，如「洪駒父詩話」一條，乃引洪駒父之言以正俗刻之誤，非攻洪駒父之誤也，其標題乃云《洪駒父評詩之誤》，顯相背觸。又「邪亭〔二〕湖廟」一條，捧牲請福者乃安世高之舟人，故神云舟有沙門，乃不俱來耶？非世高自請福也。又追敘漢時建寺乃為秦觀作《維摩贊》緣起，非記世高事也，其標題乃云《安世高請福邪亭廟秦少游宿此夢天女求贊》，既乖本事，且不成文。又「蘇軾寄鄧道士詩」一條，用韋應物寄全椒山中道士詩韻，乃記蘇詩，非記韋詩也，而

其標題乃云《韋蘇州寄全椒道人詩》，更全然不解文義。又惠洪本彭氏子，於彭淵材為叔姪，故書中但稱淵材，不繫以姓，而其標題乃皆改為劉淵材，尤為不考。此類不可殫數，亦皆後人所妄加，非所本有也。

是書雜記見聞，而論詩者居十之八，論詩之中稱引元祐諸人者又十之八，而黃庭堅語尤多。蓋惠洪猶及識庭堅，故引以為重。〔三〕其「庭堅夢遊蓬萊」一條，《山谷集》題曰《記夢》。《洪駒父詩話》〔四〕曰：「余嘗問山谷，云此記一段事也。嘗從一貴宗室攜妓遊僧寺。酒闌，諸妓皆散入僧房中，主人不怪也。」故有「曉然夢之非紛紜」句。〔五〕惠洪乃稱庭堅曾與共宿湘江舟中親話，有夢與道士遊蓬萊事。且云今《山谷集》語不同，蓋後更易之。是殆竄亂其說，使故與本集不合，以自明其匿於庭堅，獨知其詳耳。晁公武詆此書多誕妄偽託者〔六〕，即此類歟？然惠洪本工詩，其詩論實多中理解，所言可取則取之。其託於聞之某某，置而不論可矣。（《四庫全書總目》卷一百二十）

【注釋】

〔一〕【史源】《捫虱新話》卷八「《冷齋夜話》誕妄」條。

〔二〕【邺亭】古亭名。在今江西廬山。

〔三〕【冷齋夜話】《四庫提要》謂「是書雜記見聞，而論詩者居十之八，論詩之中稱引元祐諸人者又十之八，而黃庭堅語尤多。蓋惠洪猶及識庭堅，故引以為重」。所言甚允。第即就所謂「論詩者居十之八」言，亦以論事者多，論辭者少，而論事之處，又以求名過急，不免有假託偽造之跡，故時論少之……《提要》於此，列舉甚多，蓋惠洪喜遊公卿之門，是緇流中之附庸風雅者，欲藉人言以為重，固宜其所述多不可信矣……是則此書不僅論事有偽造之病，即論辭亦有剽竊之弊矣。（郭紹虞《宋詩話考》第14～15頁）

〔四〕【洪駒父詩話】原本散佚，今有輯佚本。詳見郭紹虞《宋詩話考》第141～142頁。

〔五〕【史源】《漁隱叢話前集》卷四十七「洪駒父詩話」條。

〔六〕【史源】《郡齋讀書志》卷十九。

132. 曲洧舊聞十卷〔一〕

宋朱弁〔二〕（？～1144或1148）撰。弁字少章，朱子之從父也。事蹟具《宋史》本傳。

《文獻通考》載弁《曲洧舊聞》一卷，《雜書》一卷，《佝僂〔三〕說》一卷。此本獨《曲洧舊聞》已十卷。然此本從宋槧影抄，每卷末皆有「臨安府太廟前尹家書籍鋪刊」字。又「惇」字避光宗諱，皆闕筆。蓋南宋舊刻，不應有誤。必《通考》訛十卷為一卷也。案：弁以建炎丁未（1127）使金被留，越十七年乃歸。而書中有臘月八日清涼山見佛光事〔四〕，云歲在甲寅。又記秘魔巖事，其地在燕京。又記其友述定光佛語云，俘囚十年。則書當作於留金時。然皆追述北宋遺事，無一語及金，故曰「舊聞」。

《通考》列之小說家。今考其書，惟神怪、諧謔數條，不脫小說之體，其餘則多記當時祖宗盛德及諸名臣言行，而於王安石之變法，蔡京之紹述，分朋角立之故，言之尤詳。蓋意在申明北宋一代興衰治亂之由，深於史事有補，**實非小說家流也。惟其中間及詩話、文評及諸考證，不名一格，不可目以雜史，故今改入之雜家類焉。**（《四庫全書總目》卷一百二十一）

【注釋】

〔一〕【洧】水名。即今河南雙洎河。

〔二〕【朱弁】號觀如居士，徽州婺源人。著有《風月堂詩話》，詳見郭紹虞《宋詩話考》第 49～51 頁。

〔三〕【佝僂】彎曲。

〔四〕【臘月八日清涼山見佛光事】我國佛教徒認為，佛祖釋迦牟尼是十二月初八成道的，謂之臘八節。

133. 元城語錄三卷附行錄一卷

《元城語錄》〔一〕三卷，宋馬永卿編〔二〕。永卿字大年，揚州（今屬江蘇）人，流寓鉛山。據《廣信府志》，知其嘗登大觀三年（1110）進士。據所作《嬾真子》，知嘗官江都（今江蘇揚州）丞、淅川令、夏縣令。又稱嘗官關中，則不知何官矣。

徽宗初，劉安世與蘇軾同北歸，大觀中寄居永城。永卿方為主簿，受學於安世，因撰集其語為此書。安世之學出於司馬光，故多有光之遺說〔三〕。惟光有《疑孟》，而安世則篤信之。亦足見君子之交不為苟同矣。其中藝祖制薰籠一事，周必大《玉堂雜記》謂其以元豐後之官制加之藝祖之時，失於附會。然安世非妄語者，或記憶偶未確耳。李心傳《道命錄》又論其記程子諫折柳事為虛，謂：「程子除說書在三月，四月二日方再具辭免，四月上旬非發生之

時（云云）。」然四月上旬與三月相去幾何，執此以斷必無方春萬物發生不可戕折之語，則強辨非正理矣。安世風裁岳嶽，氣節震動天下。朱子作《名臣言行錄》，於王安石、呂惠卿皆有所節取，乃獨不錄安世。

董復亨《繁露園集》有是書序曰：「朱文公《名臣言行錄》不載先生，殊不可解。及閱《宋史》，然後知文公所以不錄先生者大都有三：蓋先生嘗上疏論程正叔，且與蘇文忠交好，又好談禪。文公左袒正叔，不與文忠。至禪則又心薄力拒者，以故不錄。」〔四〕其說不為無因，是亦識微之論。

然《道命錄》備載孔平仲諸人彈論程子疏議，以示譏貶，獨不載安世之疏。不過於孔平仲條下附論其不知伊川而已。蓋亦知安世之人品世所共信，不可動搖，未敢醜詆之也。近時有安邱劉源淥者，作《冷語》三卷，掇拾伊洛之糟粕，乃以衛道為名，肆言排擊，指安世為邪人，謂其罪甚於章惇、邢恕。豈非但執朋黨之見，絕無是非之心者歟？要之，安世心事如青天白日，非源淥一人所能障蔽眾目也。

《行錄》一卷，明崔銑所續編，大名兵備副使於文熙又補綴其文。舊本附《語錄》之末，今亦並存之，庶讀者知安世之行，益足證安世之言焉。至《語錄》之中，時有似涉於禪者，此在程門高弟游、楊、呂、謝之徒，朱子亦譏其有此弊。是不必獨為安世責，亦不必更為安世諱矣。（《四庫全書總目》卷一百二十一）

【注釋】

〔一〕【書名】庫書作《元城語錄解》，題宋馬永卿編、明王崇慶解。

〔二〕【史源】《直齋書錄解題》卷九。

〔三〕【史源】余觀馬永卿所著《元城先生語錄》。嗚呼！前輩不復見矣。使余讀之，至於三歎息也。余考先生所學所論，皆自不妄語中來。其論時事，論經史，皆考訂是非，別白長短，不詭隨，不雷同，不欺於心，而終之以慎重，此皆不妄語之功也。司馬溫公心法，先生其得之矣。紹興丙子八月，范陽張九成序。

〔四〕【史源】《宋名臣言行錄後集》卷十二：「劉安世，元城先生，字器之，大名人。中進士第。事神宗、哲宗，官至左諫議大夫。公與溫公為同年契，因遂從學於溫公。熙寧一年舉進士不就，選徑歸洛，溫公曰：『何為不仕？』公以漆彫開『吾斯未能信』之語以對。溫公說復從學者數年。一日，避席問盡心行己之要，可以終身行之者，溫公曰：『其「誠」乎！吾平生力行之，未嘗須

　　與離也，故立朝行己，俯仰無愧爾。』公問：『行之何先？』溫公曰：『自不妄語始。』自是拳拳勿失，終身行之。」

　　司馬按，《名臣言行錄》載元城先生言行甚多，館臣誤信董復亨之語，遂生此無根之談。余嘉錫曾駁之。

134. 嬾真子五卷

　　宋馬永卿撰。

　　是編乃其雜記之書，然亦多述劉安世語〔一〕。又開卷冠以司馬光事〔二〕，書中亦多稱光，蓋其淵源所自出也。《宋史·藝文志》著錄，晁、陳二家書目乃不載。然袁文為建炎、紹興間人，王楙為慶元、嘉泰間人，費袞為紹熙、開禧間人。文《甕牖閒評》駁其中「印文五字」一條〔三〕，楙《野客叢書》駁其中「承露蠹」一條〔四〕，袞《梁溪漫志》駁其「漢太公無名、母媼無姓」一條〔五〕，是其書未嘗不行於世，特二家偶遺之耳。其書末稱紹興六年（1136），蓋成於南渡以後。

　　中間頗及雜事，而考證之文為多。如據《漢書》王嘉封事，謂《書》「無教逸欲有邦」教當作敎〔六〕，謂陶潛《遊斜川》詩「開歲倏五十」當作五日〔七〕，《與殷晉安別》詩本十韻，傳本誤脫一韻，東坡亦誤和九韻〔八〕，謂杜甫詩虯鬚十八九字出《漢書·丙吉傳》〔九〕，謂韓愈《感二鳥賦序》貞元十一年誤作十五年〔十〕。又考正曹成王碑衍文訛字及箋釋句讀〔十一〕，謂前漢書《百官表》少府之遵官，據唐《百官志》當作導官〔十二〕，謂成玄英〔十三〕《莊子疏》不知其時已有縣令，誤讀縣為懸，解為高名令聞，謂古者席面之賓乃稱客，列座之賓皆稱旅，引《左傳》為證，謂二十八宿中亢、氐、觜三星《韻略》皆誤音，謂賜酺始趙武靈王，謂河鼓之河當作何，謂《唐中興頌》復復指期，復復字本《漢書·匡衡傳》，皆引據確鑿，不同臆說。其謂《離騷》正則、靈均乃小名、小字〔十四〕，雖無所考，亦足以備一解。惟頗參雜以二氏，至謂韓愈亦深明佛理〔十五〕，是亦安世之學喜談禪悅之餘派，存而不論可矣。〔十六〕（《四庫全書四庫全書總目》卷一百二十一）

【注釋】

〔一〕【史源】《嬾真子》卷一：「元城先生嘗言，古之史出於一人之手，故寓意深遠。」

〔二〕【史源】《嬾真子》卷一：「溫公之任崇福，春夏多在洛，秋冬在夏縣，每日與本縣從學者十許人講書，用一大竹筒，筒中貯竹簽，上書學生姓名，講後一日即抽簽令講，講不通，則公微數責之。公每五日作一暖講，一杯，一飯，一面，一肉，一菜而已。」

〔三〕【史源】《甕牖閒評》卷三。

〔四〕【史源】《野客叢書》卷七。

〔五〕【史源】《梁溪漫志》卷六「嬾真子辨太公名」條。

〔六〕【史源】《嬾真子》卷一：「僕友人陳師黯子直嘗謂僕云：『漢諸儒所傳《六經》，與今所行《六經》不同，互有得失，不可以偏辭論也。』」

〔七〕【史源】《嬾真子》卷一：「世所傳五柳集數本不同。謹按：淵明乙丑生，至乙巳歲賦《歸去來》，是時四十一矣。今《遊斜川》詩或云辛丑歲，則方三十七歲，或云辛酉歲，則已五十七。而詩云『開歲倏五十』，皆非也。若云『開歲倏五日』，則正序所謂正月五日，言開歲倏忽五日耳。近得廬山東林舊本作五日，宜以為正。」

〔八〕【史源】《嬾真子》卷一：「五柳與殷晉安別詩，舊本十韻第九韻云：『才華不隱世，江湖多賤貧。』第十韻云：『脫有經過便，念來存故人。』今世有本無第十韻，故東坡詩送張中亦止於貧字，云『不救歸裝貧』。又今本云：『遊好非久長，一遇盡因勤。』而舊本云：『遊好非少長，一遇定因勤。』蓋其意云吾與子非少時長時遊從也，但今一相遇，故定交耳。此語最妙，識者自知之。」

〔九〕【史源】《嬾真子》卷一：「杜工部《送重表姪王砯評事詩》云：『秦王時在坐，真氣驚戶牖。』又云：『次問最少年，虬鬚十八九。』然「十八九」三字，乃出於丙吉傳，云武帝曾孫在掖庭外家者至今十八九矣，其語蓋出於此，始信老杜用事若出天成，其大略如此，今特舉此一篇。」

〔十〕【史源】《嬾真子》卷二：「退之《感二鳥賦》云：貞元十五年五月戊辰，愈東歸。又云：讀書著文，自七歲至今凡二十二年。以文集詳考之，是年乃貞元十一年也。今按貞元十一年，退之年二十八，是年三上書宰相，不遇而出關，故曰自七歲至今凡二十二年。至十二年七月，從董晉平汴州，至十五年二月晉薨，退之護喪，歸葬洛陽，半道聞汴州亂，退之既至洛陽，徑走彭城（今江蘇徐州），省視其家，遂復在徐州節度使張建封幕下。是年五月，作董晉行狀，其後書云『貞元十五年五月十八日故吏前汴宋亳永等州觀察推官將仕郎

　　　　秘書省校書郎韓愈狀』，是時退之年三十二，則知作《感二鳥賦》時貞元十一
　　　　年明矣，但後人誤書十五年也。」

〔十一〕【史源】《嬾真子》卷二：「曹成王碑句讀差訛，說不可解。又為人轉易其字，
　　　　故愈不可解。僕舊得柴慎微善本，今是正之。」

〔十二〕【史源】《嬾真子》卷三：「《前漢・百官表》少府之屬官凡五十餘人，有遵官
　　　　掌米穀，以奉至尊，然學者多疑遵字之義。」

〔十三〕【成玄英】字子實，唐陝州（今河南三門峽市）人。注老莊，有《道德真經
　　　　義疏》《南華真經注疏》傳世。

〔十四〕【史源】《嬾真子》卷四：「《同年小錄》載小名小字，或問有故事乎？或曰：
　　　　『始於司馬犬子。』僕曰：『不然，《離騷經》曰：「皇覽揆予於初度兮，肇錫
　　　　予以嘉名。名予曰正則兮，字予曰靈均。」且屈原字平，而正則、靈均則其
　　　　小字、小名也。所謂皇者三閭，稱其父也，後人遂以《皇覽》為進御之書，
　　　　誤矣。』」

〔十五〕【史源】《嬾真子》卷二：「僕友王彥法善談名理，嘗謂世人但知韓退之，不
　　　　好佛，反不知此老深明此意。觀其《送高閒上人序》云：『今閒師浮屠氏，一
　　　　死生，解外膠，是其為心必泊然無所起，其於世必淡然無所嗜，泊與淡相遭，
　　　　頹隨委靡，潰敗不可收拾。』觀此言語，乃深得歷代祖師向上休歇一路，其
　　　　所見處大勝裴休。且休嘗為《圓覺經序》，考其造詣，不及退之遠甚。唐士大
　　　　夫中裴休，最號為奉佛，退之最號為毀佛，兩人所得淺深，乃相反如此，始
　　　　知循名失實，世間如此者多矣。」

〔十六〕【史料】《嬾真子》卷一：「陝府平陸主簿張貽孫子訓嘗問僕魚袋制度。僕曰：
　　　　『今之魚袋，乃古之魚符也。必以魚者，蓋分左右，可以合符。而唐人用袋
　　　　盛此魚，今人乃以魚為袋之飾，非古制也。』」

　　　　今按，魚符，為隋唐時官員憑據信物。源於虎符。唐高祖改為魚符，武
　　則天改為龜符。魚袋為官員章服所佩隻物。

135. 春渚紀聞十卷

　　宋何薳撰。薳，浦城（今屬福建南平市）人，自號韓青老農。〔一〕

　　其書分《雜記》五卷、《東坡事實》一卷、《詩詞事略》一卷、《雜書琴事
附墨說》一卷、《記研》一卷、《記丹藥》一卷。明陳斷儒《秘笈》所刊僅前五
卷，乃姚士粦得於沈虎臣者。後毛晉得舊本，補其脫遺，始為完書，即此本也。

蓬父曰去非,嘗以蘇軾薦得官,故記軾事特詳〔二〕。其《雜記》多引仙鬼報應兼及瑣事。如稱劉仲甫弈棋無敵〔三〕,又記祝不疑勝之〔四〕,兩條自相矛盾,殊為不檢。又蔡絛《鐵圍山叢談》稱前以弈勝仲甫者為王憨子,後以弈勝仲甫者為晉士明,與祝不疑之說亦不合,殆傳聞異詞歟?張有為張先之孫,所作《復古編》今尚有傳本,而此書乃作「章有」〔五〕,則或傳寫之訛,非蓬之舊也。〔六〕(《四庫全書總目》卷一百二十一)

【注釋】

〔一〕【考證】陸心源《儀顧堂題跋》卷八《春渚紀聞跋》云:「蓬字子遠,浦城人……博學多聞,工詩喜鼓琴,見章惇、蔡京相繼柄國,時事日非,遂不仕。以父為(蘇)軾所知,凡軾遺文佚事、小辨雜說無不收誦。先是去非葬於富陽之韓青谷,蓬卜築韓青,以保先塋,自號韓青老農……見《福建通志》。」今按,厲鶚《宋詩紀事》卷四十四:「何蓬,蓬字子遠,號韓青老農。浦城人。去非之子。東都遺老,入南渡尚存。」而張邦基《墨莊漫錄》卷八作「何蓬子楚」。

〔二〕【史料】《春渚紀聞》卷六「文章快意」條云:「先生嘗謂劉景文與先子曰:『某平生無快意事,惟作文章,意之所到,則筆力曲折,無不盡意。自謂世間樂事無逾此者。』」「著述詳考故實」條云:「秦少章言公嘗言,觀書之樂,夜常以三鼓為率,雖大醉歸,亦必披展,至倦而寢。然自出詔獄之後,不復觀一字矣。某於錢塘從公學二年,未嘗見公特觀一書也。然每有賦詠,及著撰所用故實,雖目前爛熟事,必令秦與叔黨諸人檢視而後出。」「太白胸次」條云:「士之所尚,忠義氣節,不以摛詞摘句為勝。唐室宦官用事,呼吸之間,殺生隨之。李太白以天挺之才,自結明王,意有所疾,殺身不顧。王舒公言:『太白人品污下,詩中十句,九句說婦人與酒。』至先生作《太白贊》則云:『開元有道為少留,麋之不可矧肯求。』又:『平生不識高將軍,手污吾足乃敢嗔。』二公立論,正似見二公胸次也。」

〔三〕【史源】《春渚紀聞》卷二「劉仲甫國手棋」條。

〔四〕【史源】《春渚紀聞》卷二「祝不疑奕勝劉仲甫」條。

〔五〕【史源】《春渚紀聞》卷五「張有篆字」條:「吳興張有,以小篆名世,其用筆簡古,得石皷遺法,出文勳章友直之右。所作《復古編》以正篆隸之本,識者嘉之。嘗為余言:『心字於篆文,只是一倒火字耳。』蓋心,火也,不欲炎上,非從包也。畢少董文簡之孫妙於鼎篆,而亦多見周秦凡有盤盂之銘,其

論水字云：『中間一豎更不須曲，只是畫一《坎卦》耳。』蓋坎為水，見於鼎銘，多如此者，並記之。」

〔六〕【整理與研究】中華書局出版張明華點校本（《歷代史料筆記叢刊》本）。

今按，《春渚紀聞》卷五「唐子西論文」條：「唐子西言：『司馬遷敢亂道，卻好；班固不敢亂道，卻不好。』」《春渚紀聞》卷七「作文不憚屢改」條：「自昔詞人，琢磨之苦，至有一字窮歲月，十年成一賦者。白樂天詩詞，疑皆衝口而成，及見今人所藏遺稿，塗竄甚多。歐陽文忠公作文既畢，貼之牆壁，坐臥觀之，改正盡善，方出以示人。蕘嘗於文忠公諸孫望之處得東坡先生數詩稿，其和歐叔弼詩云：『淵明為小邑。』繼圈去『為』字，改作『求』字，又連塗『小邑』二字作『縣令』，字凡二改，乃成今句。至『胡椒銖兩多，安用八百斛』，初云『胡椒亦安用，乃貯八百斛』，若如初語，未免後人疵議。又知雖大手筆不以一時筆快為定，而憚於屢改也。

136. 石林燕語十卷

宋葉夢得（1077～1148）撰。夢得有《春秋傳》，已著錄。

夢得為紹聖舊人，徽宗時嘗司綸誥，於朝章國典，夙所究心。故是書纂述舊聞，皆有關當時掌故〔一〕，於官制、科目言之尤詳，頗足以補史傳之闕，與宋敏求《春明退朝錄》、徐度《卻掃編》可相表裏。陳振孫《書錄解題》謂其書成於宣和五年（1123）〔二〕。然其中「論館伴遼使」一條稱建炎三年（1129）；又「論宰相」一條謂自元祐五年（1090）至今紹興六年（1136），則書成於南渡之後〔三〕，振孫之說未核矣。

惟夢得當南北宋間，戈甲倥傯，圖籍散佚，或以記憶失真，考據未詳之處。故汪應辰嘗作《石林燕語辨》，而成都宇文紹奕案：紹奕始末無考，嘉定中有樞密使宇文紹節，疑其昆弟。亦作《考異》以糾之。應辰之書，陳振孫已稱未見。蓋宋末傳本即稀，僅《儒學警悟》案：《儒學警悟》亦南宋之書，不著撰人姓氏。間引數條，與紹奕《考異》同散見《永樂大典》中。然寥寥無幾，難以成編。惟紹奕之書尚可裒集，謹搜採考校，各附夢得書本條之下。雖其間傳聞年月之訛，繕寫字畫之誤，一一毛舉，或不免有意吹求，頗類劉炫之規杜預，吳縝之糾歐陽修。而援引舊文，辨駁詳確者十之八九。是一朝故事，得夢得之書而梗概具存，得紹奕之書而考證益密。二書相輔而行，於史學彌為有裨矣。

又夢得之書，宋槧罕覯。前明有大字刊本，摹印亦稀。世行毛晉《津逮秘書》所載脫誤頗多，而商維濬《稗海》所載踳駁尤甚。今並參驗諸本，以《永樂大典》所載詳為勘校，訂訛補闕，以歸完善。凡所釐正，各附案語矣下方，用正俗刻之訛，庶幾稍還舊觀，不失其真焉。〔四〕（《四庫全書總目》卷一百二十一）

【注釋】

〔一〕【史料】《石林燕語》卷八云：「蘇子瞻自在場屋，筆力豪騁，不能屈折於作賦省試。時歐陽文忠公銳意欲革文弊，初未之識，梅聖俞作考官，得其《刑賞忠厚之至論》，以為似孟子，然中引『皋陶曰殺之三、堯曰宥之三』事不見所據，亟以示文忠，大喜，往取其賦，則已為他考官所落矣，即擢第二。及放榜，聖俞終以前所引為疑，遂以問之子瞻，徐曰：『想當然耳，何必須要有出處？』聖俞大駭，然人已無不服其雄俊。又云：熙寧以前以詩賦取士，學者無不先遍讀《五經》，余見前輩無科名人亦多能雜舉《五經》，蓋自幼習之，故終老不忘。自改經術，人之教子者往往便以一經授之，他經縱讀亦不能精教者，亦未必皆讀《五經》，故雖經書正文，亦率多遺誤。」

〔二〕【史源】《直齋書錄解題》卷十一：「《石林燕語》十卷，葉夢得少蘊撰。宣和五年所作也。」司馬按，此書並非宣和五年所作，實作於建炎二年。此因誤讀葉夢得《石林燕語自序》而致誤，僅讀首句，未及終卷，即妄下斷語。

〔三〕【自序】宣和五年，余既卜別館於卞山之石林谷，稍遠城市，不復更交世事，故人親戚，時時相過，周旋嶔岩之下，無與為娛，縱談所及，多故實舊聞，或古今嘉言善行，皆少日所傳於長老名流，及出入中朝身所踐更者，下至田夫野老之言，與夫滑稽諧謔之辭，時以抵掌一笑。窮谷無事，偶遇筆札，隨輒書之。建炎二年，避亂縉雲，歸兵火蕩析之餘，井閭湮廢，前日之客死亡、轉徙略相半，而余亦老矣。洊罹變故，志意銷鑠，平日所見聞，日以廢忘，因令棟更裒集為十卷，以《石林燕語》名之。其言先後，本無倫次，不復更整齊。孔子語虞仲夷逸曰：「隱居放言而公明。」賈論公叔文子曰：夫子時然後言人不厭其言。子曰：然。夫言不言，吾何敢議？抑謂初無意於言而言，則雖未免有言，以余為未嘗言，可也。

〔四〕【整理與研究】宇文紹奕考異、侯忠義點校本（中華書局 1984 年版）。夏東峰撰《葉夢得筆記考證》（山西人民出版社 2014 年版）。

137. 避暑錄話二卷

宋葉夢得（1077～1148）撰。

案：晁公武《讀書志》載此書，作十五卷，與此本卷數多寡懸殊，疑今所行者非完帙。然《文獻通考》已作二卷，毛晉《津逮秘書跋》云：「得刻迥異坊本，亦作二卷。」則宋代亦即此本。考諸書所引《避暑錄話》亦具見此本之中，無一條之佚脫，知《讀書志》為傳寫之謬矣。

夢得在南渡之初，巋然耆宿，其藏書至三萬餘卷〔一〕，亦甲於諸家，故通悉古今，所論著多有根柢。惟本為蔡京之門客，不免以門戶之故，多陰抑元祐，而曲解紹聖。如「論詩賦」一條，為王安石罷詩賦解也〔二〕。「葉源」一條，為蔡京禁讀史解也〔三〕。「王姬」一條，為蔡京改，公主曰帝姬解也〔四〕。至深斥蘇洵《辨奸論》，則尤其顯然者矣〔五〕。然終怵於公論，隱約其文，尚不似陳善《捫虱新話》〔六〕顛倒是非，黨邪醜正，一概肆其狂詆。其所敘錄，亦多足資考證而裨見聞。故善書竟從屏斥，而是編則仍錄存焉。（《四庫全書總目》卷一百二十一）

【注釋】

〔一〕【史源】《避暑錄話》卷上。

〔二〕【史源】《避暑錄話》卷下：「國朝館職，制科及進士第一人試用，既有常法，餘皆以大臣薦其所知，而無定制。制科既改用策論，而進士第一人與大臣所薦，猶循用詩賦。治平末，英宗患人材少，始詔宰相、參知政事各舉五人，時韓魏公、曾魯公為宰相，歐文忠、趙康靖公為參政，共薦二十人。未及召試，而神宗即位，乃先擇其半，與府界提點陳子東奏事稱旨，特命附試者十一人皆入館。吳申為御史，言詩賦不足得士，請自是雜以經史、時務、試論策，乃命罷詩賦，試以策論二道。然終神宗之世未嘗行，蓋自更官制，在內者與職事官雜除，在外賞勞以為貼職者，但以為寵也。元祐初，舉行治平故事，而通命知樞密院與同知亦薦，遂用熙寧之令試策一道，紹聖後不復行。四十年間，唯治平、元祐兩見而已，蓋必欲得材而慎其選，自不能數也。」

〔三〕【史源】《避暑錄話》卷下：「葉源，余同年生，自言熙寧初，徐振甫榜已赴省試時前取上舍優等久矣。省中策問交趾事茫然，莫知本末，或告以見馬援傳者，亟錄其語用之而不及詳，乃誤以援為願，遂被黜。方新學初，何嘗禁人讀史？而學者自爾，源言之亦自以為不然。故更二十年始得第，崇寧立三舍法，雖崇經術，亦未嘗廢史？而學校為之師長者，本自其間出自知

非所學，亦幸時好，以唱其徒，故凡言史皆力詆之。尹天民為南京教授，至之日，悉取《史記》而下至歐陽文忠集，焚講堂下，物論喧然。未幾，天民以言事罷。」

〔四〕【史源】《避暑錄話》卷下：「婦人以姓為稱，故周之諸女皆言姬，猶宋言子，齊言姜也。自漢以來，不復辨類，以為婦人之名，故《史記》言：『高祖居山東，好美姬。』《漢書·外戚傳》云『所幸姬戚夫人』之類，固已失矣。注《漢書》者見其言薄姬、虞姬、戚姬、唐姬等，皆姬而非后，則又以為眾妾之稱。近世言妾者，遂皆為姬事之，流傳失實，每如是。今謂宗女為姬，亦因詩言王姬之誤也。」

〔五〕【史源】《避暑錄話》卷上：「蘇明允本好言兵，見元昊叛西方，用兵久，無功天下，事有當改作，因挾其所著書，嘉祐初來京師，一時推其文章。王荊公為知制誥，方談經術，獨不嘉之，屢詆於眾，以故明允惡荊公，甚於仇讎。會張安道亦為荊公所排，二人素相善。明允作《辨奸》一篇，密獻安道，以荊公比王衍、盧杞，而不以示歐文忠，荊公後微聞之，因不樂子瞻兄弟，兩家之隙，遂不可解。《辨奸》久不出，元豐間子由從安道辟南京，請為明允墓表，特全載之。蘇氏亦不入石，比年少傳於世，荊公性固簡率，不緣飾，然而謂之「食狗彘之食，囚首喪面」者，亦不至是也。韓魏公至和中還朝為樞密使，時軍政久弛，士卒驕惰，欲稍裁制，恐其忼怨而生變，方陰圖以計為之。會明允自蜀來，乃探公意，遽為書顯載其說，且聲言教公先誅斬公，覽之大駭，謝不敢，再見，微以咎歐文忠。而富鄭公當國，亦不樂之，故明允久之無成而歸，累年，始得召，辭不至，而為書上之，乃除試秘書省校書郎，時魏公已為相，復移書魏公，訴貧且老，不能從州縣，待改官，譬豫章橘柚，非老人所種，且言天下官豈以某故冗耶？歐文忠亦為言，遂以霸州文安縣主簿同姚闢編修太常因革禮云。」

今按，王衍（901～926），即五代時前蜀順正公。盧杞（？～約785），字子良，滑州靈昌人。有口才。貌陋面藍，不恥惡衣惡食。及為相，疾賢妒能，殘害忠良。

〔六〕【捫虱新話】宋陳善撰。其書考論經史詩文，兼及雜事，別類分門，頗為冗瑣，詩論尤多踳駁。大旨以佛氏為正道，以王安石為宗主。故於宋人詆歐陽修，詆楊時，詆陳東，詆歐陽澈，而詆蘇洵、蘇軾、蘇轍尤力，甚至議轍比神宗於曹操。於古人詆韓愈，詆孟子。誤讀《論語》，甚至謂江西馬師在孔子

上。而於周邦彥詆蔡京之詩，所謂「化行禹貢山川外，人在周公禮樂中」者，則無譏焉。善，南北宋間人，其始末不可考。觀其書顛倒是非，毫無忌憚，必紹述餘黨之子孫，不得志而著書者也。（《四庫全書總目》卷一百二十七）

今按，劉咸炘云：「陳善之書益淺陋，零條碎記，大抵蘇軾所謂每日胸中出少許議論便可成書者，其於經史，更不如（葉）適。然善亦不附和程、蘇諸人，《四庫提要》以其議論時右王氏，遂以為紹聖餘黨，無所忌憚，乃苟論也。其於王氏，亦時譏之，無所篇主，與葉適同，惟其無所主，乃時敢言人所不能言。善又有尤精之語曰：『讀書須知出入法。始當求所以入，終當求所以出。見得親切，此是入書法。用得透脫，此是出書法。蓋不能入得書，則不知古人用心處。不能出得書，則又死在言下。惟知出知入，得盡讀書之法也。』此語乃不朽之論。宋人皆不入而出，適、善未能免也。」（《劉咸炘學術論集·子學編》第506～508頁）又按，「讀書須知出入法」條見《捫虱新話》卷四。

138. 巖下放言三卷

宋葉夢得（1077～1148）撰。

其自崇慶節度使致仕退居卞山時作也。陳振孫《書錄解題》作一卷。此本乃三卷，疑振孫書為傳刻之訛。又明商維濬《稗海》中別有《蒙齋筆談》〔一〕二卷，題曰湘山鄭景望撰，其文全與此同，但刪去數十條耳。厲鶚作《宋詩紀事》，稱景望為元豐、元祐間人，所錄景望《穎川》一詩亦即此書之所載〔二〕。此書舊無刻本，或疑其即剽取景望書而作。然考書中稱「先祖魏公」，又稱「余紹聖間春試不第」，又稱「大觀初余適在翰林」，又稱「在穎州時，初自翰林免官」，又稱「余守許昌時洛中方營西內」，又稱「遭錢塘兵亂」，又稱「余鎮福唐」，又稱「出入兵間十餘年，所將數十萬」，又稱「余頃罷鎮建康」，所述仕履，皆與夢得本傳相合。又稱嘗撰《老子解》《論語釋言》二書。今考《書錄解題》論語類有葉夢得《論語釋言》十卷，道家類中有葉夢得《老子解》二卷，並所載《老子解》中生之徒十有三、死之徒十有三，本《韓非子》之說，以為四支九竅云云〔三〕，亦與此書相符。然則為《蒙齋筆談》剽此書而作，非此書剽《蒙齋筆談》而作，確有明證。商維濬、厲鶚蓋皆誤信偽書，考之未審矣。

夢得老而歸田，耽心二氏，書中所述，多提倡釋、老之旨。沈作喆、王宗傳、楊簡等之以禪說《易》，實萌芽於此，殊不可以立訓。然夢得學問博洽，

又多知故事，其所記錄，亦頗有可採。宋人舊帙，姑存以備一家焉。(《四庫全書總目》卷一百二十一)

【注釋】

〔一〕【蒙齋筆談】舊本題宋鄭景望撰。今考其書，乃全錄葉夢得《岩下放言》之文，但刪其十分之三四，而顛倒其次序，濬蓋誤刻偽本。(《四庫全書總目》卷一二七)

〔二〕【史源】《宋詩紀事》卷三十一「鄭景望」條。

〔三〕【史源】《老子解》二卷，葉夢得撰。其說曰：「孔子稱竊比於我老彭，孟子闢楊、墨，而不及老氏。老氏之書，孔、孟所不廢也。所解生之徒十有三，死之徒十有三，以為四肢九竅，本《韓非子·解老》之說。」

139. 卻掃編三卷

宋徐度撰。度字敦立，穀熟(今河南商邱)人。南渡後官至吏部侍郎。

書中屢稱先公，蓋其父處仁靖康中嘗知政事。故家遺俗，俱有傳聞。故此編所紀，皆國家典章、前賢逸事，深有裨於史學。陸游《渭南集》有是書跋曰：「此書之作，敦立猶少年，故大抵無紹興以後事。」〔一〕蓋其書成於高宗初年也。王明清《揮麈後錄》載：「明清訪度於雪川，度與考定創置右府，與揆路議政分合因革，筆於是書。」又載其論《哲宗實錄》及論秦檜刊削建炎航海以後《日曆》《起居注》《時政記》諸書二事。〔二〕則度之究心史學，可以概見。

至謂《新唐書》載事倍於舊書，皆取小說，因欲史官博採異聞，則未免失之泛溢。此書上卷載「葉夢得所記俚語」一條〔三〕，中卷載「王鼎嘲謔」一條〔四〕，下卷載「翟巽詼諧」一條〔五〕，為例不純，自穢其書，是亦嗜博之一證矣。然大致纂述舊聞，足資掌故。與《揮麈諸錄》《石林燕語》可以鼎立。而文簡於王，事核於葉，則似較二家為勝焉。(《四庫全書總目》卷一百二十一)

【注釋】

〔一〕【史源】《渭南文集》卷二十七。

〔二〕【史源】《揮麈後錄》卷一。

〔三〕【史源】《卻掃編》卷上。

〔四〕【史源】《卻掃編》卷中。

〔五〕【史源】《卻掃編》卷下。